地铁工程勘察设计技术及管理人员培训教材

地铁工程勘察设计质量安全管理与技术

住房和城乡建设部工程质量安全监管司　组织审定

北京交通大学　组织编写

中国建筑工业出版社

图书在版编目（CIP）数据

地铁工程勘察设计质量安全管理与技术/北京交通大学组织编写. —北京：中国建筑工业出版社，2012.6
地铁工程勘察设计技术及管理人员培训教材
ISBN 978-7-112-14228-6

Ⅰ.①地… Ⅱ.①北… Ⅲ.①地下铁道测量-质量管理：安全管理②地下铁道-设计-质量管理：安全管理 Ⅳ.①U231

中国版本图书馆CIP数据核字（2012）第072096号

近年来，我国地铁工程建设迅速发展，施工技术和管理人才紧缺的问题日益突出，对质量安全培训工作提出了新的要求。为了切实增强培训的针对性和实效性，提高地铁施工质量安全管理水平，住房和城乡建设部工程质量安全监管司委托北京交通大学等单位编写了本教材。

本教材分勘察和设计两篇。勘察篇主要内容：勘察工作基本要求，勘察手段与方法，勘察纲要与报告，勘察后续服务。设计篇主要内容：设计主要工作内容，设计阶段的安全风险管理，地铁主要风险工程的设计技术、风险监控与施工监测设计，设计服务。教材既介绍了相关法律法规和标准规范的规定，又介绍了工作实践中的重点和难点，特别是一些易发问题和薄弱环节，体现了注重解决实际问题、力求学以致用的原则。

本教材可供地铁建设、勘察、设计及监理单位相关技术人员和管理人员参考使用。

* * *

责任编辑：孙玉珍
责任设计：董建平
责任校对：刘梦然

地铁工程勘察设计技术及管理人员培训教材
地铁工程勘察设计质量安全管理与技术
住房和城乡建设部工程质量安全监管司　组织审定
北京交通大学　组织编写

*

中国建筑工业出版社出版、发行（北京西郊百万庄）
各地新华书店、建筑书店经销
北京红光制版公司制版
北京建筑工业印刷厂印刷

*

开本：787×1092毫米　1/16　印张：14¼　字数：350千字
2012年5月第一版　2012年5月第一次印刷
定价：**38.00**元
ISBN 978-7-112-14228-6
（22280）

版权所有　翻印必究
如有印装质量问题，可寄本社退换
（邮政编码　100037）

编审委员会

主　　任：郭允冲　施仲衡

副 主 任：常　青　张　弥　曲　琦

主　　编：梁青槐

副 主 编：金　淮　杨秀仁

编写人员：梁青槐　冯爱军　高文新　刘明辉　黄溯航
　　　　　冯科明　刘满林　王　伟　谢　峰　郭红梅
　　　　　刘永勤　李延川　李　玲　李庆华　徐耀德
　　　　　王亚红　施　翃　吕培印　魏　运　丁德云
　　　　　刁日明　陈　东　赵晋友

审　　稿：郭明田　沈子钧　余　乐　陈爱新　李振东
　　　　　刘伊生　王英姿　索　欢　唐四海

前　言

近年来，我国地铁工程建设迅速发展，专业技术和管理人才紧缺的问题日益突出，对专业人员质量安全培训工作提出了新的要求。为了规范培训的基本内容，增强培训的针对性和实效性，住房和城乡建设部工程质量安全监管司组织编写了一套适用于地铁工程专业技术和管理人员质量安全培训的基础性、普及性教材。

教材旨在满足地铁工程专业人员了解地铁工程特点，掌握地铁工程质量安全控制重点和难点，提高工程质量安全水平的需求。一方面，有助于新从事地铁工程的人员在较短时间内掌握必要的专业知识和工作方法，提高质量安全意识，尽快达到工作岗位的要求；另一方面，有助于具备一定地铁工程经验的人员进一步印证、巩固和拓展专业知识，学习借鉴相关案例，综合提升工作能力。教材可适用于各级建设主管部门或有关企业组织开展的地铁工程专业人员质量安全培训。

按适用对象不同，教材分为建设管理、勘察设计、施工、监理、监测测量等专业分别出版。参加教材编写和审定的既有长期从事工程建设的技术管理人员，又有相关高等院校的学者教师，具有扎实的专业知识功底和丰富的实践经验，同时具有比较广泛的代表性。编审人员在确定框架、收集资料、充实内容、审定书稿等方面下了很大功夫，数易其稿，力求完善。教材既是全体编审人员集体智慧的结晶，也是城市轨道交通工程行业的共同财富，希望教材能够为我国地铁工程专业人员的迅速成长，为我国地铁工程的健康快速可持续发展发挥应有的作用。

教材既介绍了相关法律、法规和标准规范的规定，又着重指出了工程实践中的重点和难点；既有专业技术和管理知识的阐释，又结合案例深入剖析了工程实践中的常见问题和薄弱环节；既有对工程经验教训的提炼总结，也有对工程技术发展的前瞻性介绍。教材内容全面，易于理解，便于应用，特别是注重理论与实践、经验与知识相结合，力求学以致用、解决实际问题。

这本勘察设计教材分勘察和设计两篇。勘察篇主要内容：勘察工作基本要求，勘察手段与方法，勘察纲要与报告，勘察后续服务。设计篇主要内容：设计主要工作内容，设计阶段的安全风险管理，地铁主要风险工程的设计技术、风险监控与施工监测设计，设计服务。

教材编写工作得到了北京城建设计研究总院、北京城建勘测设计研究院、北京安捷工程咨询有限公司等单位的大力支持和热情帮助，在此表示衷心感谢。

由于时间仓促，教材中难免存在一些疏漏，真诚希望读者提出宝贵意见。

编审委员会
2012 年 3 月

目 录

绪论 ·· 1
  第一节　地铁工程的特点及常用施工方法 ·· 1
    （一）地铁系统的组成 ··· 1
    （二）地铁工程的特点 ··· 3
    （三）地铁工程常用施工方法 ·· 4
  第二节　地铁工程勘察设计质量安全管理现状 ··· 7
    （一）基本情况 ·· 7
    （二）存在问题 ·· 8

第一篇　勘　察

第一章　地铁工程勘察 ··· 11
  第一节　概述 ··· 11
    （一）地铁工程勘察的重要性 ·· 11
    （二）地铁工程勘察的原则 ·· 11
    （三）地铁工程勘察与设计的关系 ··· 11
    （四）地铁工程勘察与质量安全的关系 ·· 11
  第二节　勘察阶段划分 ·· 13
    （一）勘察工作流程 ·· 13
    （二）勘察阶段划分 ·· 13
  第三节　相关法规文件 ·· 14
    （一）法律 ··· 14
    （二）行政法规 ··· 14
    （三）部门规章及规范性文件 ·· 18
  第四节　勘察标准规范 ·· 20
    （一）国家标准 ··· 20
    （二）行业标准 ··· 21
    （三）地方标准 ··· 22

第二章　岩土分类 ·· 23
  第一节　岩土的工程分类 ··· 23

目录

    （一）概述 23
    （二）一般原则 23
    （三）土的分类 23
    （四）岩石的分类 25
    （五）岩土的描述 27
  第二节　地层划分 29
    （一）概述 29
    （二）一般原则 29
    （三）地层划分方法 30
  第三节　地层结构 31
    （一）概述 31
    （二）土层结构 31
    （三）岩体结构 32
  第四节　围岩分级 32
    （一）概述 32
    （二）围岩分级标准 33
  第五节　岩土施工工程分级 34
    （一）概述 34
    （二）分级标准 34

第三章　地下水 36

  第一节　地下水的类型 36
    （一）概述 36
    （二）地下水的类型 36
  第二节　水文地质测试 38
    （一）概述 38
    （二）地下水位的分层观测 38
    （三）抽水试验 39
    （四）注水试验 40
    （五）地下水动态的长期观测 41
  第三节　地下水的腐蚀性评价 42
    （一）概述 42
    （二）水样采取 42
    （三）水样分析 42
    （四）水的腐蚀性评价 42
  第四节　抗浮设防水位 44

第四章　不良地质作用与特殊性岩土 46

  第一节　不良地质作用 46

（一）概述 ·· 46
　　（二）岩溶 ·· 46
　　（三）活动断裂 ··· 48
　　（四）地面沉降 ··· 49
　　（五）地裂缝 ··· 49
　　（六）采空区 ··· 51
　　（七）砂土液化 ··· 52
　第二节　特殊性岩土 ·· 55
　　（一）概述 ·· 55
　　（二）填土 ·· 55
　　（三）软土 ·· 56
　　（四）膨胀岩土 ··· 57
　　（五）风化岩和残积土 ·· 58
　　（六）湿陷性黄土 ·· 60

第五章　地铁工程勘察基本要求 ··· 63

　第一节　不同阶段勘察的基本要求 ·· 63
　　（一）可行性研究勘察要求 ··· 63
　　（二）初步勘察要求 ·· 64
　　（三）详细勘察要求 ·· 65
　　（四）施工勘察要求 ·· 65
　　（五）专项勘察要求 ·· 66
　第二节　不同结构的勘察基本要求 ·· 66
　　（一）地下结构勘察要求 ·· 67
　　（二）高架结构勘察要求 ·· 69
　　（三）路基涵洞工程勘察要求 ·· 70
　　（四）地面建筑勘察要求 ·· 72
　第三节　不同施工工法勘察的基本要求 ·· 74
　　（一）明（盖）挖法的勘察要求 ··· 74
　　（二）暗挖法的勘察要求 ·· 77
　　（三）盾构法的勘察要求 ·· 79
　第四节　岩土参数 ·· 81
　　（一）参数要求 ··· 81
　　（二）岩土参数分析 ·· 83
　　（三）岩土参数及其应用 ·· 84
　第五节　场地地震效应评价 ··· 87

第六章　勘察手段与方法 ·· 90

　第一节　工程地质调查与测绘 ·· 90

目　录

　（一）方法 …………………………………………………………… 90
　（二）范围 …………………………………………………………… 91
　（三）比例尺和精度 ………………………………………………… 91
第二节　工程地质勘探与取样 ……………………………………………… 92
　（一）方法及适用范围 ……………………………………………… 92
　（二）取样方法及适用范围 ………………………………………… 93
　（三）质量安全要点 ………………………………………………… 94
第三节　原位测试技术 ……………………………………………………… 94
　（一）标准贯入试验 ………………………………………………… 94
　（二）静力触探试验 ………………………………………………… 95
　（三）十字板剪切试验 ……………………………………………… 96
　（四）旁压试验 ……………………………………………………… 97
　（五）扁铲侧胀试验 ………………………………………………… 98
　（六）圆锥动力触探试验 …………………………………………… 98
　（七）载荷试验 ……………………………………………………… 99
　（八）现场直接剪切试验 …………………………………………… 100
　（九）岩体原位应力测试 …………………………………………… 101
　（十）波速测试 ……………………………………………………… 102
　（十一）地温测试 …………………………………………………… 102
　（十二）电阻率测试 ………………………………………………… 103
第四节　地球物理勘探 ……………………………………………………… 103
第五节　岩土室内试验 ……………………………………………………… 105
　（一）土的物理性质试验 …………………………………………… 105
　（二）土的力学性质试验 …………………………………………… 106
　（三）岩石试验 ……………………………………………………… 107
　（四）动力性质试验 ………………………………………………… 107
　（五）基床系数试验 ………………………………………………… 107
　（六）热物理系数试验 ……………………………………………… 107

第七章　勘察纲要（大纲）与勘察报告 …………………………………… 109

第一节　勘察纲要（大纲） ………………………………………………… 109
　（一）编制目的和依据 ……………………………………………… 109
　（二）纲要（大纲）内容 …………………………………………… 109
第二节　勘察报告 …………………………………………………………… 111
　（一）勘察报告编写的基本要求 …………………………………… 111
　（二）勘察报告的基本内容及格式 ………………………………… 112
　（三）成果使用 ……………………………………………………… 114

第八章 勘察后续服务 ……………………………………………………… 116

第一节 设计阶段的服务 …………………………………………………… 116
第二节 施工阶段的服务 …………………………………………………… 117
第三节 施工应急抢险配合服务 …………………………………………… 118

第二篇 设 计

第九章 地铁工程设计 …………………………………………………… 123

第一节 概述 ………………………………………………………………… 123
（一）地铁工程设计的重要性 …………………………………………… 123
（二）地铁工程设计的原则 ……………………………………………… 123
（三）地铁工程设计与质量安全的关系 ………………………………… 123
（四）地铁工程设计与勘察的关系 ……………………………………… 123
（五）地铁工程设计的专业划分 ………………………………………… 124

第二节 阶段划分及主要内容 ……………………………………………… 124
（一）阶段划分 …………………………………………………………… 124
（二）主要内容 …………………………………………………………… 124

第三节 相关法律、法规及规范性文件 …………………………………… 125
（一）法律 ………………………………………………………………… 125
（二）行政法规 …………………………………………………………… 126
（三）部门规章及规范性文件 …………………………………………… 129

第四节 标准规范 …………………………………………………………… 131
（一）专用规范 …………………………………………………………… 131
（二）其他规范 …………………………………………………………… 131

第十章 设计工作内容 …………………………………………………… 133

第一节 设计策划阶段主要工作内容 ……………………………………… 133
（一）确定项目范围、识别项目风险等级 ……………………………… 133
（二）确定项目质量目标 ………………………………………………… 133
（三）制定设计计划、配置人员 ………………………………………… 133
（四）梳理设计输入 ……………………………………………………… 133

第二节 设计实施阶段工作内容 …………………………………………… 134
（一）设计一般要点 ……………………………………………………… 134
（二）设计文件组成及深度基本要求 …………………………………… 135
（三）设计评审 …………………………………………………………… 143
（四）互提资料 …………………………………………………………… 143
（五）设计文件校审 ……………………………………………………… 147
（六）设计文件会签 ……………………………………………………… 148

（七）设计变更的控制 …………………………………………………………… 152

第十一章　设计阶段的安全风险管理 ………………………………………… 153

第一节　工程风险及分级 ………………………………………………………… 153
　　（一）工程风险类别 ………………………………………………………………… 153
　　（二）工程风险分级 ………………………………………………………………… 153
　　（三）土建工程风险及分级影响因素 ……………………………………………… 154

第二节　总体设计阶段安全风险管理 …………………………………………… 159
　　（一）目标任务 ……………………………………………………………………… 159
　　（二）原则 …………………………………………………………………………… 160
　　（三）内容 …………………………………………………………………………… 160
　　（四）成果要求 ……………………………………………………………………… 162

第三节　初步设计阶段安全风险管理 …………………………………………… 162
　　（一）目标任务 ……………………………………………………………………… 162
　　（二）原则 …………………………………………………………………………… 162
　　（三）内容 …………………………………………………………………………… 163
　　（四）成果要求 ……………………………………………………………………… 165

第四节　施工图设计阶段安全风险管理 ………………………………………… 165
　　（一）目标任务 ……………………………………………………………………… 165
　　（二）原则 …………………………………………………………………………… 166
　　（三）内容 …………………………………………………………………………… 166
　　（四）成果要求 ……………………………………………………………………… 169

第十二章　地铁主要风险工程的设计技术 ……………………………………… 170

第一节　深基坑工程 ……………………………………………………………… 170
　　（一）围护结构 ……………………………………………………………………… 170
　　（二）支撑系统 ……………………………………………………………………… 170
　　（三）挖土方案 ……………………………………………………………………… 173
　　（四）换撑措施 ……………………………………………………………………… 173
　　（五）降水方案 ……………………………………………………………………… 174
　　（六）地基加固 ……………………………………………………………………… 174

第二节　大断面隧道工程 ………………………………………………………… 175
　　（一）施工方法 ……………………………………………………………………… 176
　　（二）辅助施工技术措施 …………………………………………………………… 178

第三节　邻近既有建（构）筑物的隧道工程 …………………………………… 180
　　（一）基础托换法 …………………………………………………………………… 181
　　（二）地基加固法 …………………………………………………………………… 182
　　（三）大管棚超前支护 ……………………………………………………………… 184
　　（四）千斤顶主动支顶 ……………………………………………………………… 186

（五）隔离桩 ·· 186

第十三章　监控量测设计 ·· 189

第一节　监控量测设计要求 ·· 189
（一）明（盖）挖法 ·· 189
（二）暗挖法 ·· 193
（三）盾构法 ·· 197
（四）监测控制指标 ·· 199

第二节　周边环境监控量测设计要求 ··· 200
（一）监测项目 ·· 200
（二）监测范围 ·· 201
（三）监测布点原则 ·· 201
（四）监测频率 ·· 203
（五）监测控制指标 ·· 204

第十四章　设计服务 ·· 206

第一节　设计交底 ·· 206
（一）设计交底要求 ·· 206
（二）各专业设计交底要点 ··· 207
（三）重点关注的风险点 ··· 210

第二节　施工配合 ·· 212
（一）土建施工配合注意事项 ··· 212
（二）设备施工配合注意事项 ··· 212

第三节　应急抢险 ·· 213

参考文献 ··· 214

绪 论

第一节 地铁工程的特点及常用施工方法

(一) 地铁系统的组成

地铁是在城市中修建的快速、大运量、用电力牵引的轨道交通，线路通常设在地下隧道内，也可能局部从地下转到地面或高架桥上。

地铁主要由土建和设备两大部分组成。土建部分包括车站、区间隧道、桥梁、路基、轨道及车辆段和综合基地等；设备部分包括建筑设备（又称常规设备）和轨道交通系统设备。建筑设备是指建筑电气、给水排水系统、环控系统、电梯与自动扶梯、防灾报警系统（FAS）、消防系统、人防系统、环境与设备监控（BAS）系统等。轨道交通系统设备是指通信系统、信号系统、供电系统、电力监控系统（SCADA）、屏蔽门/安全门系统、自动售检票系统（AFC）、旅客信息系统（PIS），以及车辆系统和控制中心（OCC）与地铁网络指挥协调中心（TCC）。新建地铁一般将智能设备监控系统、智能防灾报警系统、智能电力自动监控系统深度集成为一体的综合智能监控系统。

1. 土建部分

地铁车站分地下车站、高架车站和地面车站。地下车站由车站主体（站台、站厅、生产与生活用房）、出入口与通道（乘客进行地面和地下换乘的必经之路）、通风道和地面风亭（一般布置在车站的两头端部）等三大部分组成。高架车站一般由列车行驶的轨道梁结构和车站其他建筑结构组成。

区间隧道是连接两个地下车站的建筑物，包括行车隧道、渡线、折返线、地下停车线、联络通道、集水泵房以及其他附属建筑物。对于超长区间隧道，需要在中部建造通风井。

桥梁是高架的用于列车行驶的结构，由轨道梁、支撑轨道梁的横梁、支撑横梁的柱以及柱下基础等结构组成。

路基是指按照线路位置和一定技术要求修筑的带状构筑物，一般位于通往路面车辆段或停车场的线路上，包括路堤、路堑和附属结构。

轨道是指路基或结构面以上的线路部分，是由钢轨、轨枕、连接零件、道床、道岔和其他附属设备等组成的构筑物。根据环境保护对地铁沿线不同地段的减震、降噪要求，轨道应采用相应的减震轨道结构，并具有良好的绝缘性。

车辆段是指具有配属车辆以及承担车辆的运用管理、整备保养、检查工作和承担较高级别的车辆检修任务的基本生产单位。综合基地是为了保证轨道交通正常运营而设立的综合维修中心、物资总库、培训中心和必要的生活设施场所。车辆段及综合基地的土建工程包括路基工程、道路及广场工程、房屋工程等。

2. 设备部分

(1) 建筑设备

1) 环控系统：环控系统是指对车站站厅、站台、隧道、设备及管理用房等处所的环境进行空气处理（调节区域内的空气温度、湿度，并控制二氧化碳、粉尘等有害物质的浓度）的系统，包括通风系统（隧道通风系统、车站公共区的通风排烟和空调风系统、车站管理及设备用房通风排烟和空调风系统）、车站空调系统和集中供冷系统。涉及大量的风机、空调机、冷水机、水泵、冷却塔、水（风）阀和水（风）管路的安装，其中不乏大型设备的吊装、就位等作业。

2) 给水排水系统：车站或车辆段的给水排水系统分别由给水系统和排水系统两部分组成。生活、生产给水系统由水源（城市自来水）、水池、水泵、水塔（水箱）、气压罐、管道、阀门、水龙头等组成；消防给水系统由水源（城市自来水）、消防地栓、水泵结合器、消防水泵、管道、阀门、消火栓（喷头）、水流指示器等组成。

3) 自动扶梯与电梯：自动扶梯与电梯是乘客进出地铁车站的重要工具。车站出入口一般都设置自动扶梯，站厅层与站台层之间根据各站客流不同分设上、下行自动扶梯；为方便残疾人乘坐地铁，在车站站厅与地面之间、站厅层与站台层之间，设置垂直电梯。地铁自动扶梯采用重载荷公共交通型，主要由桁架、梯路系统、扶手带、主机及驱动系统、电气控制及安全装置组成。自动扶梯与电梯属于安装装修工程中的重型设备之一，其运输与到位的吊装是安装装修工程安全重点之一。自动扶梯顶部吊钩或吊装孔是设备就位的必要条件，且受力载荷较大，需在土建施工时预埋且确保质量。

4) 地铁防灾报警系统：地铁防灾报警系统实现水灾、火灾、地震、雷击、行车及人为事故等灾害的提前、可靠报警。系统防灾自动报警系统由防灾报警主机（设在行车调度指挥中心）、防灾报警分机（设在各车站综合控制室、控制中心大楼、主变电所、车辆段检修停车库、混合变电所、材料总库）、车站现场设备及将所有设备联系在一起的通信网络等四部分组成。所有区域内设置消防设施的联动控制设备，包括气体灭火控制设备、水消防设备、防排烟设备、防火卷帘门、风阀、电梯、非消防电源的断电控制、疏散标志灯等，防灾报警系统直接或间接管控这些设备。

5) 地铁消防系统：地铁消防系统包括火灾报警系统、气体灭火系统、水消防系统、防排烟系统和疏散系统（疏散标志和事故照明）。其中，气体灭火系统的管网系统中气体钢瓶、阀、管等应承受高压气体。

(2) 轨道交通系统设备

1) 通信系统：主要分为专用通信和公务通信两大类。为满足地铁安全、高效运营的需要，地铁建立有安全可靠的、独立的能传送语言、文字、数据、图像等信息的综合业务数字网。其中包括：传输交换、专业电话、无线通信、电视监视、遥控遥测、有线广播、列车广播、时钟、自动电话、电话会议、办公管理自动化和集中监测等子系统。

2) 信号系统：城市地铁正线信号系统一般采用列车自动控制系统（ATC），主要由列车自动监控子系统（ATS）、列车自动防护子系统（ATP）和列车自动运行子系统

（ATO）组成。车辆段基地一般采用计算机联锁。

3）供电系统：由两大部分组成，一部分为牵引供电系统；一部分为低压配电及照明系统。

牵引供电系统包括牵引变电所与牵引网。一般由 35kV 供电线路组成独立供电网络，该供电网络以双回路馈电电缆向所有混合变电所及降压变电所供电。牵引网络系统由接触网和回流网组成。接触网（或三轨）主要应满足城市地铁电气条件、线路条件、气候条件、悬挂类型、限界要求等运行条件，并保证机车的正常取流。直流 1500V 采用架空接触网，直流 750V 有采用架空接触网的，也有采用接触轨的。国际《地铁直流牵引供电系统》规定，电压在直流 1500V 及以上的接触网宜采用架空接触网型式。

低压配电及照明系统（地铁建筑电气）可分为照明和低压配电两个子系统，均采用 380V 三相五线制、220V 单相三线制方式供电。照明系统范围为车站降压所变压器后的照明设备、设施及线路。原则上在车站站台、站厅的两端，各设置一照明配电室，室内集中安装各类照明配电控制箱；设置一事故照明装置室，室内安装一套事故照明装置。低压配电系统为站台、站厅和设备及管理用房的环控、排水、消防、电（扶）梯、自动售检票及通信、信号、站控室等系统设备供配电和车站环控室内供配电设备的电控控制。

4）电力监控（SCADA）系统：采用微机远动装置，主机对主变电所、牵引降压混合变电所、车站降压变电所等实行集中监视、控制和测量，其具备遥控功能、遥信功能、遥测功能、遥调功能。包括主站（电力监控中心）及传输通道。主站应设在控制中心大楼内。子站（执行端）设在各变电所，通道与通信合用光缆传输。

5）屏蔽门/安全门系统：安装于地铁沿线车站站台边缘，用以提高运营安全系统、改善乘客候车环境、节约运营成本的一套机电一体化的机电设备系统。屏蔽门系统作为站台公共区与轨道列车之间的可控通道，其功能是列车进站时配合列车车门动作打开或关闭滑动门，为乘客提供上下列车的通道。

（二）地铁工程的特点

（1）**工程地质环境复杂**。例如，上海、广州、深圳等沿海城市或南方城市的工程地质水文地质条件复杂多变，地铁线路经过海积、海冲积、冲积平原和台地等多种地貌单元，常位于"软硬交错"地层（上部为人工填土、黏性土、淤泥质土、砂类土及残积土，下部为花岗岩、微风化岩等坚硬岩石层，或者孤石），还常遇到断裂破碎带和溶洞等特殊地质构造，穿越或邻近江河湖海，地下水丰富、水位高。

（2）**工程周边环境复杂**。由于地铁长距离穿行于城市交通要道和人口密集区域，建筑物、构筑物、轨道交通设施、桥梁、隧道、道路、管线、地表水体等周边工程环境复杂，不可预见因素较多。

（3）**工程建设规模大**。地铁工程的每公里造价一般在 5~7 亿元左右，有的高达 8、9 亿元，一条线路投资动辄都在 100 亿元以上；合理工期一般在 5~6 年以上，目前一般合同工期在 3~4 年以上。

（4）**工程技术复杂**。地铁是土建及机电设备复杂的综合性系统工程。随着地铁线路的建设，土建工程不断向"深、大、险"发展。例如，车站基坑深度一般在 20m 至 30m 以上，长度 200m 甚至 600m 以上。

(5) **工程协调量大**。地铁工程参建单位包括建设、勘察设计、施工、监理、监测、检测和材料设备供应等单位，专业多、项目多、环节多、接口多，作业时空交叉，组织协调量大。同时，工程与周边社区居民、与工程周边环境的权属与管理单位的利益攸关、关系密切，沟通协调难度大。

(6) **控制标准严格**。为确保隧道、深基坑施工（含降水）过程中，建（构）筑物、轨道交通设施、桥梁、隧道、道路、管线、地表水体等工程周边环境不发生过量沉降和坍塌，确保其安全，要求严格控制沉降（包括绝对值和速率等）。例如，暗挖法施工的标准断面隧道地面累计沉降量一般要求控制在 30mm 以内。

(7) **安全风险大**。前面的工程特点决定了地铁工程施工安全风险（包括工程本身风险和对工程周边环境的风险）大，风险关联性强。例如，如果水文工程地质条件不明，工程周边环境不清，措施准备不充分，很容易出现安全质量事故和险情，造成人员伤亡和经济损失。

（三）地铁工程常用施工方法

根据开挖方式的不同，地下工程有不同的施工方法。开挖方法主要根据施工范围内的工程地质和水文地质勘探资料、工程埋置深度、结构形状和规模、使用功能、工程要求、周围环境及交通等情况进行技术、经济综合比较后确定。目前，我国地铁工程采用的施工方法主要包括：

1. 明（盖）挖法

明（盖）挖法是指在地面开挖的基坑中修筑车站或隧道的方法。主要施工工序为拆除和恢复道路、土石方开挖和运输、降水、钢筋混凝土结构制作、结构防水、地基加固和检测等。

(1) 明（盖）挖法的种类

明（盖）挖法包括敞口开挖法、盖挖法（盖挖顺作法、盖挖逆作法、盖挖半逆作法）。围护结构采用的手段包括地下连续墙、人工挖孔桩、钻孔灌注桩、SMW 工法桩、工字钢桩等。

由于敞口开挖法存在占用场地大、隔断地面交通时间较长、填挖方量大等不利因素，在受到条件限制的情况下可采用半明挖方式，即盖挖法，包括盖挖顺作法、盖挖逆作法和盖挖半逆作法。

盖挖顺作法是在地表作业完成挡土结构后，以定型的预制标准覆盖结构（包括纵、横梁和路面板）置于挡土结构上维持交通，往下进行开挖和加设横撑，直至设计标高。依序由下而上施工主体结构和防水措施，回填土并恢复管线或埋设新的管线。最后，视需要拆除挡土结构外露部分并恢复道路。

盖挖逆作法是先在地表面向下做基坑的围护结构和中间桩柱，和盖挖顺作法一样，基坑围护结构多采用地下连续墙或帷幕桩，中间支撑多利用主体结构本身的中间立柱以降低工程造价。随后即可开挖表层土体至主体结构顶板地面标高，利用未开挖的土体作为土模浇筑顶板。顶板可以作为一道强有力的横撑，以防止围护结构向基坑内变形，待回填土后将道路复原，恢复交通。以后的工作都是在顶板覆盖下进行，即自上而下逐层开挖并建造主体结构直至底板。

盖挖半逆作法与逆作法的区别仅在于顶板完成及恢复路面后，向下挖土至设计标高后先浇筑底板，再依次向上逐层浇筑侧墙、楼板。在半逆作法施工中，一般都必须设置横撑并施加预应力。

(2) 明（盖）挖法的特点

明（盖）挖法具有施工作业面多、速度快、工期短、易于保证工程质量和工程造价低等优点。具备明（盖）挖施工场地条件的车站，宜采用明挖顺作法施工。处于地下水位线以下的隧道采用盖挖法时，需附加施工降水措施。地面交通需要尽快恢复时，宜采用盖挖顺作法、盖挖逆作法或盖挖半逆作法施工。盖挖法的缺点是盖板上不允许留过多的竖井，故后继开挖的土方需要采取水平运输，工期较长，作业空间小，与基坑开挖、支挡开挖相比，费用较高。

2. 暗挖法

暗挖法是指在地下先开挖出相应的空间，然后在其中修筑衬砌，从而形成隧道或车站。暗挖法施工主要工序包括挖土（钻眼）、（爆破）、通风、装土（岩）、运输（含提升）、初支与二衬或管片安装。

暗挖法施工场地占地较少。当受地面交通、地下管线等条件限制不允许使用明挖法施工，或线路埋深较大采用明挖法施工工程费用较高时，可采用暗挖法施工。但暗挖法施工有下列缺点：①施工风险较高，开挖截面大小受围岩稳定性限制；②工作面狭窄，工作条件差；③线路埋置较浅时可能导致地面沉陷；④工期一般较长、造价较高。

3. 盾构法

盾构法是一种全机械化施工方法，主要用于区间隧道的开挖。它是将盾构机械在地中推进，通过盾构外壳和管片支承四周围岩防止发生隧道内坍塌，同时在开挖面前方用切削装置进行土体开挖，通过出土机械运出洞外，靠千斤顶在后部加压顶进，并拼装预制混凝土管片，形成隧道结构的一种机械化施工方法。盾构法施工的内容包括盾构的始发和到达、盾构的掘进、衬砌、压浆和防水等。

盾构法的优点有：①开挖和衬砌安全度较高，掘进速度快；②盾构的推进、出土、拼装衬砌等全过程可实现自动化作业，施工劳动强度低；③对地面交通、河道航运与设施，以及地下管线、建（构）筑物、既有地铁线路等工程周边环境影响较小且较易控制；④在松软含水地层中修建埋深较大的长隧道往往具有技术和经济方面的优越性；⑤洞体结构比较稳定。

盾构法的缺点有：①断面尺寸多变的区段适应能力差；②新型盾构购置费昂贵；③转运和始发、到达端头井施工费用较高，对施工区段短的工程不太经济；④对盾构机始发和接受的条件较高；⑤当岩石强度在130MPa以上或推进中遇到不明的较大孤石时处理难度大。

4. 常用辅助工法

(1) 降水（和回灌）

降水技术是确保地下工程在无水或少水情况下作业施工所采取的技术措施。实施降水施工,可能对工程周边环境造成影响,需要根据有关技术规程要求严格控制实施。降水方法有井管降水、真空降水、电渗降水等。北方地区多采用基坑外地面深井降水和回灌,也有采用洞内轻型井点降水;南方地区则多采用基坑内井管降水,也有采用真空降水和电渗降水的。

(2) 注浆

注浆加固是避免地铁工程塌方或周边建(构)筑物过大沉降、倾斜等现象发生所采取的有效技术措施,一可止水,二可加固地层。在暗挖隧道施工中,土体超前注浆预加固在隧道拱部形成一道连续的拱墙,达到加固围岩、截断残余水、减小作业面坍塌的效果,为施工创造良好的作业环境。较常用的超前注浆预加固措施主要有锚杆、超前小导管、超前大管棚等。在基坑开挖中,采用注浆加固是提高支护结构安全度、减小基坑开挖对工程周边环境影响的一项重要措施。

在暗挖法施工中,当围岩的自稳能力在12h以内,甚至没有自稳能力时,为了稳定工作面,确保安全施工,需要进行注浆加固地层,以防止塌陷沉降,或进行结构止水。注浆方式主要有软土分层注浆、小导管注浆、TSS管注浆等;注浆材料分为普通水泥、超细水泥、水泥水玻璃、改性水玻璃、化学浆等。

(3) 高压旋喷或搅拌加固

高压旋喷注浆法将带有特殊喷嘴的注浆管插入土层的预定深度后,以20MPa左右的高压喷射流强力冲击,破坏土体,使浆液与土搅拌混合,经过凝结固化后,使土中形成固结体。

高压旋喷主要用于地层加固,适用于有水软弱地层,以及砂类土、流速黏性土、黄土和淤泥等常规注浆难以堵水加固的地层等。盾构法隧道的始发和到达端头常用高压旋喷或搅拌加固,联络通道也常用此法加固地层。近年来也开发了隧道内施作的水平旋喷或搅拌加固技术。

(4) 钢管棚

用于暗挖隧道的超前加固,布置于隧道的拱部周边,常用的规格主要有:42mm直径、4~6m长和108/159mm直径、20~40m长,前者采用风镐顶进,后者则用钻机施作。近几年来,也有采用300~600mm直径的钢管棚,采用定向钻或夯锤施作。管棚一般都要进行注浆,以获得更好的地层加固效果。

(5) 锚索或土钉

预应力锚索主要用于基坑维护结构的稳定,以便提供较大的基坑内作业空间。

(6) 冷冻法

冷冻法是利用人工制冷技术,在地下开挖体周围需加固的含水软弱地层中钻孔铺管,安装冻结器,然后利用压缩机提供冷气,通过低温盐水在冻结器中循环,带走地层热量,使地层中的水冻结,将天然岩土变为冻土,形成完整性好、强度高、不透水的临时加固体,从而达到加固地层、隔绝地下水与地下工程联系的目的。冷冻法主要用于止水和加固地层,多用在盾构隧道出发与到达端头、联络通道和区间隧道局部具流塑或流砂地层的止水与加固,既可用于各类不稳定土层,又可用于含水丰富的裂隙岩层,在涌水量较大的流沙层中,更能显示出冻结法的优越性。

冷冻法可采用的类型有三种,即水平、垂直和倾斜。浅埋隧道多采用水平冻结为主,工作竖井或盾构出入口的施工，可采用垂直或倾斜冻结。

不同的施工方法具有不同的适用条件，应综合分析各种施工方法对地质条件的适应性、对周边环境的影响，以及综合分析其安全性、经济性和工期要求等。

不同施工方法的工程风险是不同的。一般来说，对于明（盖）挖法施工，主要有基坑支撑失稳、断桩、管涌等工程风险；对于暗挖法施工，主要有洞内塌方、地面沉陷、涌水等工程风险；对于盾构法施工，主要有盾构机故障停机、换刀、俯仰、蛇形、泥水压力过大导致地面隆起等工程风险。几种主要施工方法各有优缺点见表1。

地铁主要施工方法的特点比较　　　　　　　表1

对比指标	明（盖）挖法	暗挖法	盾构法
地质	各种地层均可	有水地层需做特殊处理	各种地层均可
场所	占用道路面积较多	不占用地面道路	占用道路面积较少
断面变化	适应不同断面	适应不同断面	断面变化适应性差
埋置深度	浅	浅埋	需要一定深度
防水施工	较容易	较难	容易
地表下沉	小	较大	较小
施工噪声	大	小	小
交通影响	很大	不影响	除竖井外，不影响
地面拆迁	大	小	小
水处理	降水、疏干	堵、降或堵、排结合	堵、降结合
施工进度	受拆迁干扰大，总工期较短	开工快，总工期偏长	前期工程复杂，总工期一般

第二节　地铁工程勘察设计质量安全管理现状

近年来，我国城市轨道交通工程建设发展很快。2003年、2008年、2010年运营里程分别为202公里、770公里和1085公里；截至2011年底，全国有25个城市的1500多公里线路正在建设。根据2011年国务院批复的城市轨道交通近期建设规划，全国28个城市共规划建设120条线路、3400公里。我国城市轨道交通工程，无论是建设速度，还是建设规模都超过世界其他国家，已经成为世界上最大的地铁建设市场。

地铁工程不仅建设规模大、技术复杂，而且建设场地周边环境条件也十分复杂，线路多穿越城市主城区或者繁华的闹市区，沿线建（构）筑物众多、地下管网密集复杂、地面交通繁忙，同时线路还有可能穿越既有地铁线路或铁路、地表（下）水体等，地铁工程在勘察和设计过程中一方面受周边环境条件的制约，增加了勘察和设计的难度，另一方面工程自身建设也会对周边环境造成影响，甚至破坏。地铁工程与周边环境条件的相互制约与影响，对地铁工程勘察和设计提出了更高的要求。

（一）基本情况

近年来，住房和城乡建设部多次组织开展全国城市轨道交通工程质量安全大检查，检查结果表明，多数勘察、设计单位能针对地铁工程复杂的地质条件和周边环境，严格按照国家相关法规和标准规范要求开展勘察设计工作，勘察设计文件基本满足工程需要。

（1）严格执行规范标准。在分析研究区域地质资料和周边环境资料的基础上，严格按照国家和地方的规范、标准进行勘察设计，采用的勘察设计依据、基础资料基本齐全。

（2）实行有效质量控制。认真贯彻质量体系要求，对勘察设计工作实行有效的质量控制，勘察设计文件深度基本符合相关要求。

（3）增强风险防范意识。对重大风险源开展了专项勘察、专项设计，对工程周边环境的保护、不良地层及地下水处理等采取了针对性措施。

（4）做好勘察设计服务。按要求及时做好技术交底、补充勘察和设计变更等工作，密切配合相关单位解决工程实施过程中勘察设计问题。

（二）存在问题

（1）标准执行不到位。部分新进入轨道交通勘察领域的勘察设计单位对应遵循的规范不熟悉，应用规范不当。

（2）质量控制不严格。一些勘察大纲策划不够周密详细，大纲审查不严格；有的场地条件不具备，或者线路方案调整变化后，补勘不及时；部分项目缺少影响结构安全的重要阶段、环节、部位结构分析计算及重要构件强度、刚度检算；一些围护结构体系的构造措施不合理；部分项目缺少与现场施工关系密切的设计参数、监测要求、变形控制要求等。

（3）管理协调不到位。部分建设单位对前期勘察设计工作重视不够，提供的周边环境调查资料不完整；场地条件或线路方案调整后，一些建设单位未及时组织或督促勘察设计单位开展补充勘察、设计变更等工作。

第一篇 勘察

第一章 地铁工程勘察

第一节 概 述

(一) 地铁工程勘察的重要性

工程勘察是对工程地质条件、周边环境勘察探明的过程,是地铁工程建设的基础性工作和十分重要的环节,其工作质量的优劣对地铁工程建设的质量、安全、工期和合理投资都起着重要的作用。由于城市环境和地质条件往往比较复杂,而地铁工程又是线性工程,不同地段的工程地质条件差异较大,因此,做好地铁工程勘察工作尤为重要。

(二) 地铁工程勘察的原则

地铁工程勘察应遵照国家有关法规标准规定的程序和要求进行。地铁工程勘察时,应广泛收集已有的勘察、设计和施工资料;应针对不同的施工方案和施工影响范围安排工作量和测试手段;应按地铁工程各勘察阶段的要求,正确反映工程地质条件,查明不良地质作用和地质灾害,精心勘察、精心分析;应重视环境保护,防止和减少对环境的破坏;勘察报告应资料完整、评价正确。

(三) 地铁工程勘察与设计的关系

工程勘察和工程设计是地铁建设过程中两个关键阶段,相互独立,也相互关联。勘察单位需要根据设计单位提出的具体勘察要求进行勘察,勘察成果文件作为设计的重要依据资料。

(四) 地铁工程勘察与质量安全的关系

地铁工程地质条件的好坏及其探明程度直接关系到工程建设的质量安全问题。地质条件对工程质量安全的影响主要体现在以下几个方面:

1. 对建设场地稳定性和适宜性的影响

地质条件中的不良地质作用和地质灾害是直接影响建设场地的稳定性和工程建设适宜性的重要因素。

岩溶、活动断裂、采空区、砂土液化、地裂缝、地面沉降等不良地质作用发育和地质灾害危险性大的地区都是会直接威胁地铁工程的安全运营。

对于稳定性较差的场地,不经治理,一般不适宜地铁工程建设;对于不稳定场地,不适宜地铁工程建设。

2. 对地基稳定性的影响

地基稳定性是指地基岩土体在承受建筑荷载条件下的沉降变形、深层滑动等对工程建设安全稳定的影响程度。地基的稳定性包括地基的承载能力、均匀性和变形特性，直接关系到建筑物的安全。

影响地基稳定性的因素较多，主要的是建筑物荷载的大小和性质、基础埋深，岩、土体的类型及其空间分布、物理力学性质，地下水条件。同样质量的地基，能承受较大的铅直荷载，但不一定能抵抗过大的倾斜荷载；相对易变形岩、土体的过量压缩及膨胀性岩、土体的胀缩等，均可使建筑物产生不容许的变形。黏土、有机土等在荷载作用下容易产生剪切破坏；松软地层中地下水位下降、地下洞室的开挖及邻近建筑物的施工，可能引起地面和地基不均匀沉降。地震时，粉土、砂土液化可以导致地基基础失效；隐伏开挖洞室、废旧矿坑、喀斯特洞穴等，可能导致地表和地基塌陷。

3. 对围岩稳定性的影响

围岩稳定性是指在地下工程开挖过程中，围岩原有压力状态改变、重新分布后，仍能自然成拱依靠自然强度保持平衡、抵抗破坏性变形的能力。主要包括围岩的承载能力和变形特性。围岩的稳定性一般通过围岩的分级来表征。

例如，坚硬、完整的岩体围岩等级为Ⅰ级，在一般的隧道开挖过程中，不用采取支护措施，可以利用围岩的自然拱进行的保护进行开挖施工。而松散的砂层或软土层在采取地层加固、超前支护等措施下才能进行开挖施工。

影响场地围岩的稳定性因素主要包括：地层岩性及对结构、岩土体强度、地层构造、地下水、地应力与地下结构的数量深度、施工方法等。

4. 对工程施工的影响

复杂的地质条件往往导致施工质量难以控制，例如：在含水层与隔水层界面处、在黏质粉土弱透水层中的疏不干效应；饱和粉细砂塌孔造成的地下连续墙渗漏、钻孔灌注桩夹泥和断桩；卵石地层造成的成桩困难，注浆小导管打设困难，注浆难以控制等。

地质条件对施工质量、安全造成的不利影响还体现在松散破碎地层掌子面坍塌导致的地面塌陷、孤石和漂石等导致的盾构掘进困难、含水透镜体导致隧道突水、地下水或厚层填土导致基坑失稳等方面。

工程建设中，地下水对工程质量安全的影响非常大，之前的地铁工程建设中因地下水问题引起的工程事故所占比例很高。场地的水文地质条件直接关系到工程是否需要进行地下水控制，能否查明场地的水文地质条件、提供合理的水文地质参数，直接关系到地下水控制措施的选择及地下水控制的效果。

5. 对工程周边环境的影响

地质体是工程建设的载体，同时也是工程周边环境的载体。地质体的强度和抗变形能力直接影响到工程周边环境的安全状态及其需要采取的环境保护措施。

除了上述几个方面的作用，勘探孔定位的方法及其准确性直接影响到地质条件分析的空间定位精度，从而影响到工程设计施工的质量。而勘探孔的处理方法及钻孔遗留物的标识详细程度直接影响工程施工的质量和安全。例如，钻孔施工完毕后未按照要求封填，可能会导致上下含水层中地下水的连通，尤其是下部承压水沿钻孔上升，造成突涌；还可能造成暗挖或盾构隧道施工注浆浆液溢流；钻孔中遗留的钻杆、取土器等硬质金属物件，可能会导致盾构施工机械损坏。

第二节 勘察阶段划分

(一) 勘察工作流程

岩土工程勘察流程一般包括收集资料、现场踏勘、编写大纲、施工准备、外业实施、室内土工试验、内业整理并提交报告、报告的评审与验收、后续服务等九个主要工序，如图 1.1 所示。

(二) 勘察阶段划分

地铁工程是一项复杂的系统工程，工程投资巨大，工程建设要经历规划、可行性研究、初步设计、施工图设计、施工等多个阶段，地铁工程的勘察需要分阶段进行。除了对应前期设计阶段的勘察，某些地质问题必须在施工阶段解决，施工勘察已成为地铁勘察不可或缺的重要阶段。依据工程建设不同阶段对岩土工程勘察技术要求的不同，地铁工程勘察可以划分为可行性研究勘察、初步勘察、详细勘察和施工勘察四个阶段。当地铁工程沿线或场地附近存在对工程设计方案和施工有重大影响的岩土工程问题时还应进行专项勘察。

分阶段开展岩土工程勘察工作，就是坚持由浅入深、不断深化的认识过程，逐步认识沿线区域及场地工程地质条件，准确提供不同阶段所需的岩土工程资料，以达到规避工程风险，控制投资，减少浪费的目的。特别在地质条件复杂地区，不按阶段进行岩土工程勘察工作，轻者给后期工作造成被动，形成返工浪费，重者给工程造成重大损失或给运营阶段留下隐患。

不同勘察阶段需要重点解决的地质安全风险问题不同，勘察需要解决的问题不同。

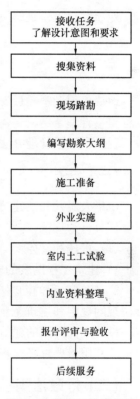

图 1.1 勘察工作流程图

1. 可行性研究勘察阶段

可行性研究勘察阶段的岩土工程勘察工作，重点查明需要规避的重大地质风险。例如：崩塌、滑坡、泥石流等地质灾害和采空区、岩溶塌陷等不良地质作用，作定性评价，评价场地稳定性和工程建设适宜性。

2. 初步勘察阶段

初步勘察阶段的岩土工程勘察工作，重点查明需要采取控制所示的地质风险，查明地基和围岩的地层岩性，初步分析地基和围岩的稳定性。

3. 详细勘察阶段

详细勘察阶段的岩土工程勘察工作是详细查明工程地质和水文地质条件、地层的分布和岩土特性及所有可能存在的地质风险，提供设计所需的岩土参数，结合设计、施工进行岩土工程分析评价并提出相关的方案、措施建议。

4. 施工勘察阶段

施工勘察阶段的岩土工程勘察工作主要解决详勘精度无法查明的岩土工程问题或施工过程中遇到的特殊岩土工程问题。

5. 专项勘察

专项勘察工作是解决常规勘察阶段中难以查明的地质条件。

第三节 相关法规文件

地铁工程勘察质量安全管理相关的法规文件主要有《中华人民共和国建筑法》、《建设工程质量管理条例》、《建设工程勘察设计管理条例》、《建设工程安全生产管理条例》、《建设工程勘察质量管理办法》以及其他部门规章和规范性文件。

（一）法律

中华人民共和国建筑法（中华人民共和国主席令第91号）明确规定了勘察单位的质量责任及行为规范：

(1) **责任和义务**

1) 建筑工程勘察的质量必须符合国家有关建筑工程安全标准的要求。

2) 建筑工程的勘察单位必须对其勘察的质量负责。勘察文件应当符合有关法律、行政法规的规定和建筑工程质量、安全标准、建筑工程勘察、设计技术规范以及合同的约定。设计文件选用的建筑材料、建筑构配件和设备，应当注明其规格、型号、性能等技术指标，其质量要求必须符合国家规定的标准。

（二）行政法规

1. 建设工程质量管理条例（国务院令第279号）的相关内容

(1) **责任和义务**

1) 勘察单位依法对建设工程质量负责。

2) 事建设工程活动，必须严格执行基本建设程序，坚持先勘察、后设计、再施工的原则。

3) 勘察单位必须按照工程建设强制性标准进行勘察，并对其勘察的质量负责。

4) 勘察单位提供的地质、测量、水文等勘察成果必须真实、准确。

(2) 法律责任

1) 勘察单位超越本单位资质等级承揽工程的，责令停止违法行为，对勘察单位处合同约定的勘察费 1 倍以上 2 倍以下的罚款；可以责令停业整顿，降低资质等级；情节严重的，吊销资质证书；有违法所得的，予以没收。

2) 勘察单位允许其他单位或者个人以本单位名义承揽工程的，责令改正，没收违法所得，对勘察单位处合同约定的勘察费 1 倍以上 2 倍以下的罚款；可以责令停业整顿，降低资质等级；情节严重的，吊销资质证书。

3) 承包单位将承包的工程转包或者违法分包的，责令改正，没收违法所得，对勘察单位处合同约定的勘察费 25％以上 50％以下的罚款；可以责令停业整顿，降低资质等级；情节严重的，吊销资质证书。

4) 勘察单位未按照工程建设强制性标准进行勘察的，责令改正，处 10 万元以上 30 万元以下的罚款；

5) 勘察单位的工作人员因调动工作、退休等原因离开该单位后，被发现在该单位工作期间违反国家有关建设工程质量管理规定，造成重大工程质量事故的，仍应当依法追究法律责任。

2. 建设工程勘察设计管理条例（国务院令第 293 号）的相关内容

(1) 责任和义务

1) 建设工程勘察应当与社会、经济发展水平相适应，做到经济效益、社会效益和环境效益相统一。

2) 从事建设工程勘察活动，应当坚持先勘察、后设计、再施工的原则。

3) 建设工程勘察单位必须依法进行建设工程勘察，严格执行工程建设强制性标准，并对建设工程勘察的质量负责。

4) 国家对从事建设工程勘察活动的单位，实行资质管理制度。建设工程勘察单位应当在其资质等级许可的范围内承揽建设工程勘察业务。禁止建设工程勘察单位超越其资质等级许可的范围或者以其他建设工程勘察单位的名义承揽建设工程勘察业务。禁止建设工程勘察单位允许其他单位或者个人以本单位的名义承揽建设工程勘察业务。

5) 从事建设工程勘察活动的专业技术人员，实行执业资格注册管理制度。未经注册的建设工程勘察人员，不得以注册执业人员的名义从事建设工程勘察活动。建设工程勘察注册执业人员和其他专业技术人员只能受聘于一个建设工程勘察单位；未受聘于建设工程勘察单位的，不得从事建设工程的勘察活动。

6) 建设工程勘察发包依法实行招标发包或者直接发包。建设工程勘察方案评标，应当以投标人的业绩、信誉和勘察人员的能力以及勘察方案的优劣为依据，进行综合评定。建设工程勘察的招标人应当在评标委员会推荐的候选方案中确定中标方案，但是，建设工程勘察的招标人认为评标委员会推荐的候选方案不能最大限度满足招标文件规定的要求的，应当依法重新招标。发包方不得将建设工程勘察业务发包给不具有相应勘察资质等级的建设工程勘察单位。

7) 建设工程勘察单位不得将所承揽的建设工程勘察业务转包。

8) 承包方必须在建设工程勘察资质证书规定的资质等级和业务范围内承揽建设工程

的勘察业务。建设工程勘察的发包方与承包方，应当执行国家规定的建设工程勘察程序，签订建设工程勘察合同，执行国家有关建设工程勘察费的管理规定。

9) 编制建设工程勘察文件，应当以下列规定为依据：

① 项目批准文件；

② 城市规划；

③ 工程建设强制性标准；

④ 国家规定的建设工程勘察深度要求。

编制建设工程勘察文件，应当真实、准确，满足建设工程规划、选址、设计、岩土治理和施工的需要。

建设工程勘察文件中规定采用的新技术、新材料，可能影响建设工程质量和安全，又没有国家技术标准的，应当由国家认可的检测机构进行试验、论证，出具检测报告，并经国务院有关部门或者省、自治区、直辖市人民政府有关部门组织的建设工程技术专家委员会审定后，方可使用。

10) 建设工程勘察单位应当在建设工程施工前，向施工单位和监理单位说明建设工程勘察意图，解释建设工程勘察文件。建设工程勘察单位应当及时解决施工中出现的勘察问题。

(2) 法律责任

1) 勘察单位超越资质等级许可的范围或以其他单位的名义承揽勘察业务的，责令停止违法行为，处合同约定的勘察费1倍以上2倍以下的罚款，有违法所得的，予以没收；可以责令停业整顿，降低资质等级；情节严重的，吊销资质证书。

未取得资质证书承揽工程的，予以取缔，处合同约定的勘察费1倍以上2倍以下的罚款；有违法所得的，予以没收。

以欺骗手段取得资质证书承揽工程的，吊销资质证书，处合同约定的勘察费1倍以上2倍以下的罚款；有违法所得的，予以没收。

2) 未经注册，擅自以注册建设工程勘察人员的名义从事建设工程勘察活动的，责令停止违法行为，没收违法所得，处违法所得2倍以上5倍以下罚款；给他人造成损失的，依法承担赔偿责任。

3) 建设工程勘察注册执业人员和其他专业技术人员未受聘于一个建设工程勘察单位或者同时受聘于两个以上建设工程勘察单位，从事建设工程勘察活动的，责令停止违法行为，没收违法所得，处违法所得2倍以上5倍以下的罚款；情节严重的，可以责令停止执行业务或者吊销资格证书；给他人造成损失的，依法承担赔偿责任。

4) 建设工程勘察单位将所承揽的建设工程勘察业务转包的，责令改正，没收违法所得，处合同约定的勘察费25%以上50%以下的罚款，可以责令停业整顿，降低资质等级；情节严重的，吊销资质证书。

5) 勘察单位未按照工程建设强制性标准进行勘察的，责令改正，处10万元以上30万元以下的罚款。

3. 建设工程安全生产管理条例（国务院令第393号）的相关内容

(1) 责任和义务

1）勘察单位必须遵守安全生产法律、法规的规定，保证建设工程安全生产，依法承担建设工程安全生产责任。

2）勘察单位应当按照法律、法规和工程建设强制性标准进行勘察，提供的勘察文件应当真实、准确，满足建设工程安全生产的需要。

勘察单位在勘察作业时，应当严格执行操作规程，采取措施保证各类管线、设施和周边建筑物、构筑物的安全。

(2) **法律责任**

1）勘察单位未按照法律、法规和工程建设强制性标准进行勘察的，责令限期改正，处10万元以上30万元以下的罚款；情节严重的，责令停业整顿，降低资质等级，直至吊销资质证书；造成重大安全事故，构成犯罪的，对直接责任人员，依照刑法有关规定追究刑事责任；造成损失的，依法承担赔偿责任。

2）注册执业人员未执行法律、法规和工程建设强制性标准的，责令停止执业3个月以上1年以下；情节严重的，吊销执业资格证书，5年内不予注册；造成重大安全事故的，终身不予注册；构成犯罪的，依照刑法有关规定追究刑事责任。

4. 生产安全事故报告和调查处理条例（国务院令第493号）的相关内容

(1) **生产安全事故等级**

根据生产安全事故（以下简称事故）造成的人员伤亡或者直接经济损失，事故一般分为以下等级：

1）特别重大事故。是指造成30人及以上死亡，或者100人及以上重伤（包括急性工业中毒，下同），或者1亿元及以上直接经济损失的事故。

2）重大事故。是指造成10人及以上30人以下死亡，或者50人及以上100人以下重伤，或者5000万元及以上1亿元以下直接经济损失的事故。

3）较大事故。是指造成3人及以上10人以下死亡，或者10人及以上50人以下重伤，或者1000万元及以上5000万元以下直接经济损失的事故。

4）一般事故。是指造成3人以下死亡，或者10人以下重伤，或者1000万元以下直接经济损失的事故。

(2) **法律责任**

1）事故发生单位对事故发生负有责任的，依照下列规定处以罚款：

① 发生一般事故的，处10万元以上20万元以下的罚款；

② 发生较大事故的，处20万元以上50万元以下的罚款；

③ 发生重大事故的，处50万元以上200万元以下的罚款；

④ 发生特别重大事故的，处200万元以上500万元以下的罚款。

2）事故发生单位主要负责人未依法履行安全生产管理职责，导致事故发生的，依照下列规定处以罚款；属于国家工作人员的，并依法给予处分；构成犯罪的，依法追究刑事责任：

① 发生一般事故的，处上一年年收入30%的罚款；

② 发生较大事故的，处上一年年收入40%的罚款；

③ 发生重大事故的，处上一年年收入60%的罚款；

④ 发生特别重大事故的，处上一年年收入 80% 的罚款。

3）事故发生单位对事故发生负有责任的，由有关部门依法暂扣或者吊销其有关证照；对事故发生单位负有事故责任的有关人员，依法暂停或者撤销其与安全生产有关的执业资格、岗位证书；事故发生单位主要负责人受到刑事处罚或者撤职处分的，自刑罚执行完毕或者受处分之日起，5 年内不得担任任何生产经营单位的主要负责人。

（三）部门规章及规范性文件

1. 建设工程勘察质量管理办法（建设部令第 115 号）的相关内容

（1）责任和义务

1）工程勘察企业应当按照有关建设工程质量的法律、法规、工程建设强制性标准和勘察合同进行勘察工作，并对勘察质量负责。勘察文件应当符合国家规定的勘察深度要求，必须真实、准确。

2）工程勘察企业必须依法取得工程勘察资质证书，并在资质等级许可的范围内承揽勘察业务。

工程勘察企业不得超越其资质等级许可的业务范围或者以其他勘察企业的名义承揽勘察业务；不得允许其他企业或者个人以本企业的名义承揽勘察业务；不得转包或者违法分包所承揽的勘察业务。

3）工程勘察企业应当健全勘察质量管理体系和质量责任制度。

4）工程勘察企业应当拒绝用户提出的违反国家有关规定的不合理要求，有权提出保证工程勘察质量所必需的现场工作条件和合理工期。

5）工程勘察企业应当参与施工验槽，及时解决工程设计和施工中与勘察工作有关的问题。

6）工程勘察企业应当参与建设工程质量事故的分析，并对因勘察原因造成的质量事故，提出相应的技术处理方案。

7）工程勘察项目负责人、审核人、审定人及有关技术人员应当具有相应的技术职称或者注册资格。

8）项目负责人应当组织有关人员做好现场踏勘、调查，按照要求编写《勘察纲要》，并对勘察过程中各项作业资料验收和签字。

9）工程勘察企业的法定代表人、项目负责人、审核人、审定人等相关人员，应当在勘察文件上签字或者盖章，并对勘察质量负责。

工程勘察企业法定代表人对本企业勘察质量全面负责；项目负责人对项目的勘察文件负主要质量责任；项目审核人、审定人对其审核、审定项目的勘察文件负审核、审定的质量责任。

10）工程勘察工作的原始记录应当在勘察过程中及时整理、核对，确保取样、记录的真实和准确，严禁离开现场追记或者补记。

11）工程勘察企业应当确保仪器、设备的完好。钻探、取样的机具设备、原位测试、室内试验及测量仪器等应当符合有关规范、规程的要求。

12）工程勘察企业应当加强职工技术培训和职业道德教育，提高勘察人员的质量责任意识。观测员、试验员、记录员、机长等现场作业人员应当接受专业培训，方可上岗。

13）工程勘察企业应当加强技术档案的管理工作。工程项目完成后，必须将全部资料分类编目，装订成册，归档保存。

（2）法律责任

1）工程勘察企业违反《建设工程勘察设计管理条例》、《建设工程质量管理条例》的，由工程勘察质量监督部门按照有关规定给予处罚。

2）工程勘察企业未按照工程建设强制性标准进行勘察、弄虚作假、提供虚假成果资料的，由工程勘察质量监督部门责令改正，处10万元以上30万元以下的罚款；造成工程质量事故的，责令停业整顿，降低资质等级；情节严重的，吊销资质证书；造成损失的，依法承担赔偿责任。

3）工程勘察企业有下列行为之一的，由工程勘察质量监督部门责令改正，处1万元以上3万元以下的罚款：

①勘察文件没有责任人签字或者签字不全的；

②原始记录不按照规定记录或者记录不完整的；

③不参加施工验槽的；

④项目完成后，勘察文件不归档保存的。

2. 城市轨道交通工程安全质量管理暂行办法（建质［2010］5号）的相关内容

（1）责任和义务

1）从事城市轨道交通工程建设活动必须坚持先勘察、后设计、再施工的原则，严格执行基本建设程序，保证各阶段合理的工期和造价，加强全过程安全质量风险管理。

2）建设单位应当及时组织勘察单位向设计单位进行勘察文件交底，在施工前组织勘察单位向施工、监理、监测等单位进行勘察文件交底。勘察文件交底应当重点说明勘察文件中涉及工程安全质量的内容，并形成文字记录，由各方签字并盖章。

3）勘察单位从事城市轨道交通工程勘察业务，必须具有相应资质，不得转包或者违法分包所承揽的工程勘察业务。

4）勘察单位对工程项目的安全质量承担勘察责任。

勘察单位的主要负责人对本单位勘察安全质量工作全面负责。

项目负责人应当具有相应执业资格和城市轨道交通工程勘察、设计工作经验。项目负责人对所承担工程项目的勘察安全质量负责。

从事工程勘察的执业人员应当对其签字的勘察文件负责。

5）勘察单位必须建立健全安全质量责任制和管理制度，设置或明确安全质量管理机构，对工程勘察的安全质量实施管理。

勘察外业工作应当严格执行勘察方案、操作规程和安全生产有关规定，并采取措施保护勘察作业范围内的地下管线和地下构筑物等，保证外业安全质量。

勘探孔应当按规定及时回填，避免对工程施工等造成影响。

6）勘察单位进行勘察时，对尚不具备现场勘察条件的，应当书面通知建设单位，并在勘察文件中说明情况，提出合理建议。在具备现场勘察条件后，应当及时进行勘察。

工程设计、施工条件发生变化的，建设单位应当及时委托勘察单位进行补充勘察。

7) 勘察单位提交的勘察文件应当真实、准确、可靠，符合国家规定的勘察深度要求，满足设计、施工的需要，并结合工程特点明确说明地质条件可能造成的工程风险，必要时针对特殊地质条件提出专项勘察建议。

8) 勘察单位应当将勘察、设计文件和原始资料归档保存。

9) 勘察单位应当委派专业技术人员配合施工单位及时解决与勘察、设计工作有关的问题。

(2) 法律责任

勘察单位有违反建设法律法规规章行为的，由县级以上人民政府建设主管部门按照管理权限依法予以罚款、停业整顿、降低资质等级、吊销资质证书等行政处罚；构成犯罪的，依法追究刑事责任。

第四节 勘察标准规范

由于地铁工程涉及的构筑物种类多，在勘察过程中所需提供的参数较为复杂，主要包括线路设计、基础设计、结构设计、降水设计、防腐、通风通电、抗震设计等，因此，不同构筑物类型的不同设计参数可能会应用不同的规范、标准。

从事地铁岩土工程勘察工作，首先应执行国家标准《地下铁道、轻轨交通岩土工程勘察规范》GB 50307，对于该规范没有具体规定的，可参照其他规范执行。

下面简要介绍一些相关的规范、标准。

（一）国家标准

国家标准是对全国经济、技术发展有重大意义，在全国范围内统一规定的技术要求。在进行地铁工程岩土工程勘察工作时应首先满足国家标准的技术要求。地铁工程岩土工程勘察工作中常用的国家标准及适用范围见表1.1。

相关国家标准一览表　　　　表1.1

序号	规范名称	规范编号	适用范围
1	《地下铁道、轻轨交通岩土工程勘察规范》	GB 50307	轨道交通岩土工程勘察通用性规范
2	《岩土工程勘察规范》	GB 50021	车辆段及附属工程等地面建构筑物的勘察
3	《建筑地基基础设计规范》	GB 50007	地基基础设计、地基验算及变形分析
4	《建筑抗震设计规范》	GB 50011	地面建筑物的场地和地基的地震效应评价
5	《铁路工程抗震设计规范》	GB 50111	地铁工程建构筑物的场地和地基的地震效应评价
6	《湿陷性黄土地区建筑规范》	GB 50025	湿陷性黄土地区勘察通用性规范
7	《膨胀土地区建筑技术规范》	GBJ 112	膨胀土地区勘察通用性规范
8	《冻土工程地质勘察规范》	GB 50324	冻土地区勘察通用性规范
9	《建筑边坡工程技术规范》	GB 50330	边坡工程勘察通用性规范
10	《土工试验方法标准》	GB/T 50123	土工试验通用性规范
11	《土的工程分类标准》	GB/T 50145	土的工程分类通用性规范

续表

序号	规范名称	规范编号	适用范围
12	《工程岩体分级标准》	GB 50218	岩体分级通用性规范
13	《工程岩体试验方法标准》	GB/T 50266	岩石、岩体试验通用性规范
14	《岩土工程基本术语标准》	GB/T 50279	岩土工程基本术语通用性规范
15	《城市轨道交通设计规范》	GB 50157	地铁工程结构分类、设计要求通用性规范
16	《建筑基坑工程监测技术规范》	GB 50497	基坑监测建议
17	《工程建设勘察企业质量管理规范》	GB/T 50379	勘察企业质量管理通用性规范
18	《岩土工程勘察安全规范》	GB 50585	岩土工程勘察的安全管理通用性规范

(二) 行业标准

在全国某个行业范围内统一使用的标准，称为行业标准。国家标准没有明确规定的，可执行行业标准的技术要求。地铁岩土工程勘察涉及的行业标准主要为铁道行业和建筑行业。

由于我国地铁的发展历史较短，仍属于起步阶段，技术体系尚不成熟。在进行地铁工程勘察时，对于线路、路基、桥涵等，通常参照执行铁道规范。具体适用范围见表1.2。

相关铁道规范一览表　　　　　　　　　　　　　　　表1.2

序号	规范名称	规范编号	适用范围
1	《铁路工程地质勘察规范》	TB 10012	地面线路勘察、岩土施工工程分级
2	《铁路桥涵与地基基础设计规范》	TB 10002.5	桩基设计参数选取
3	《铁路隧道设计规范》	TB 10003	隧道设计参数选取、隧道围岩分级
4	《铁路工程不良地质勘察规程》	TB 10027	不良地质作用的勘察可参照执行
5	《铁路工程水文地质勘察规程》	TB 10049	水文地质勘察可参照执行
6	《铁路工程地基原位测试规程》	TB 10018	原位测试工作可参照执行
7	《铁路工程特殊岩土勘察规程》	TB 10038	特殊性岩土的勘察可参照执行

地铁工程指挥中心、车辆段和停车场中建构筑物、部分附属建筑等属于地面建筑，线路工程中采用明挖法施工的基坑与建筑基坑特征基本相同。上述工程可参照执行建筑规范。具体适用范围见表1.3。

相关建筑规范一览表　　　　　　　　　　　　　　　表1.3

序号	规范名称	规范编号	适用范围
1	《高层建筑箱形与筏形基础技术规范》	JGJ 6	地面高层建筑地基基础设计、地基验算及变形分析
2	《高层建筑岩土工程勘察规程》	JGJ 72	地面高层建筑勘察
3	《建筑地基处理技术规范》	JGJ 79	地基处理措施方案建议
4	《软土地区工程地质勘察规范》	JGJ 83	软土地区勘察通用性规范
5	《建筑岩土工程勘察基本术语标准》	JGJ 84	岩土工程勘察基本术语参照执行

续表

序号	规范名称	规范编号	适用范围
6	《建筑工程地质钻探技术标准》	JGJ 87	钻探通用性规范
7	《原状土取样技术标准》	JGJ 89	原状土取样通用性规范
8	《建筑桩基技术规范》	JGJ 94	桩基承载力验算、变形分析及评价
9	《建筑基坑支护技术规程》	JGJ 120	基坑稳定性评价及支护方案建议
10	《建筑与市政降水工程技术规范》	JGJ/T 111	基坑降水分析及方案建议
11	《建筑桩基检测技术规范》	JGJ 106	桩基检测建议
12	《湿陷性黄土地区建筑基坑工程安全技术规程》	JGJ 167	湿陷性黄土地区基坑工程
13	《建筑变形测量规程》	JGJ 8	变形监测建议
14	《房屋建筑和市政基础设施工程勘察文件编制深度规定》	30911	勘察成果文件的编制

(三) 地方标准

我国很多省、市发布了当地的勘察规范、地基基础设计规范和基坑支护规范。地方标准一般严于国家标准，并且往往总结了当地大量的工程经验。在进行地铁岩土工程勘察工作量布置、勘察成果分析和岩土参数提供时，在不违反国家标准和行业标准的前提下，可执行地方规范。

第二章 岩土分类

第一节 岩土的工程分类

(一) 概述

为服务于地铁工程的建设，准确反映场地的工程地质条件，需要对种类繁多、性质各异的岩土按一定的原则进行分类，这种分类称为岩土的工程分类。

不同国家选用的岩土分类体系及其具体标准不尽相同，而我国建筑工程、公路、水电等部门的分类体系与地铁工程的分类体系也有很大差别，需要说明的是，地铁工程关于岩土分类及命名以现行地铁规范为准。

(二) 一般原则

岩土的工程分类应以地质年代、成因为基础，以工程特性的差异、分类指标便于测定等原则进行进一步分类。

1. 以地质年代、成因为基础的原则

因为土是自然历史的产物，土的工程性质受土的成因（包括形成环境）与形成年代控制。在一定的形成条件下，并经过某些变化的土，必然有与之相适应的物质成分和结构，以及一定的空间分布规律和土层组合，因而决定了土的工程特性。形成年代不同，土的固结状态和结构强度也会有显著的差异。

2. 工程特性差异性原则

岩土分类应综合考虑土的各种主要工程特性（强度与变形特征等），用影响土的工程特性的主要因素作为分类的依据，从而使所划分的不同土类之间，在其各主要的工程特性方面有一定的质的或显著的差别为前提条件。

3. 分类指标便于测定的原则

采用的分类指标，要既能综合反映土的基本工程特性，又要测定方法简便。

(三) 土的分类

土的分类应首先以沉积年代、成因进行分类，在此基础上可按颗粒级配或塑性指数以及土中有机质含量、土体的特殊性质等进一步分类。

(1) 土按沉积年代分为老沉积土、一般沉积土、新近沉积土。

老沉积土：第四纪晚更新世 Q_3 及其以前沉积的土层。

一般沉积土：第四纪全新世（文化期以前 Q_4）沉积的土层。

新近沉积土：文化期以来新近沉积的土层 Q_4。

（2）土按地质成因可分为残积土、坡积土、洪积土、冲积土、淤积土、冰积土、风积土等。

（3）土按有机质含量（W_u）分为无机土、有机质土、泥炭质土和泥炭（有机质含量 W_u 为 550℃时的灼失量），按表 2.1 确定。

按有机质含量（W_u）分类（％）   表 2.1

土的名称	有机质含量	土的名称	有机质含量
无机土	$W_u<5$	泥炭质土	$10<W_u\leqslant 60$
有机质土	$5\leqslant W_u\leqslant 10$	泥炭	$W_u>60$

（4）土按颗粒级配或塑性指数分为碎石土、砂土、粉土和黏性土。

1）粒径大于 2mm 颗粒的质量超过总质量 50％的土，应定名为碎石土，并按表 2.2 进一步分类。

碎石土的分类   表 2.2

土的名称	颗粒形状	颗粒含量
漂石	圆形和亚圆形为主	粒径大于 200mm 颗粒的质量超过总质量的 50％
块石	棱角形为主	
卵石	圆形和亚圆形为主	粒径大于 20mm 颗粒的质量超过总质量的 50％
碎石	棱角形为主	
圆砾	圆形和亚圆形为主	粒径大于 2mm 颗粒的质量超过总质量的 50％
角砾	棱角形为主	

注：分类时应根据粒组含量由大到小，以最先符合者确定。

2）粒径大于 2mm 颗粒的质量少于总质量 50％且粒径大于 0.075mm 颗粒的质量超过总质量 50％的土，应定名为砂土，并按表 2.3 进一步分类。

砂土的分类   表 2.3

土的名称	颗 粒 含 量
砾砂	粒径大于 2mm 颗粒的质量占总质量大于 25％，且小于 50％
粗砂	粒径大于 0.5mm 颗粒的质量超过总质量的 50％
中砂	粒径大于 0.25mm 颗粒的质量超过总质量的 50％
细砂	粒径大于 0.075mm 颗粒的质量超过总质量的 85％
粉砂	粒径大于 0.075mm 颗粒的质量超过总质量的 50％，且小于 85％

注：分类时应根据粒组含量由大到小，以最先符合者确定。

3）粒径大于 0.075mm 的颗粒质量不超过总质量 50％，且塑性指数等于或小于 10 的土，应定名为粉土。粉土可按表 2.4 进一步划分为砂质粉土和黏质粉土。

粉土的分类　　　　　　　　　表 2.4

土的名称	塑性指数 I_P	土的名称	塑性指数 I_P
砂质粉土	$3<I_P\leqslant 7$	黏质粉土	$7<I_P\leqslant 10$

注：塑性指数由相应于76g圆锥体沉入土样中深度为10mm时测定的液限计算而得。当有地区经验时，可结合地区经验综合考虑。

4）塑性指数 I_P 大于 10 的土应定名黏性土，并按表 2.5 进一步分类。

黏性土分类　　　　　　　　　表 2.5

土的名称	塑性指数 I_P	土的名称	塑性指数 I_P
粉质黏土	$10<I_P\leqslant 17$	黏土	$I_P>17$

（5）土按其特殊性质分为填土、软土（包括淤泥和淤泥质土）、湿陷性土、膨胀土、残积土、混合土及污染土等。

（四）岩石的分类

岩石的分类主要是按成因、坚硬程度、风化程度、软化系数、完整程度、岩石质量、岩体基本等级以及特殊性质等的分类。

（1）岩石按成因应分为岩浆岩、沉积岩和变质岩。

（2）岩石按岩块的饱和单轴抗压强度 f_{rk} 依据表 2.6 可分为坚硬岩、较硬岩、较软岩、软岩和极软岩。现场工作中可按表 2.7 进行定性划分。

岩石坚硬程度的划分　　　　　　　　　表 2.6

坚硬程度	坚硬岩	较硬岩	较软岩	软岩	极软岩
饱和单轴抗压强度 f_{rk}（MPa）	>60	$30<f_{rk}\leqslant 60$	$15<f_{rk}\leqslant 30$	$5<f_{rk}\leqslant 15$	$\leqslant 5$

注：1 当无法取得饱和单轴抗压强度数据时，可用点荷载试验强度换算，换算方法按现行国家标准《工程岩体分级标准》GB 50218—94 执行；
2 当岩体完整程度为极破碎时，可不进行坚硬程度分类。

岩石坚硬程度的定性划分　　　　　　　　　表 2.7

名　称		定性鉴定	代表性岩石
硬质岩	坚硬岩	锤击声清脆，有回弹，震手，难击碎；基本无吸水反应	未风化或微风化的花岗岩、闪长岩、辉绿岩、玄武岩、安山岩、片麻岩、石英岩、硅质砾岩、石英砂岩、硅质灰岩等
	较硬岩	锤击声较清脆，有轻微回弹，稍震手，较难击碎；有轻微吸水反应	1 微风化的坚硬岩 2 未风化或微风化的大理岩、板岩、石灰岩、钙质砂岩等
软质岩	较软岩	锤击声不清脆，无回弹，较易击碎；指甲可刻出印痕	1 中风化的坚硬岩和较硬岩 2 微风化的凝灰岩、千枚岩、砂质泥岩、泥灰岩等
	软岩	锤击声哑，无回弹，有凹痕，易击碎；浸水后，易崩解	1 强风化的坚硬岩和较硬岩 2 中风化的较软岩 3 未风化～微风化的泥质砂岩、泥岩等
极软岩		锤击声哑，无回弹，有较深凹痕，手可捏碎；浸水后，可捏成团	1 风化的软岩 2 全风化的各种岩石 3 各种半成岩

(3) 岩石的风化程度应按表2.8分为未风化岩石、微风化岩石、中等风化岩石、强风化岩石和全风化岩石。

岩石按风化程度分类　　　　　　　表2.8

风化程度	野外特征	风化程度参数指标	
		波速比 K_v	风化系数 K_f
未风化	结构和构造未变，岩质新鲜，偶见风化痕迹	0.9～1.0	0.9～1.0
微风化	结构和构造基本未变，仅节理面有铁锰质渲染或矿物略有变色，有少量风化裂隙	0.8～0.9	0.8～0.9
中等风化	1 组织结构部分破坏，矿物成分基本未变，沿节理面出现次生矿物，风化裂隙发育； 2 岩体被节理、裂隙分割成块状（200～500mm），硬质岩，锤击声脆，且不易击碎；软质岩锤击易碎； 3 用镐难挖掘，用岩芯钻方可钻进	0.6～0.8	0.4～0.8
强风化	1 组织结构已大部分破坏，矿物成分已显著变化； 2 岩体被节理、裂隙分割成碎石状（20～200mm），碎石用手可以折断； 3 用镐可以挖掘，用干钻不易钻进	0.4～0.6	<0.4
全风化	1 结构已基本破坏，但尚可辨认； 2 岩石已风化成坚硬或密实土状，可用镐挖，干钻可钻进； 3 须机械普遍刨松方能铲挖满载	0.2～0.4	—
残积土	组织结构全部破坏，已风化成土状，锹镐易挖掘，干钻易钻进，具可塑性	<0.2	—

注：1 波速比 K_v 为风化岩石与新鲜岩石压缩波速之比；
　　2 风化系数 K_f 为风化岩石与新鲜岩石饱和单轴抗压强度之比；
　　3 岩石风化程度，除按表列野外特征和定量指标划分外，也可根据经验划分；
　　4 花岗岩类岩石，可采用实测标准贯入击数划分，$N \geq 50$ 为强风化；$50 > N \geq 30$ 为全风化；$N < 30$ 为残积土；
　　5 泥岩和半成岩，可不进行风化程度划分。

(4) 岩石按软化系数分为不软化岩石和软化岩石。当软化系数等于或小于0.75时，应定为软化岩石。

(5) 岩体的完整程度根据完整性指数可按表2.9进行分类；岩石质量指标（RQD）可按表2.10进行分类。

岩体完整程度分类　　　　　　　表2.9

完整程度	完整	较完整	较破碎	破碎	极破碎
完整性指数	>0.75	0.75～0.55	0.55～0.35	0.35～0.15	<0.15

注：完整性指数为岩体压缩波速度与岩块压缩波速度之比的平方，选定岩体和岩块测定波速时，应注意其代表性。

岩体按岩石的质量指标（RQD）分类　　　　　　　表2.10

岩体分类	岩石的质量指标 RQD（%）	岩体分类	岩石的质量指标 RQD（%）
很好	>90	坏的	25～50
好的	75～90	极坏	<25
中等	50～75		

注：RQD 用直径为75mm 的金刚石钻头和双层岩芯管在岩石中钻进，连续取芯，回次钻进所取岩芯中，长度大于10cm 的岩芯段长度之和与该回次进尺的比值。

(6) 岩体基本质量等级分类应根据岩石的坚硬程度和岩体的完整程度按表 2.11 进行分类。

岩体基本质量等级分类　　　　　表 2.11

完整程度 坚硬程度	完 整	较完整	较破碎	破 碎	极破碎
坚硬岩	Ⅰ	Ⅱ	Ⅲ	Ⅳ	Ⅴ
较硬岩	Ⅱ	Ⅲ	Ⅳ	Ⅳ	Ⅴ
较软岩	Ⅲ	Ⅳ	Ⅳ	Ⅴ	Ⅴ
软 岩	Ⅳ	Ⅳ	Ⅴ	Ⅴ	Ⅴ
极软岩	Ⅴ	Ⅴ	Ⅴ	Ⅴ	Ⅴ

(7) 当岩石具有特殊成分、特殊结构或特殊性质时，应定为特殊性岩石，如易溶性岩石、膨胀性岩石、崩解性岩石、盐渍化岩石等。

(五) 岩土的描述

1. 土的描述

土的描述应符合下列规定：
(1) 碎石土宜描述颜色、颗粒级配、最大粒径、颗粒形状、颗粒排列、母岩成分、风化程度、充填物和充填程度、密实度、层理特征等；
(2) 砂土宜描述颜色、矿物组成、颗粒级配、颗粒形状、细粒含量、湿度、密实度及层理特征等；
(3) 粉土宜描述颜色、含有物、湿度、密实度、光泽反应及层理特征等；
(4) 黏性土宜描述颜色、状态、含有物、土的结构和结构性、层理特征及状态、断面状态等；
(5) 特殊性土除宜描述上述相应土类规定的内容外，尚应描述其特殊成分和特殊性质；如对淤泥尚应描述嗅味，对填土尚应描述物质成分、堆积年代、密实度和厚度的均匀程度等；
(6) 对具有互层、夹层、夹薄层特征的土，尚应描述各层的厚度和层理特征。

2. 岩石的描述

岩石的描述应包括地质年代、名称、风化程度、颜色、主要矿物、结构、构造和岩石质量指标 RQD。对沉积岩应着重描述沉积物的颗粒大小、形状、胶结物成分和胶结程度；对岩浆岩和变质岩应着重描述矿物结晶大小和结晶程度。

岩体的描述应包括结构面、结构体、岩层厚度和结构类型，并符合下列规定：
(1) 结构面的描述包括类型、性质、产状、组合形式、发育程度、延伸情况、闭合程度、粗糙程度、充填情况和充填物性质以及充水性质等；
(2) 结构体的描述包括类型、形状、大小和结构体在围岩中的受力情况等；
(3) 岩层厚度分类应按表 2.12 执行。

岩层厚度分类 表 2.12

层厚分类	单层厚度 h (m)	层厚分类	单层厚度 h (m)
巨厚层	$h>1.0$	中厚层	$0.1<h\leqslant 0.5$
厚层	$0.5<h\leqslant 1.0$	薄层	$h\leqslant 0.1$

(4) 对软岩和极软岩,应注意是否具有可软化性、膨胀性、崩解性等特殊性质;

(5) 对极破碎岩体,应说明破碎原因,如断层、全风化等;

(6) 开挖后是否有进一步风化的特征。

3. 土的密实度和饱和度

(1) 碎石土的密实度可按表 2.13 和表 2.14 的规定划分。

碎石土密实度按 $N_{63.5}$ 的分类 表 2.13

重型动力触探锤击数	密实度	重型动力触探锤击数	密实度
$N_{63.5}\leqslant 5$	松散	$10<N_{63.5}\leqslant 20$	中密
$5<N_{63.5}\leqslant 10$	稍密	$N_{63.5}>20$	密实

注:本表适用于平均粒径等于或小于 50mm,且最大粒径小于 100mm 的碎石土。对于平均粒径大于 50mm,且最大粒径大于 100mm 的碎石土,可用超重型动力触探或用野外观察鉴别。

碎石土密实度按 N_{120} 的分类 表 2.14

超重型动力触探锤击数	密实度	超重型动力触探锤击数	密实度
$N_{120}\leqslant 3$	松散	$11<N_{120}\leqslant 14$	密实
$3<N_{120}\leqslant 6$	稍密	$N_{120}>14$	很密
$6<N_{120}\leqslant 11$	中密		

注:本表适用于平均粒径等于或小于 50mm,且最大粒径小于 100mm 的碎石土。

(2) 砂土的密实度应根据标准贯入试验锤击数实测值 N 划分为密实、中密、稍密和松散,并应符合表 2.15 的规定。

砂土密实度分类 表 2.15

标准贯入锤击数 N	密实度	标准贯入锤击数 N	密实度
$N\leqslant 10$	松散	$15<N\leqslant 30$	中密
$10<N\leqslant 15$	稍密	$N>30$	密实

(3) 粉土的密实度应根据孔隙比 e 划分为密实、中密和稍密;其湿度应根据含水量 w (%) 划分为稍湿、湿、很湿。密实度和湿度的划分应分别符合表 2.16 和表 2.17 的规定。

粉土密实度分类 表 2.16

孔隙比 e	密实度	孔隙比 e	密实度
$e<0.75$	密实	$e\geqslant 0.9$	稍密
$0.75\leqslant e\leqslant 0.90$	中密		

注:当有经验时,也可用原位测试或其他方法划分粉土的密实度。

粉土湿度分类　　　　　　　　　　　　　　　表 2.17

含水量 w（%）	湿　度	含水量 w（%）	湿　度
$w<20$	稍湿	$w>30$	很湿
$20\leqslant w\leqslant 30$	湿		

（4）黏性土状态的划分

黏性土状态根据液性指数 I_L 按表 2.18 确定。

黏性土状态的划分　　　　　　　　　　　　表 2.18

液性指数	状态	液性指数	状态
$I_L\leqslant 0.00$	坚硬	$0.75<I_L\leqslant 1.00$	软塑
$0.00<I_L\leqslant 0.25$	硬塑	$I_L>1.00$	流塑
$0.25<I_L\leqslant 0.75$	可塑		

（5）土的压缩性

地基土的压缩性可按 P_1 为 100kPa，P_2 为 200kPa 时相对应的压缩系数值 a_{1-2} 划分为低、中、高压缩性，并应按表 2.19 的规定进行评价。

土的压缩性分类　　　　　　　　　　　　　表 2.19

压缩系数 a_{1-2}	压缩性	压缩系数 a_{1-2}	压缩性
$a_{1-2}<0.1\text{MPa}^{-1}$	低压压缩性	$a_{1-2}\geqslant 0.5\text{MPa}^{-1}$	高压缩性
$0.1\text{MPa}^{-1}\leqslant a_{1-2}<0.5\text{MPa}^{-1}$	中压缩性		

注：本表执行国家标准《建筑地基基础设计规范》GB 50007—2002。如有当地经验时，也可按地方标准执行。

第二节　地　层　划　分

（一）概述

地层的划分是把场地范围内的岩土层划分为不同类型的地层。不同类型的地层，其物理力学性质、岩土工程特性以及对地铁工程的意义与影响也各异，因此，地层划分是进行岩土工程评价、提出相关技术建议的先决条件。

（二）一般原则

岩土工程勘察地层划分的总原则是在地质学分层（地质年代、成因划分）的基础上，结合岩土物理力学性质以及工程特性进行的综合分层。

（1）当勘察范围较大且复杂时，地层的划分首先应划分出地貌单元；

（2）在同一地貌单元内，从地层时代上划分出主层；

（3）根据地层的沉积环境，即成因类型上再进行划分，条件简单时，可以直接根据成因和时代划分出主层；

（4）根据沉积旋回划出大层；

（5）根据岩相的不同，或者说是岩土的物理力学性质和工程特性的不同，划分亚层或次亚层。

（三）地层划分方法

1. 按地层时代的划分

从时代上讲，地层有老有新，具有时间的概念，所以地层就有所谓上下或新老关系，即地层层序。一般来讲，越处于下部的地层时代越老，越处于上部的地层时代越新。地层时代可以在已有区域地质资料或已有研究成果的基础上直接确定。在第四系地层中，土体按沉积时代分为老沉积土、一般沉积土、新近沉积土，土体的沉积时代与其工程性质有较密切的关系，参见表2.20。

土体沉积时代与工程性质的关系　　　　　　　　　　表2.20

类 型	地 质 时 代	工 程 性 质
老沉积土	第四纪晚更新世（Q_3）及其以前沉积的土层	土体一般呈超固结状态，具较高的强度和较低的压缩性
一般沉积土	第四纪全新世（文化期以前Q_4）沉积的土层	土体一般呈固结状态
新近沉积土	文化期以来新近沉积的土层Q_4	土体一般呈欠固结状态，且强度较低，压缩性较高

地层按时代划分，地层可以划分到"组"、"段"、"带"，但这样的划分精度还满足不了岩土工程评价的要求，可以说只是地层的初步划分，还需采取其他手段与方法进一步划分，即成因类型、沉积旋回、岩相。

2. 按成因类型的划分

第四系地层按地质成因应分为残积土、坡积土、洪积土、冲积土、淤积土、冰积土、风积土等，几种主要成因类型的第四纪土层的特征如表2.21。

岩石按地质成因分为岩浆岩、沉积岩和变质岩。

主要成因类型第四纪土层的特征　　　　　　　　　　表2.21

成因类型	堆积方式及条件	特 征
残积	岩石经风化作用而残留在原地的碎屑堆积物	碎屑物自表部向深处逐渐由细变粗，其成分与母岩有关，一般不具层理，碎块多呈菱角状，土质不均，具有较大孔隙，厚度在山丘顶部较薄，低洼处较厚，厚度变化较大
坡积或崩积	风化碎屑物由雨水或融雪水沿斜坡搬运；或由本身的重力作用堆积在斜坡上或坡脚处形成	碎屑物岩性成分复杂，与高处的岩性组成有直接关系，从坡上往下逐渐变细，分选性差，层理不明显，厚度变化较大，厚度在斜坡较陡处薄，坡脚地段较厚
洪积	由暂时性洪流将山区或高地的大量风化碎屑物携带至沟口或平缓地带堆积而成	颗粒具有一定的分选性，但往往大小混杂，碎屑多呈亚菱角状，洪积扇顶部颗粒较粗，层理紊乱呈交错状，透镜体及夹层较多，边缘处颗粒细，层理清楚，其厚度一般高地处较大，远处较小

续表

成因类型	堆积方式及条件	特　征
冲积	由长期的地表水流搬运，在河流阶地、冲积平原和三角洲地带堆积而成	颗粒在河流上游较粗，向下游逐渐变细，分选性及磨圆度均好，层理清楚，除牛轭湖及河床相沉积外，厚度较稳定
冰积	由冰川融化携带的碎屑物堆积或沉积而成	粒度相对较大，无分选性，一般不具备层理，因冰川形态和规模的差异，厚度变化大
淤积	在静水或缓流环境中沉积，并伴有生物、化学作用而成	颗粒以粉粒、黏粒为主，且含有一定数量的有机质或盐类，一般土质松软，有时为淤泥质黏性土、粉土与粉砂互层，具清晰的薄层理
风积	在干旱气候条件下，碎屑物被风吹扬，降落堆积而成	颗粒主要由粉粒或砂砾组成，土质均匀，质纯，孔隙大，结构松散

3. 按沉积旋回的划分

沉积旋回是指沉积作用和沉积条件按相同的次序不断重复沉积而组成的一个层序。沉积旋回也是第四系地层划分的一个重要依据，尤其是冲洪积地层，往往表现出岩相由粗到细又由细到粗的重复变化，这样一次变化称一个沉积旋回。例如，在勘探深度范围内共包括三个大的沉积旋回，那么就可以将地层划分为三个主层，然后在此基础上依据岩性与工程性质的不同，进一步划分亚层。

4. 按岩土工程特性的划分

将地层按物理力学性质和工程特性的不同进行划分，是场地地层划分的最终步骤。可结合工程地质测绘与调查资料、室内试验和原位测试成果综合进行。

第三节　地　层　结　构

(一) 概述

地层结构对于地铁岩土工程勘察来说是一个重要的概念，也是地铁工程勘察不同于其他类型工程勘察的特性。由于地铁工程具有扰动土层深度大的特点，地层结构往往是工法、工艺选择的主要制约因素和参考依据，例如：盾构隧道洞身穿越粗粒土（砂、卵石等）与细粒土（粉土、黏性土）互层的二元结构时，掌子面由于岩性的较大差异易造成盾构机偏离轴线、刀盘磨损等事故，直接影响了掘进模式、施工辅助措施等的选择。

(二) 土层结构

土层的结构主要指第四系覆盖层厚度、地层序列内岩层按形成年代的叠覆形式、沉积形式，即通常所说的旋回性、韵律性等。

第四系土体的地层结构可划分为三种类型，参见表2.22。

土体的结构类型　　　　　　　　　　　表2.22

结构类型	特征
均一结构	由一种土层构成,岩性均一,夹层厚度较薄
多薄层结构	由厚度不大,不同岩性或不同成因的土层互层构成
多厚层结构	由厚度较大,粗、细粒土层互层构成或厚度较大、成因年代不同的土层互层

(三) 岩体结构

岩体结构类型分类及特征参见表2.23。

岩体的结构类型　　　　　　　　　　　表2.23

结构类型	岩体地质类型	结构面发育情况	岩土工程特征	可能发生的岩土工程问题
整体状结构	巨块状岩浆岩、变质岩、巨厚层沉积岩	以层理面和原生构造节理为主,多呈闭合型	整体性强度高,岩体稳定	要注意由结构面组合而成的不稳定结构体的局部滑动或坍塌,深埋洞室要注意岩爆
块状结构	厚层状沉积岩、块状岩浆岩、变质岩	只具有少量贯穿性较好节理裂隙	整体强度较高,结构面互相牵制,岩体基本稳定	
层状结构	多韵律的薄层及中厚层状沉积岩	层理、片理、节理裂隙,但以风化裂隙为主	岩体接近均一的各向异性体,其变形及强度特征受层面控制,可视为弹塑性体,稳定性较差	可沿结构面滑塌,可产生塑性变形
破裂状结构	构造影响严重的破碎岩层	层理及层间结构面较发育	完整性破坏较大,整体强度很低,并受软弱结构面控制,多成弹塑性体,稳定性很差	易引起规模较大的岩块失稳,地下水加剧岩体失稳
散体状结构	断层破碎带、强风化及全风化带	构造及风化裂隙密集,结构面错综复杂,并多充填黏性土	完整性遭到极大破坏,稳定性极差,岩体接近松散介质	

第四节　围岩分级

(一) 概述

在地下工程领域,围岩指的是隧道周围一定范围内,由于受开挖影响而发生应力状态改变、对洞身的稳定有影响的岩(土)体。地下洞室开挖以后,洞壁围岩由于失去了原有岩(土)体的支撑而向洞内松胀变形,如这种变形超过了围岩本身的所能承受的能力时,围岩就会产生破坏。

作为地铁工程中暗挖隧道、盾构区间围岩,由于岩性不同、结构类型不同、物理力学性质不同以及地下水的参与影响,使围岩质量相差悬殊。因此,在地铁工程建设时,为了对围岩质量好坏有一个综合、明确的概念,就必须对围岩进行工程地质分类即围岩分级,这是地下铁道工程岩土工程勘察所特有的也是至关重要的环节,也是地铁工程设计的依据、施工安全控制的关键点。

(二) 围岩分级标准

围岩分级是地铁工程围岩稳定性分析的基础,也是解决隧道设计和施工工艺标准化的一个重要途径。

目前国内外已提出的围岩分级标准有数十种之多,有定性的,也有定量的分级;分级原则和考虑的因素也不尽相同,但岩体完整性、成层条件、岩块强度、结构面发育情况及地下水因素等,在各类分级方法中都不同程度地考虑到了。

当前地铁工程围岩分级主要参照《铁路隧道设计规范》TB 10003-2005 的规定执行,具体分级标准参见表 2.24。

隧道围岩分级　　　　　　　　表 2.24

围岩级别	围岩主要工程地质条件		围岩开挖后的稳定状态（单线）	围岩弹性纵波波速 V_P（km/s）
	主要工程地质特征	结构形态和完整状态		
Ⅰ	坚硬石（单轴饱和抗压强度 $f_{rk}>60$MPa）；受地质构造影响轻微,节理不发育,无软弱面（或夹层）；层状岩层为巨厚层或厚层,层间结合良好,岩体完整	呈巨块状整体结构	围岩稳定,无坍塌,可能产生岩爆	>4.5
Ⅱ	较硬岩（$30<f_{rk}\leqslant60$）；受地质构造影响较重,节理较发育,有少量软弱面（或夹层）和贯通微张节理,但其产状及组合关系不致产生滑动；层状岩层为中层或厚层,层间结合一般,很少有分离现象；或为较硬岩偶夹软质岩石	呈大块状砌体结构	暴露时间长,可能会出现局部小坍塌,侧壁稳定,层间结合差的平缓岩层顶板易塌落	3.5～4.5
	较软岩（$15<f_{rk}\leqslant30$）；受地质构造影响轻微,节理不发育；层状岩层为厚层,层间结合良好	呈巨块状整体结构		
Ⅲ	较硬岩（$30<f_{rk}\leqslant60$）和坚硬岩：受地质构造影响较重,节理较发育,有层状软弱面（或夹层）,但其产状组合关系尚不致产生滑动；层状岩层为薄层或中层,层间结合差,多有分离现象；或为较硬岩、软质岩石互层	呈块（石）碎（石）状镶嵌结构	拱部无支护时可能产生局部小坍塌,侧壁基本稳定,爆破震动过大易塌落	2.5～4.0
	较软岩（$15<f_{rk}\leqslant30$）：受地质构造影响严重,节理较发育；层状岩层为薄层、中厚层或厚层,层间结合一般	呈大块状结构	拱部无支护时可能产生局部小坍塌,侧壁基本稳定,爆破震动过大易塌落	2.5～4.0
Ⅳ	较硬岩（$30<f_{rk}\leqslant60$）；受地质构造影响极严重,节理较发育；层状软弱面（或夹层）已基本破坏	呈碎石状压碎结构	拱部无支护时可产生较大坍塌,侧壁有时失去稳定	1.5～3.0
	软岩（$5<f_{rk}\leqslant15$）；受地质构造影响严重,节理较发育	呈块石、碎石状镶嵌结构		
	土体：(1) 具压密或成岩作用的黏性土、粉土及碎石土； (2) 黄土（Q_1、Q_2）； (3) 一般钙质或铁质胶结的碎石土、卵石土、粗角砾土、粗圆砾土、大块石土	(1) 和 (2) 呈大块状压密结构,(3) 呈巨块状整体结构		

续表

围岩级别	围岩主要工程地质条件		围岩开挖后的稳定状态（单线）	围岩弹性纵波波速 V_P (km/s)
	主要工程地质特征	结构形态和完整状态		
V	岩体：软岩，岩体较破碎至极破碎；全部极软岩（$f_{rk}\leqslant 5$）及全部极破碎岩石（包括受地质构造影响严重的破碎带）	呈角砾碎石状松散结构	围岩易坍塌，处理不当会出现大坍塌，侧壁经常小坍塌；浅埋时易出现地表下沉（陷）或塌至地表	1.0～2.0
V	土体：一般第四系的坚硬、硬塑的黏性土，稍密及以上、稍湿或潮湿的碎石土、卵石土、圆砾土、角砾土、粉土及黄土（Q_3、Q_4）	非黏性土松散结构，黏性土及黄土松软状结构		
VI	岩体：受地质构造影响严重呈碎石、角砾及粉末、泥土状的断层带	黏性土呈易蠕动的松软结构，砂性土呈潮湿松散结构	围岩极易坍塌变形，有水时土砂常与水一齐涌出，浅埋时易塌至地表	<1.0（饱和状态的土小于1.5）
VI	土体：软塑状黏性土、饱和的粉土和砂类等土			

注：1 表中"围岩级别"和"围岩主要工程地质条件"栏，不包括膨胀性围岩、多年冻土等特殊岩土。
2 软质岩石Ⅱ、Ⅲ级围岩遇有地下水时，可根据具体情况和施工条件适当降低围岩级别。

第五节 岩土施工工程分级

（一）概述

地铁工程施工过程中无论是车站还是区间，均涉及大量的土方开挖，这对其岩土工程勘察工作提出了有别于其他性质工程勘察的一项要求，即对各岩土层进行岩土施工工程分级。

（二）分级标准

当前地铁工程岩土施工工程分级主要参照《铁路工程地质勘察规范》TB 10012—2007的规定执行，具体参见表2.25。

岩土施工工程分级 表2.25

等级	分类	岩土名称及特征	钻1m所需时间			岩石单轴饱和抗压强度（MPa）	开挖方法
			液压凿岩台车、潜孔钻机（净钻分钟）	手持风枪湿式凿岩合金钻头（净钻分钟）	双人打眼（工天）		
I	松土	砂类土、种植土、未经压实的填土					用铁锹挖，脚蹬一下到底的松散土层，机械能全部直接铲挖，普通装载机可满载

第五节 岩土施工工程分级

续表

等级	分类	岩土名称及特征	钻1m所需时间 液压凿岩台车、潜孔钻机（净钻分钟）	钻1m所需时间 手持风枪湿式凿岩合金钻头（净钻分钟）	双人打眼（工天）	岩石单轴饱和抗压强度（MPa）	开挖方法
Ⅱ	普通土	坚硬的、硬塑和软塑的粉质黏土，硬塑和软塑的黏土，膨胀土，粉土，Q_3、Q_4黄土，稍密、中密的细角砾土、细圆砾土、松散的粗角砾土、碎石土、粗圆砾土、卵石土，压密的填土，风积沙					部分用镐刨松，再用锹挖，脚蹬连蹬数次才能挖动的。挖掘机、带齿尖口装载机可满载；普通装载机可直接铲挖，但不能满载
Ⅲ	硬土	坚硬的黏性土、膨胀土，Q_1、Q_2黄土，稍密、中密粗角砾土、碎石土、粗圆砾土、碎石土，密实的细圆砾土、细角砾土、各种风化成土状的岩石					必须用镐全部刨过，才能用锹挖。挖掘机、带齿尖口装载机不能满载、大部分采用松土器松动方能铲挖装载
Ⅳ	软质岩	块石土、漂石土、含块石、漂石30%～50%的土及密实的碎石土、粗角砾土、卵石土、粗圆砾土；岩盐，各类较软岩、软岩及成岩作用差的岩石：泥质砾岩、煤、凝灰岩、云母片岩、千枚岩	<7	<0.2		<30	部分用撬棍及大锤开挖或挖掘机、单钩裂土器松动，部分需借助液压冲击镐解碎或部分采用爆破方法开挖
Ⅴ	次坚石	各种硬质岩：硅质页岩、钙质岩、白云岩、石灰岩、泥灰岩、玄武岩、片岩、片麻岩、正长岩、花岗岩	≤10	7～20	0.2～1.0	30～60	能用液压冲击镐解碎，大部分需用爆破法开挖
Ⅵ	坚石	各种极硬岩：硅质砂岩、硅质砾岩、石灰岩、石英岩、大理岩、玄武岩、闪长岩、花岗岩、角岩	>10	>20	>1.0	>60	可用液压冲击镐解碎，需用爆破法开挖

注：1 软土（软黏性土、淤泥质土、淤泥、泥炭质土、泥炭）的施工工程分级，一般可定为Ⅱ级，多年冻土一般可定为Ⅳ级；
    2 表中所列岩石均按完整结构岩体考虑，若岩体极破碎、节理很发育或强风化时，其等级应按表对应岩石的等级降低一个等级。

第三章 地 下 水

第一节 地下水的类型

(一) 概述

地下水的类型反映出它的埋藏条件（上层滞水、潜水、承压水）与含水介质（孔隙水、裂隙水、岩溶水），不同的地下水类型与不同的赋存状态，对地铁工程的作用机制与影响程度也不尽相同。

(二) 地下水的类型

1. 地下水的分类

目前，我国工程地质工作中主要按埋藏条件和含水层性质对地下水进行综合分类。所谓地下水的埋藏条件，是指含水层在地质剖面中所处的部位及受隔水层（弱透水层）限制的情况，据此可将地下水分为包气带水、潜水及承压水。按含水层类型，可将地下水区分为孔隙水、裂隙水及岩溶水。地下水的分类如表3.1所示。

地下水分类表　　　　　　　　　　　表3.1

含水层类型 埋藏条件	孔隙水 疏松岩土孔隙中的水	裂隙水 坚硬岩石裂隙中的水	岩溶水 岩溶裂隙空洞中的水
上层滞水	包气带中局部隔水层上的水，土壤水等	裂隙浅部季节性存在的重力水及毛细水	裸露岩溶化岩层上部岩溶通道中季节性存在的重力水
潜水	各类松散沉积物浅部的水	裸露于地表的各类裂隙岩层中的水	裸露于地表的岩溶化岩层中的水
承压水	山间盆地及平原松散沉积物深部的水	组成构造盆地、向斜构造或单斜断块的被掩覆的各类裂隙岩层中的水	组成构造盆地、向斜构造或单斜断块的被掩覆的岩溶化岩层中的水

潜水、承压水和上层滞水的位置如图3.1所示。

2. 上层滞水的特征及对地铁工程的影响

埋藏在地面以下包气带中的水称包气带水。包气带水可分为非重力水和重力水两种。非重力水主要指吸着水、薄膜水和毛细水，又称土壤水。重力水则指包气带中局部隔水层上的水称上层滞水。

(1) 上层滞水的特征

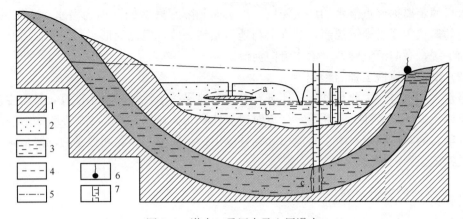

图 3.1 潜水、承压水及上层滞水

1—隔水层；2—透水层；3—饱水部位；4—潜水位；5—承压水测压水位；6—泉（上升泉）；

7—水井，实线表示井壁不进水

a—上层滞水；b—潜水；c—承压水

分布于接近地表的包气带内，与大气圈关系密切；这类水是季节性的，主要靠大气降水和地表水下渗补给，故分布区与补给区一致，以蒸发或逐渐向下渗透到潜水中的方式排泄；雨季水量增加，干旱季节减少甚至重力上层滞水完全消失。

(2) 上层滞水对地铁工程的影响

虽然上层滞水季节变化大，分布面积小，水量也小，但是在地铁工程领域中却不能忽视，上层滞水常常是引起土质边坡滑坍、路基冻胀病害等的重要因素。值得注意的是，由于城市的地下管网密集，受管道渗漏的补给，地铁沿线的很多地段可能存在上层滞水，当这种补给源在地铁明挖基坑外侧时，受降水或止水措施的作用，上层滞水的影响一般会得到有效的控制，而当这种补给源位于地铁暗挖结构的顶部时，则很难采取有效的降水措施，在这种情况下，上层滞水往往是诱发冒顶、掌子面塌方的主要原因。

3. 潜水的特征及对地铁工程的影响

饱和带中第一个稳定隔水层之上、具有自由水面的含水层中的重力水，称为潜水。潜水没有隔水顶板，潜水的自由表面，称为潜水面，从潜水面到隔水底板的垂直距离为潜水埋藏深度。潜水主要分布于松散土层中，出露地表的裂隙岩层或岩溶岩层中也有潜水分布。

(1) 潜水的主要特征

1) 潜水具有自由水面，为无压水。在重力作用下可以由水位高处向水位低处渗流，形成潜水径流。

2) 潜水的分布区和补给区基本是一致的。在一般情况下，大气降水、地表水可通过包气带渗入直接补给潜水。

3) 潜水的动态（如水位、水量、水温、水质等随时间的变化）随季节不同而有明显变化，如雨季降水多，潜水补给充沛，使潜水面上升，含水层厚度增大，水量增加，埋藏深度变浅，而在枯水季相反。

4) 在潜水含水层之上因无连续隔水层覆盖，一般埋藏较浅，因此容易受到污染。

5) 潜水的自由水面称潜水面。潜水面上任一点的高程称该点的潜水位；自地面某点至潜水目的距离称该点潜水的埋藏深度；潜水面到隔水底板的距离为潜水含水层的厚度。潜水面的形状主要受地形控制，基本上与地形倾斜一致，但比地形平缓。在河旁平原地区潜水面平缓，微向河流倾斜。潜水流向河流。

(2) 潜水对地铁工程的影响

潜水含水层岩性主要是砂土、卵砾石，由于地层透水性强、富水性好，易产生渗透变形、土体流失——潜蚀、管涌等，严重时造成体积很大的"空洞"，威胁地铁结构的基坑侧壁或围岩的整体稳定；潜水可能引起锚杆或土钉与周围土体之间握裹力的降低，因而对地铁结构施工影响较大。

4. 承压水的特征及对地铁工程的影响

充满于两个稳定隔水层之间，含水层中具有水头压力的地下水，称为承压水。隔水层顶、底板之间的距离为含水层厚度。

(1) 承压水的特征

承压性是承压水的一个重要特征，承压水如果受地质构造影响或钻孔穿透隔水层时，地下水就会受到水头压力而自动上升。承压水的上部由于有连续隔水层的覆盖，大气降水和地表水不能直接补给整个含水层，只有在含水层直接出露的补给区，才能接受大气降水或地表水的补给，所以承压水的分布区和补给区是不一致的，一般补给区远小于分布区。

承压水由于具有水头压力，所以它的排泄可以由补给区流向地势较低处，或者由地势较低处向上流至排泄区，以泉的形式出露地表，或者通过补给该区的潜水或地表水而排泄。

承压水比较稳定，水量变化不大，主要原因是承压水受隔水层的覆盖，所以它受气候及其他水文因素的影响较小。

(2) 承压水对地铁工程的影响

当地铁结构的基坑底或围岩底板进入承压水层或隔水层顶板的预留厚度不足被承压水将隔水层顶板冲破，会造成突涌现象，造成基底隆起、地基强度降低、围岩失稳等危害。

第二节 水文地质测试

(一) 概述

要详细了解最高地下水的类型、水位高低、水量大小、水质优劣、含水层的富水性、透水性等赋存状态以及渗透系数、年变幅等技术指标，需进行水文地质测试，这是准确评价地下水对地铁工程的影响，合理确定地下水防治措施、工程防水标高、防护要求的前提与保证。

(二) 地下水位的分层观测

1. 目的

一般来讲，地铁工程所涉及的含水层并不是单一的，往往为双层或多层地下水，如前所述，不同类型的地下水对地铁工程的影响与作用机理也不尽相同。

分层观测地下水位主要用于了解地铁工程场地的含水层分布情况和地下水的赋存状态；查明影响地铁工程设计与施工的含水层层数、性质；查明各含水层的空间分布规律、含水层岩性；了解各含水层的地下水位、水头（压力）。

2. 工作方法与要点

（1）岩性记录与描述

钻进过程中要按规范采取岩芯，及时进行观察描述（编录），包括地层名称、变层深度、岩性描述等，尤其对含水层岩性应详尽描述。

（2）止水

为封闭和隔离目的含水层与其他含水层的水力联系所做的处理工作即为止水，止水措施是地下水分层观测的关键。

采用冲击钻进、套管护壁钻探工艺时，套管应及时跟进，封住目的含水层的上一层含水层。

采用冲洗介质钻进工艺（回转钻机、泥浆护壁）时，应准备测水管，其下端为长约0.8~1.0m的滤水管。当钻入含水层后，继续钻进1m左右，然后提升钻具，掏净孔底沉淀，下管观测，需要指出的是，采用冲洗介质钻进工艺时，为了获取准确的水文地质资料，应尽量使用清水钻进，或进行洗井后观测水位。

（3）水位观测

钻进过程中见水后应停钻观测初见水位，要连续进行观测，直至相邻三次所测水位基本相同（波动不超过2cm）为止，该水位即为稳定水位。

（4）冲洗介质变化的观测

钻进过程中要随时记录冲洗介质（颜色、黏度、相对密度和含砂量）性质变化时的孔深，以初步判断变层的位置。同时注意观察冲洗介质漏失情况，这样不仅可以发现新的含水层，而且还能确定含水层的埋藏深度，判断含水层透水性和富水性。

（三）抽水试验

1. 目的

（1）测定钻孔涌水量、单位涌水量，计算钻孔最大可能涌水量，了解涌水量与水位下降的关系；

（2）确定含水层的水文地质参数如渗透系数、导水系数、给水度、影响半径等；

（3）了解含水层边界条件、边界性质（如补给边界、隔水边界）、范围。

2. 类型及适用范围

根据试验的目的与任务、地铁岩土工程勘察的精度要求以及水文地质的复杂程度，可将抽水试验分为下列类型，如表3.2所示。

抽水试验方法和应用范围 表 3.2

试验方法	应用范围	试验方法	应用范围
钻孔或探井简易抽水不带观测孔抽水	粗略估算弱透水层的渗透系数初步测定含水层的渗透性参数	带观测孔抽水	较准确测定含水层的各种参数

3. 方法与要点

（1）抽水孔：钻孔适宜半径 $r \geqslant 0.01M$（M 为含水层厚度）。或者利用适宜半径的工程地质钻孔。

（2）观测孔：观测孔的布置，决定于地下水的流向、坡度和含水层的均一性。一般布置在与地下水流向平行或垂直的方向上，与抽水孔的距离以 1～2 倍含水层厚度为宜。孔深一般要求进入抽水孔试验段厚度之半。作稳定抽水试验时，每条观测线上的观测孔一般为 3 个。

（3）水位下降（降深）：抽水试验宜三次降深，最大降深宜接近工程设计所需的地下水位降深的标高。

（4）静止水位观测：试验前对自然水位要进行观测。一般地区每小时测定一次，三次所测水位值相同，或 4h 内水位差不超过 2cm 者，即为静止水位。

（5）动水位及水量观测：抽水试验开始后，应同时观测动水位、出水量及观测孔水位。观测时间一般要求在开始后的第 5、10、15、20、25、30min 各测一次，以后每隔 30min 观测一次。

（6）稳定延续时间和稳定标准：稳定延续时间一般为 8～24h，稳定延续时间卵石、圆砾和粗砂含水层为 8h，中砂、细砂和粉砂含水层为 16h；基岩含水层（带）为 24h。稳定标准：在稳定时间段内，涌水量波动值不超过正常流量的 5%，主孔水位波动值不超过水位降低值的 1%，观测孔水位波动值不超过 2～3cm。

（7）恢复水位观测：在抽水试验结束后或中途因故停抽时，均应进行恢复水位观测，通常以 1、3、5、10、15、30min……按顺序观测，直至完全恢复为止。观测精度要求同静止水位的观测。

（四）注水试验

试坑或钻孔注水试验，是野外近似的测定岩层渗透性的一种比较简单的方法。通常用于地下水位埋藏很深，进行抽水试验有困难的钻孔，亦适用于无地下水的干孔及包气带试坑。

钻孔注水试验，是用供水箱通过水管向孔内注水，利用水位计测量孔中的稳定水位，并记录流量。当达到相对稳定后，钻孔周围可形成一倒置降落漏斗，与相对稳定的水位和常量的注入量，据此计算岩层的渗透系数。

其试验步骤和方法如下：
(1) 注水前将钻孔冲洗干净；
(2) 测量孔深，如有地下水时，需测量地下水自然水位；
(3) 向钻孔注水，开始应由小到大，不断供水，当孔内水位升高到预定高度后，应控制供水量，使孔内水位稳定，水量不变；

(4) 注水开始后，应每隔 10min 观测一次水位、水量。稳定动水位的允许误差为±5cm。当连续四次观测注水量的最大值与最小值之差小于最终值的 10% 时，注水试验即可结束。

(五) 地下水动态的长期观测

1. 目的

一般来讲，地铁工程的建设周期较长，土建施工也往往跨越几个水文年，地下水动态长期观测孔的设置可以对地铁沿线的上层滞水、潜水、层间水和承压水的水位按照固定周期进行长期观测，进而准确了解、掌握地下水位在设计、施工过程中的动态变化，提供地铁沿线的地下水位观测数据，分阶段绘制水位历时变化曲线，为解决设计、施工过程中的地下水问题提供依据。

2. 工作方法与要点

(1) 观测孔井孔材料

观测孔的孔径宜不小于 130mm，内下井管，井管和孔壁之间的环状空间用砾料及黏土充填。用特制井盖保护孔口，井盖不突出地面。

(2) 观测孔结构设计

1) 井管：观测孔井管宜选用外径不小于 50mm 无缝钢管，根据钻孔深度不同，配置不同长度的井管，管与管之间用丝扣连接；过滤器为圆孔包网填砾类型，过滤器的位置与含水层位置相对应，根据钻孔地层资料和成井记录确定，过滤器根据含水层厚度选用相适应的管长，外缠 60 目尼龙网 2~3 层；观测孔沉砂管一般长 2m。

2) 砾料及封填材料：滤料宜选用 2~4mm 的圆砾，滤料填至过滤器顶以上 0.5m 至 2m，观测孔填滤料后在待观测含水层上部隔水层部位用 3~10mm 黏土球止水，上部再用优质黏土回填至孔口。

3) 井盖：保护孔口、防止杂物坠入孔内。

观测孔井身如图 3.2 所示。

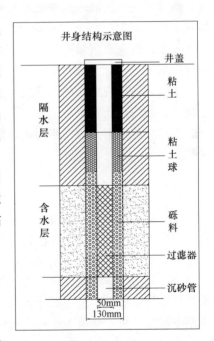

图 3.2 观测孔井身结构示意图

3. 长期观测要求

(1) 水位观测一般情况下每 10 天观测一次，遇雨季及其他影响地下水位的外部因素时适当增加观测次数。

(2) 地下水动态观测期间，系统的收集掌握气象和水文资料，定期进行对比分析，了解其关联性。

(3) 分别建立水位档案资料，每次观测后都要即时绘制每个孔的水位历时曲线图。

(4) 每年统计出年最高、最低和年变化幅度。

(5) 每季度提交一次观测资料汇总、分析报告。

(6) 每季度量测一次孔深，了解沉砂厚度，以便及时发现问题，及时处理。

第三节 地下水的腐蚀性评价

（一）概述

地下水参与自然界的水循环，并赋存于各种含水层中，不断与周围介质发生复杂的物理和化学作用，从而形成了自有的物理性质与化学成分。因此，地下水的物理性质和化学成分反映了地下水所处环境，对地下水的物理性质和化学成分的研究可以帮助判定其对地铁工程建筑材料的腐蚀性等危害。

（二）水样采取

采取的地下水试样必须代表天然条件下客观水质情况，采集钻孔、观测孔、生产井和民井、探井（坑）中刚从含水层进来的新鲜水。

盛水容器一般应带磨口玻璃瓶或塑料瓶（桶）。取样前容器必须洗净，并经蒸馏水清洗。取样时先用所取的水冲洗瓶塞和容器三次以上，然后缓缓地将取得的水注入容器。容器顶应留出高为 10～20mm 空间。

每组试样采取数量不应少于 750mL，其中一瓶为 250～300mL 进行分析侵蚀性 CO_2，应立即加入 2～3g 大理石粉。

水样采取后应立即用石蜡或火漆封口，做好采样记录，贴好水样式样标签，填写水样送检单，尽快送化验室。

水样应避免阳光直接照射，送检过程中，要防振、防冻，且试样存放时间不应超过有关规定。

（三）水样分析

地下水的化学成分是通过对水进行化学分析测定的，一般称为水质分析。水质分析按目的与要求不同可分为简分析、全分析和专门分析。简分析包括测定水的物理性质和主要的七种离子含量，以及总矿化度、总硬度和 pH 值等。全分析除简分析进行的项目以外，还应包括前面列举的各种化学成分的测定，以及游离 CO_2、耗氧量等指标的测定。专门分析则根据具体要求而定，如分析地下水中的 CO_2 对建筑物混凝土的侵蚀性等。岩土工程勘察中的水分析，是地下水对建筑材料的腐蚀性专门分析。

水对混凝土结构腐蚀性的测试项目包括：pH 值、Ca^{2+}、Mg^{2+}、Cl^-、SO_4^{2-}、HCO_3^-、CO_3^{2-}、侵蚀性 CO_2、游离 CO_2、NH_4^+、OH^-、总矿化度。测试方法参见表 3.3。

（四）水的腐蚀性评价

(1) 水对建筑材料的腐蚀性，可分为微、弱、中、强四个等级。

第三节 地下水的腐蚀性评价

(2) 按环境类型水对混凝土结构的腐蚀性，应符合表 3.4 的规定；环境类型的划分按表 3.5 执行。

腐蚀性测试方法　　　　　　　　　　　　　　　　　表 3.3

序号	试验项目	试验方法	序号	试验项目	试验方法
1	pH 值	电位法或锥形玻璃电极法	7	CO_3^{2-}	酸滴定法
2	Ca^{2+}	EDTA 容量法	8	侵蚀性 CO_2	盖耶尔法
3	Mg^{2+}	EDTA 容量法	9	游离 CO_2	碱滴定法
4	Cl^-	摩尔法	10	NH_4^+	纳氏试剂比色法
5	SO_4^{2-}	EDTA 容量法或质量法	11	OH^-	碱滴定法
6	HCO_3^-	酸滴定法	12	总矿化度	计算法

按环境类型水对混凝土结构的腐蚀性评价　　　　　　表 3.4

腐蚀等级	腐蚀介质	环境类型 I	环境类型 II	环境类型 III
微 弱 中 强	硫酸盐含量 SO_4^{2-} (mg/L)	<200 200~500 500~1500 >1500	<300 300~1500 1500~3000 >3000	<500 500~3000 3000~6000 >6000
微 弱 中 强	镁盐含量 Mg^{2+} (mg/L)	<1000 1000~2000 2000~3000 >3000	<2000 2000~3000 3000~4000 >4000	<3000 3000~4000 4000~5000 >5000
微 弱 中 强	铵盐含量 NH_4^+ (mg/L)	<100 100~500 500~800 >800	<500 500~800 800~1000 >1000	<800 800~1000 1000~1500 >1500
微 弱 中 强	苛性碱含量 OH^- (mg/L)	<35000 35000~43000 43000~57000 >57000	<43000 43000~57000 57000~70000 >70000	<57000 57000~70000 70000~100000 >100000
微 弱 中 强	总矿化度 (mg/L)	<10000 10000~20000 20000~50000 >50000	<20000 20000~50000 50000~60000 >60000	<50000 50000~60000 60000~70000 >70000

注：1　表中的数值适用于有干湿交替作用的情况，I、II 类腐蚀环境无干湿交替作用时，表中含量数值应乘以 1.3 的系数；
　　2　表中苛性碱（OH^-）含量（mg/L）应为 NaOH 和 KOH 中的 OH^- 含量（mg/L）。

环境类型分类　　　　　　　　　　　　　　　　　　表 3.5

环境类型	场地环境地质条件
I	高寒区、干旱区直接临水；高寒区、干旱区强透水层中的地下水
II	高寒区、干旱区弱透水层中的地下水；各气候区湿、很湿的弱透水层湿润区直接临水；湿润区强透水层中的地下水
III	各气候区稍湿的弱透水层；各气候区地下水位以上的强透水层

注：1　高寒区是指海拔高度等于或大于 3000m 的地区；干旱区是指海拔高度小于 3000m，干燥度指数 K 值等于或大于 1.5 的地区；湿润区是指干燥度指数 K 值小于 1.5 的地区；
　　2　强透水层是指碎石土和砂土，弱透水层是指粉土和黏性土；
　　3　含水量 $w<3\%$ 的土层，可视为干燥土层，不具有腐蚀环境条件；
　　4　有地区经验时，环境类型可根据地区经验划分；当同一场地出现两种环境类型时，应根据具体情况选定。

（3）按地层渗透性水对混凝土结构的腐蚀性评价，应符合表3.6的规定。

按地层渗透性水对混凝土结构的腐蚀性评价　　　　表3.6

腐蚀等级	pH 值		侵蚀性 CO_2 （mg/L）		HCO_3^- （mmg/L）
	A	B	A	B	A
微	>6.5	>5.0	<15	<30	>1.0
弱	6.5～5.0	5.0～4.0	15～30	30～60	1.0～0.5
中	5.0～4.0	4.0～3.5	30～60	60～100	<0.5
强	<4	<3.5	>60	—	—

注：1　表中A是指直接临水或强透水层中的地下水；B是指弱透水层中的地下水。强透水层是指碎石土和砂土；弱透水层是指粉土和黏性土。
　　2　HCO_3^-含量是指水的矿化度低于0.1g/L的软水时，该类水质HCO_3^-的腐蚀性。

（4）当按表3.4和表3.6评价的腐蚀性等级不同时，应按下列规定综合评定：
1）腐蚀等级中，只出现弱腐蚀，无中等腐蚀或强腐蚀时，应综合评价为弱腐蚀；
2）腐蚀等级中，无强腐蚀；最高为中等腐蚀时，应综合评价为中等腐蚀；
3）腐蚀等级中，有一个或一个以上为强腐蚀，应综合评价为强腐蚀。
（5）水对钢筋混凝土结构中钢筋的腐蚀性评价，应符合表3.7的规定。

对钢筋混凝土结构中钢筋的腐蚀性评价　　　　表3.7

腐蚀等级	水中的 Cl^- 含量 （mg/L）	
	长期浸水	干湿交替
微	<10000	<100
弱	10000～20000	100～500
中	—	500～5000
强	—	>5000

第四节　抗浮设防水位

当建（构）筑物的结构底板埋置于地下水位以下，地下水产生的浮力会对建（构）筑物形成浮托作用，当浮力大于结构荷载时，会造成建（构）筑物的倾斜甚至整体失稳等破坏，严重影响建（构）筑物使用安全，这就是结构抗浮问题。结构抗浮问题最早出现在水池、游泳池等给水排水构筑物中，近年来城市中大量兴建地下停车场、地下商店、附属裙房、地下车库、地铁车站等纯地下或轻载建（构）筑物，这些工程的共同特点是基础开挖较深，结构荷载较小，在结构底板易受地下水浮托力作用的地区，施工过程中和使用阶段结构抗浮成了关键性的问题。以北京市为例，曾经出现了多起结构抗浮的工程问题，如北京机场新航站楼整体飘移、某游泳馆整体向上抬升等。在深圳、珠海、海南等省市也出现过建筑物地下室浮起来的工程实例。这些都为在建和待建工程的设计和施工敲响了警钟，结构抗浮问题越来越受到普遍重视。地铁工程埋深大、荷载小，运营主体位于地下，结构抗浮问题更是至关重要。

地下结构抗浮需要进行抗浮验算和抗浮设计，抗浮设防水位是进行抗浮验算和抗浮设计的关键指标。抗浮设防水位是指对基础底板产生浮力起主导作用的地下水层在建（构）

筑物使用期内的最高水位。《高层建筑岩土工程勘察规程》JGJ72—2004 对"抗浮设防水位"的定义为：地下室抗浮评价计算所需的、保证抗浮设防安全和经济合理的场地地下水水位。抗浮设防水位的确定直接关系到地下结构的使用安全，合理的抗浮设防水位可确保建（构）筑物在几十甚至上百年的使用期内，不致因地下水上升而导致抗浮失效。

预测地铁工程未来使用期的最高水位，确定抗浮设防水位，不是根据历史水位可以简单确定的问题，也不是可以利用现成公式计算的问题，要综合考虑影响地铁线路的自然因素、地质因素和人为因素，因素的构成非常复杂，主要有：①大气降水的季节变化和多年变化；②区域地质和水文地质背景；③沿线及其附近的地形地貌、水文地质单元的分布和水文地质条件；④沿线周围环境内地表水体及其联通关系；⑤地下水开采、水库放水、跨流域调水以及政府对水资源和水环境的综合调控等人为因素。

对于地下水位埋深普遍较浅、历史水位变化不大且变化幅度有规律的城市，抗浮设防水位的确定相对较为简单，当有长期水位观测资料时，场地抗浮设防水位可采用实测历史最高水位；无长期观测资料或资料缺乏时，按勘察期间实测最高稳定水位并结合场地地形地貌、水文地质单元、地下水补给、排泄条等因素综合确定。

对于地下水位历史上较高、随着城市化进程地下水位下降或地下水赋存条件复杂、变化幅度大、区域性补给和排泄条件可能有较大改变的城市，抗浮设防水位的确定则是一个较为复杂的问题，不仅要考虑上述的各种地质因素，还要综合考虑地下水开采、水库放水、跨流域调水以及政府对水资源和水环境的综合调控等人为因素。这类城市抗浮设防水位的确定很难通过岩土工程勘察解决，需要进行专门论证，开展专项工作。

第四章　不良地质作用与特殊性岩土

第一节　不良地质作用

（一）概述

不良地质作用是由地球内力或外力产生的对工程可能造成危害的地质作用，是现代地表地质作用的反映，与工程场地的地形、气候、岩性、构造、地下水和地表水作用密切相关，对评价地铁工程场地的稳定性和地质灾害预测等工程地质问题的意义重大。

地铁工程常见的不良地质作用有岩溶、活动断裂、地面沉降、地裂缝、采空区、砂土液化等。

不良地质作用的勘察工作要多方面搜集工程地质信息资料，尤其是地质灾害危险性评估资料；通过各种勘察手段，查清不良地质作用的类型、成因、规模，采用多种方法，综合分析，对不良地质作用作出正确评价，结合整治工程的需要，建议可行的整治方案，满足灾害治理的要求。

（二）岩溶

1. 概述

岩溶又称喀斯特，是指可溶性岩层（碳酸盐类岩层石灰岩、白云岩，硫酸盐类岩石膏等和卤素类岩岩盐等）受水的化学和物理作用产生沟槽、裂隙和空洞，以及由于空洞顶板塌落使地表产生陷穴、洼地等现象和作用的总称。

岩溶在我国是一种相当普遍存在的不良地质作用，主要集中于华南和西南地区，其次是长江中下游的中部地区，再次为华北地区，由于气候的影响，北方岩溶化的程度远不及南方。岩溶在一定条件下可能发生地质灾害，严重威胁工程安全。特别是在大量抽取地下水使水位急剧下降时，易引发土洞的发展和地面塌陷的发生。

2. 岩溶对地铁工程的影响

岩溶的工程特性主要表现在岩溶发育的带状性、连通性、富水性和充填物的软弱性上，其对地铁工程的影响主要表现在：

（1）在地铁暗挖过程中碰到充填的地下水或松散物，将是施工的重大威胁。对地铁更危险的还在于到处连通的地下水，若不采取堵水措施，可能因排水引起四周地陷；

（2）对地下线路而言，可能造成盾构机跌落事故，明（盖）挖法或暗挖法施工时岩溶承压水可能击穿隔水底板或者开挖到岩溶含水层，造成岩溶水突涌；

(3) 对高架线路来说,桥梁荷载通过桩基础传递到地层中,在岩溶地区,由于溶洞的存在,对桩基的承载能力产生重大影响。桩周的溶洞直接影响桩周土与桩基的摩擦力。桩基底部的溶洞,可能因溶洞顶板厚度不够,在桥梁荷载作用下,压碎顶板,桩基承载能力损失,桥梁结构破坏。同时,岩溶地层的桩基施工过程中可能引起垮孔、漏浆、断桩等施工事故。

(4) 岩溶(尤其是土洞、溶蚀槽)的发展对地铁的运营也带来不利影响,如土洞发展有可能造成结构沉降,影响地铁工程及环境安全。

图 4.1 广州地铁三号线北延段岩芯照片

以广州地铁为例,溶洞如图 4.1 和图 4.2 所示。

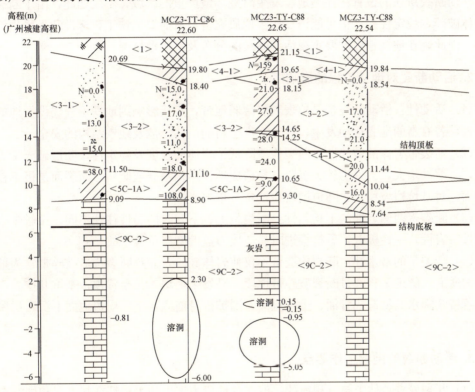

图 4.2 广州地铁三号线北延段工程地质剖面图

3. 岩溶勘察工作要点

(1) 岩溶勘察的目的在于查明对线路安全和稳定有影响的岩溶化发育规律,各种岩溶形态的规模、密度及其空间分布规律,可溶岩顶部浅层土体的厚度、空间分布及其工程性质、岩溶水的循环交替规律等,并对线路工程的适宜性和稳定性作出正确的评价。

(2) 岩溶勘察应采用综合勘察手段，即工程地质调查与测绘、物探、钻探、原位测试和室内试验等多种勘察手段，不同方法取得的成果相互印证。"钻探＋物探"相结合的综合勘察技术，能够做到点面结合，很大程度上克服了常规钻探的局限性。

(3) 要特别重视水文地质条件的评价，通过抽水试验或其他水文地质试验的方法，了解岩溶水的渗透系数和最大涌水量。

(三) 活动断裂

1. 概述

活动断裂是指晚更新世（距今 10～12 万年）以来，特别是在全新世（距今 1 万年）以来有过活动并可能发生中强地震的断裂。

活动断裂所在的位置往往是地震发生时破坏最严重的区域，不仅如此，由于断裂带内的岩体破碎，稳定性差，很可能诱发次生地质灾害，从而对地铁工程建设和人民生活造成危害。因此，在地铁建设时要重视活动断裂的分布及其活动情况。

2. 活动断裂对地铁工程的影响

(1) 活动性：活动断裂带是地表表层薄弱地带，直接影响到地铁工程建设场地的整体稳定性，若有新的地壳运动发生，往往会产生新的位移，危及地铁结构的安全。

(2) 断裂带岩体的破碎性：断裂构造降低了岩体的强度及稳定性，断层破碎带力学强度低，压缩性增大，会发生较大沉陷，易造成地铁结构断裂或倾斜，断裂面是极不稳定的滑移面，对基坑边坡稳定、隧道围岩稳定常有重要影响。

(3) 断裂带两侧岩性的不均匀性：断裂带上、下两盘的岩性往往不同，接触带岩层的整体性、岩性均一性极差，盾构掘进时易造成刀盘偏磨严重等事故。

(4) 断裂带的富水性：断裂构造带不仅使岩体破碎，而且断裂构造破碎带常为地下水良好的通道，隧道工程通过断裂破碎带地段，易发生坍塌、甚至冒顶；基坑开挖易产生突涌，若持续降水又易造成管涌、土体流失、围护桩身前倾，基坑周边地面下沉，房屋开裂等事故。

3. 活动断裂的勘察工作要点

(1) 断裂发育总体上是有规律的，但在各地段表现出的工程特征却不尽相同，有时区别很大，应根据区域调查成果推测，并运用物探、钻探等多种手段来查明，结合施工地质资料去印证。

(2) 针对地铁工程设计与施工需要，活动断裂勘察工作内容的重点应为：查明和确定断层位置；判断断层面的产状和性质；查明断裂带规模、带内岩石破碎程度和胶结情况；断裂富水程度；断层两盘相对运动和断距的确定等。

(3) 断层勘察方法主要有工程地质调查与测绘、钻探、探槽、物探、水文地质试验、放射性元素测试、测年法、岩矿鉴定、断层两盘相对运动和断层监测等。

以广从断裂为例，剖面图如图 4.3 所示。

(四) 地面沉降

1. 概述

地面沉降是指由于抽取地下水引起水位或水压下降，致使土层中孔隙水压力降低，土体中有效应力增加，土层产生固结变形，造成大面积地面沉降。

2. 地面沉降对地铁工程的影响

(1) 隧道区间施工时，往往从两端车站向区间施工，若地面沉降过大，导致测量水准点下沉，若不及时调整水准基点标高，造成区间隧道不能贯通。

(2) 对于路基工程，由于地面沉降造成铁路路基不均匀下沉，影响行车安全。

(3) 盾构区间隧道随着地面不均匀沉降，盾构管间发生变形错位，导致防水破裂，造成隧道渗水。

3. 地面沉降的勘察工作要点

(1) 对已发生地面沉降的地区，地面沉降勘察应查明其原因和现状，并预测其发展趋势，提出控制和治理方案；

(2) 对可能发生地面沉降的地区，应预测发生的可能性，并对可能的沉降层位作出

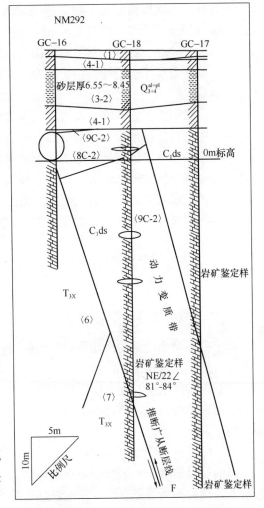

图4.3　广从断裂工程地质剖面图

估计，对沉降量进行估算，提出预防和控制地面沉降的建议。

(3) 对地面沉降原因，应调查沉降区的地貌，第四纪堆积物的年代、成因、厚度、埋藏条件和土性特征，地下水的补给、径流和排泄条件，历年地下水位变幅及地下水开采量等。

(4) 对地面沉降现状的调查，要建立长期的地面沉降观测网，绘制不同时间的地面沉降等值线图，最后形成以地面沉降为特征的工程地质分区图。

(五) 地裂缝

1. 概述

地裂缝是地表岩、土体在自然或人为因素作用下，产生开裂，并在地面形成一定长度和宽度的裂缝的一种地质现象，当这种现象发生在有人类活动的地区时，便成为一种地质灾害。

地裂缝的形成原因复杂多样。地壳活动、水的作用和人类活动是导致地面开裂的主要原因。按地裂缝的成因，将其分为如下几类：

(1) 地震裂缝：各种地震引起地面的强烈震动，均可产生这类裂缝。

(2) 基底断裂活动裂缝：由于基底断裂的长期蠕动，使岩体或土层逐渐开裂，并显露于地表而成。

(3) 隐伏裂隙开启裂缝：发育隐伏裂隙的土体，在地表水或地下水的冲刷、潜蚀作用下，裂隙中的物质被水带走，裂隙向上开启、贯通而成。

(4) 松散土体潜蚀裂缝：由于地表水或地下水的冲刷、潜蚀、软化和液化作用等，使松散土体中部分颗粒随水流失，土体开裂而成。

(5) 黄土湿陷裂缝：因黄土地层受地表水或地下水的浸湿，产生沉陷而成。

(6) 胀缩裂缝：由于气候的干、湿变化，使膨胀土或淤泥质软土产生胀缩变形发展而成。

(7) 地面沉陷裂缝：因各类地面塌陷或过量开采地下水、矿山地下采空引起地面沉降过程中的岩土体开裂而成。

2. 地裂缝对地铁工程的影响

由于受地裂缝的错动作用可能导致隧道衬砌变形破坏，可能造成如下几种隧道病害：

(1) 轨道变形超出容许值

地裂缝带的活动首先会引起地铁隧道衬砌的变形，衬砌变形到一定程度后其变形将传递到隧道内部的路基，使路基下沉变形，从而导致跨地裂缝处的轨道产生变形，严重影响地铁列车的正常运行。

(2) 地铁隧道渗漏水

当地裂缝的活动量超过了地铁隧道衬砌的容许变形量时，衬砌开裂，地表水沿地裂缝带留下，从衬砌断裂处下渗，在地铁隧道的拱顶、边墙等裂损处发生渗漏水和淌水现象。若地铁隧道埋于含水层以下，在地裂缝的垂直错动作用下，隧道衬砌破坏后，可能发生隧道涌水现象。

3. 地裂缝的勘察工作要点

(1) 在收集已有地裂缝勘察和监测资料的基础上，宜采用地面调查、钻探和浅层地震勘探等综合手段进行勘察。

(2) 资料收集及地面调查内容

1) 已有的地裂缝勘察、观测、研究资料，特别是地铁沿线的资料，依据地裂缝发展规律，推测地铁沿线地裂缝可能通过的位置，为地面调查、勘探工作布置提供依据和指导。

2) 地面调查可采用界线追索及走访市民相结合的方法进行。重点查明地铁沿线两侧各 250m 范围内是否存在道路、建（构）筑物的变形破坏现象，了解地表是否有线状裂缝等，同时调查勘察区的微地形地貌特征，推测地裂缝可能通过的位置。

(3) 浅层地震勘探

对地表出露不明显或处于隐伏状态的地裂缝，首先垂直其走向布置地震勘探测线，测线尽量靠近地铁中线，测线参数以能控制地裂缝位置为目标。

(4) 现场钻探

在以上工作基础上，对可能存在地裂缝的地段，沿地铁方向（大致垂直于地裂缝走向）布置勘探线，且尽量布于地铁中线附近。

对标志层（古土壤）底面层位有异常的地段进行加密，对异常区块再进行第二次加密。

(5) 槽探

根据现场工作条件，在线路与地裂缝交汇处开挖探槽，与钻探结果一起确定地表破裂与隐伏地裂缝的关系。

(六) 采空区

1. 概述

采空区是将岩体中间的煤层或矿层开挖后在岩层顶板和底板之间形成的空间区域。采空区根据开采现状可分为老采空区、现采空区和未来采空区三类，其中老采空区是指建筑物兴建时，历史上已经采空的场地；现采空区是指建筑物兴建时，地下正在采掘的场地；未来采空区则是指建筑物兴建时，地下富存有工业价值的矿层，目前尚未开采，而规划中要开采的场地。

2. 采空区对地铁工程的影响

采空区对地铁工程的不利影响主要表现在采空区垮塌引起地面塌陷和开裂，以及采空区上部岩体产生破坏和变形，引起隧道下沉和断裂。由于采空区的平面位置及空间状况对线路敷设方案及工法选择上有着极大的影响，线路可研阶段，应通过调查、勘察等手段查明采空区的范围和深度，分析采空区对地铁线路的影响程度，为线路设计和施工提供依据。

3. 采空区的勘察要点

(1) 采空区勘察以搜集资料，工程地质调查和测绘为主，当以上方法不能查明采空区特征时，应进行钻探和物探，必要时可采用定位观测方法，直接查明地表变化特征、变形规律的发展趋势。

(2) 工程地质测绘和调查

1) 以搜集资料为主，重点搜集各种地质图，了解采空区的地层结构、地质构造、水文地质条件；搜集矿床分布图，了解矿层的分布、层数、层厚、埋藏深度，已有采空区的分布范围、开采时间、开采方法，塌落时间、塌落情况，顶板处理措施及远景开采规划；搜集与地表变形有关的观测资料，采空区内充填和积水情况，采空区附近抽水排水时对采空区变形的影响等。

2) 对由于矿体采空而引起的地表移动盆地，应进行工程地质测绘，重点查清地表塌陷特征、塌陷范围、变形大小、稳定情况与发展趋势，地表陷坑、塌陷台阶、塌陷裂缝的位置、形状、规模、深度、延伸方向、发展趋势，地表变形与采空区、区域地质构造、开采边界、工作面推进方向的关系；地表塌陷引起的其他不良地质作用的类型、分布位置、规模等。

（3）勘探

1) 物探方法的选择应结合地形与采空区埋深及探测分布范围而定。

2) 在物探判定的采空区布置少量钻孔，验证物探成果，估算采空区体积，并进行岩土取样工作。

（七）砂土液化

1. 概述

（1）砂土液化的机理

砂土液化是饱和的疏松砂土体在地震或其他外力作用下，颗粒间的位置产生调整，以最终达到稳定的紧密排列状态，饱和砂土要变密实就必须排水，在地震过程的短暂时间内，由于孔隙水压力急剧增大，来不及消散，当孔隙水压力大到总应力值时，饱和砂土就丧失了抗剪强度，颗粒悬浮在水中，砂土体即发生液化。

（2）影响砂土液化的主要因素

地震液化是由多种因素综合作用的结果，包括内因（土的颗粒组成、密度、埋深条件、地下水位、沉积环境和地质历史等）和外因（地震动强度和持续时间等）。

1) 土性条件：主要包括土的颗粒组成、颗粒形状、土的密度等。土的颗粒越粗，平均粒径越大，稳定性就越高。因此粗、中、细、粉砂的液化可能性逐级增大。同一级砂土中，颗粒的级配越好，即不均匀系数 C_u 越大，稳定性就越高。砂土的密度是影响动力稳定性的根本因素，土的密度越高，液化的可能性越小。

2) 埋藏条件：液化砂层埋藏较深，当上覆以较厚的非液化黏性土层时，由于受到较大的覆盖层自重压力和侧压力，孔隙水压力很难上升到足以克服覆盖层压力的程度，从而抑制了液化；而直接出露于地表的饱水砂层最易发生液化。排水条件良好，有利于孔隙水的消散，不易于液化。

3) 动荷条件：主要指震动强度、持续时间等。地震的强度和历时是砂土液化的动力。地震越强、历时越长，则越易引起砂土液化，而且波及范围越广，破坏越严重。

2. 砂土液化对地铁工程的影响

地铁车辆段及停车场以浅基础位置，砂土液化可造成地基土承载力、抗剪强度的突然丧失，地基软化、空虚，造成地面沉陷、地基不均匀沉降、建（构）筑物倾斜、开裂等。地铁围护结构位于液化土层中，基坑侧壁土层、围岩丧失其自稳能力，液化产生的涌水、涌砂极易造成塌方事故。

高架地铁结构，桩基位于液化土层中，砂土液化可降低桩周土的侧摩阻力，影响桩基承载力。

3. 勘察工作要点

（1）规范使用：由于地铁结构抗震设计要求不同，根据国家标准《地下铁道、轻轨交通岩土工程勘察规范》GB 50307"场地土类型划分、建筑场地类别划分、地基土液化判别，地下铁道、轻轨交通工程构筑物应执行现行国家标准《铁路工程抗震设计规范》GB 50111 的有关规定。凡对地面建筑物，应执行现行国家标准《建筑抗震设计规范》GB 50011。其划分深度应满足设计的需要"。砂土液化判别应根据地铁结构类型，采用不同的抗震设计规范。

(2) 初判：对于砂土液化的判别，首先应进行初判，初判条件如下，饱和砂土或粉土，当符合下列：

1) 抗震设防烈度6度区一般情况下不进行液化判别；

2) 地质年代为第四纪晚更新世及以前时，在抗震设防烈度7、8度时可判为不液化。

3) 当粉土的粘粒含量（粒径小于0.005mm的颗粒）百分率，在抗震设防烈度7度、8度和9度分别不小于10、13和16时，可判为不液化土；砂土的粘粒含量按3计算。

4) 采用天然地基的建筑，上覆非液化土层厚度和地下水位深度符合公式（4.1）、(4.2) 和 (4.3) 其中之一时，可不考虑砂土液化的影响。

$$d_u > d_0 + d_b - 2 \quad (4.1)$$

$$d_w > d_0 + d_b - 3 \quad (4.2)$$

$$d_u + d_w > 1.5d_0 + 2d_b - 4.5 \quad (4.3)$$

式中 d_w——地下水位深度；
d_u——上覆盖非液化土层厚度；
d_b——基础埋置深度（不超过2m时应采用2m）；
d_0——液化土特征深度。

(3) 进一步判别：当初步判别认为需进一步进行液化判别时，可采用标准贯入试验判别、静力触探试验判别、剪切波速试验判别，标准贯入试验判别是抗震设计规范中首推的液化判别方法，也是工程中最常用的方法。

1)《建筑抗震设计规范》GB 50011—2010 判别

经过初步判别认为有液化的可能性时，需进一步判别。浅基础判别地面下15m深度范围内土的液化，深基础和桩基判别地面下20m深度范围内土的液化。

在地面下20m深度范围内，判别公式如（4.4）所示：

$$N_{cr} = N_0 \beta [\ln(0.6d_s + 1.5) - 0.1d_w] \cdot \sqrt{\frac{3}{\rho_c}} \quad (4.4)$$

当 N 小于 N_{cr} 时，判为液化土。

式中 N_{cr}——液化判别标准贯入试验锤击数临界值；
N——液化判别标准贯入试验锤击数的实测值；
N_0——液化判别标准贯入试验锤击数基准值，按表4.1取值；
d_s——饱和土标准贯入试验点深度（m）；
d_w——地下水位深度（m）；
ρ_c——粘粒含量百分率（小于3或为砂土时，取3）；
β——调整系数，设计地震第一组取0.80，第二组取0.95，第三组取1.05。

液化判别标准贯入锤击数基准值 N_0　　　　　表 4.1

设计基本地震加速度	0.10	0.15	0.20	0.30	0.40
液化判别标准贯入锤击数基准值	7	10	12	16	19

2）按《铁路工程抗震设计规范》GB 50111—2006（2009 年版）判别

当实测标准贯入锤击数 N 值小于液化临界标准贯入锤击数 N_{cr} 时，应判为液化土。N_{cr} 值应按下列公式计算：

$$N_{cr} = N_0 \alpha_1 \alpha_2 \alpha_3 \alpha_4 \tag{4.5}$$

$$\alpha_1 = 1 - 0.065(d_w - 2) \tag{4.6}$$

$$\alpha_2 = 0.52 + 0.175 d_s - 0.005 d_s^2 \tag{4.7}$$

$$\alpha_3 = 1 - 0.05(d_u - 2) \tag{4.8}$$

$$\alpha_4 = 1 - 0.17\sqrt{p_c} \tag{4.9}$$

式中　N_0——当 d_s 为 3m，d_w 和 d_u 为 2m，α_4 为 1 时土层的液化临界标准贯入锤击数，应按表 4.2 取值；

　　　α_1——地下水埋深 d_w（m）修正系数，应按公式（4.6）计算，当地面常年有水且与地下水有水力联系时，d_w 为零；

　　　α_2——标准贯入试验点的深度 d_s（m）修正系数，应按公式（4.7）计算；

　　　α_3——上覆非液化土层厚度 d_u（m）修正系数，应按公式（4.8）计算，对于深基础 α_3 为 1；

　　　α_4——黏粒重量百分比 p_c 修正系数，应按公式（4.9）计算，也可按表 4.3 取值。

临界锤击数 N_0 值　　　　　表 4.2

特征周期分区 \ 地震动峰值加速度	0.1g	0.15g	0.2g	0.3g	0.4g
一区	6	8	10	13	16
二区、三区	8	10	12	15	18

p_c 修正系数 α_4 值　　　　　表 4.3

土性	砂土	粉土	
		塑性指数 $I_p \leqslant 7$	塑性指数 $7 < I_p \leqslant 10$
α_4 值	1.0	0.6	0.45

（4）液化指数和液化等级：凡判别为可液化的土层、应按现行国家标准《建筑抗震设计规范》GB 50011—2010 以及《铁路抗震设计规范》GB 50111—2006（2009 年版）的规定确定其液化指数和液化等级以及液化土力学指标折减系数。勘察报告除应阐明可液化的土层、各孔的液化指数外，尚应根据各孔液化指数综合确定场地液化等级。

第二节 特殊性岩土

(一) 概述

特殊性岩土是指在特定的地理环境或人为条件下形成的具有特殊物理力学性质和工程特性，以及特殊的物质组成、结构构造的岩土。如果在此类岩土环境下修建地铁工程，在常规勘察方法下不能满足工程要求，为了地铁工程建设的安全，在岩土工程勘察中须采取进一步的研究和技术处理。

特殊性岩土的种类很多，其分布一般具有明显的地域性，地铁工程建设中常见的特殊性岩土有：填土、软土、膨胀岩土、风化岩和残积土、湿陷性黄土等。

(二) 填土

1. 概述

填土是指由人类活动在地表形成和任意堆积的土层，它的组成成分复杂，堆填的方法、时间和厚度都是随意的。按照其物质组成和堆填方式可以分为素填土、杂填土、冲填土。

素填土是由天然土经人类扰动堆填而成，由碎石土、砂土、粉土、黏性土等一种或几种材料组成，不含或只含少量杂质。其特点是：不具天然土的结构和层理，而且颜色发暗；

杂填土含有大量建筑垃圾、工业废料或生活垃圾等杂物的填土。

冲填土系由水力冲填泥砂形成的填土，其特点是：颗粒组成随泥砂的来源而变化，土层分布不均匀，多呈透镜体或薄片出现。

2. 填土的工程特性与影响

(1) 不均匀性

填土由于其组成成分复杂，回填的方法、时间和厚度的随意性，所以，不均匀是其突出的特点，其中尤以杂填土的不均匀性最为严重，对于地铁出入口、U 形槽等基础埋深较浅的结构部位，如果坐落于填土上，易产生不均匀沉降，导致结构开裂。

(2) 低强度和高压缩性

填土由于土质疏松、密度差、固结程度低，所以，抗剪强度低，承载力低，压缩性高。对基坑支护极为不利，若基坑外侧分布有填土坑，措施不当，会引起基坑坍塌。

(3) 欠压密性与湿陷性

填土是一种欠压密土，在自身重量和大气降水下渗的作用下，有自行压密的特点，碎石和砂土素填土需 1～3 年；粉土和黏性土素填土需 5～10 年；冲填土与冲填料、排水条件有关，冲填料以砂土为主需 2～4 年，冲填料以粉土或黏性土为主需 10～20 年，甚至更长。填土由于土质疏松，孔隙率高，在浸水后会产生较强的湿陷。新填土的湿陷性比老填土的大，在生活垃圾填土中含炉渣灰较多的杂填土，湿陷性较强。对于车辆段、地面线，主要以浅基础和路基为主，人工填土的密实度差，均匀性差，会造成轨道沉降、房屋开裂等事故，由于填土的不均匀性、湿陷性和高压缩性，路基易出现不均匀沉降。

3. 填土的勘察工作要点

（1）搜集老地形图等资料，了解场地的历史和地形、地物的变迁情况，填土的来源，以及堆填年代和堆填方式。

（2）查明填土分布范围、厚度、组成的物质成分、均匀性、颗粒级配、密实性、压缩性和湿陷性等。

（3）对冲填土应了解冲填期间的排水条件、冲填完成后的固结条件和固结程度。

（4）由于填土地层复杂，应按复杂场地布置勘探点，若发现土层变化复杂，还应加密勘探点，数量及深度应以查清地层变化为标准。

（5）勘探方法应根据填土性质而定。对由粉土或黏性土组成的素填土，可采用钻探取样、轻型动力触探等方法；对含较多粗粒成分的素填土和杂填土或特殊性质填土，宜采用重型动力触探、标准贯入试验与钻探相结合，并选择有代表性的地层挖探的方法。

（6）室内土工试验项目应包括：密度、含水量、颗粒分析、塑性指数、相对密度、压缩性、抗剪强度、有机质含量和浸水湿陷性。其中湿陷性的测定，宜在相当于地基所承受的总压力下进行浸水试验。

（三）软土

1. 概述

天然孔隙比大于或等于1.0，且天然含水量大于液限的细粒土可判定为软土，包括淤泥、淤泥质土、泥炭、泥炭质土。软土的成因类型主要有：滨海沉积型（滨海相、泻湖相、溺谷相、三角洲相）；湖泊沉积型（湖相、三角洲相）；河滩沉积型（河漫滩相、牛轭湖相）和沼泽沉积型（沼泽相）。

2. 软土的工程特性与影响

（1）高压缩性：软土层一经扰动，其强度明显降低，固结变形时间长，变形量大。工程监测表明，不论是隧道本体施工还是近距离的各类工程施工，只要对隧道周围土层产生扰动，将会在较长时间内持续发生固结沉降。

（2）强度低：在软土地层中进行管棚钻进施工，长距离水平钻孔难，受钻杆挠度、刚度等的影响，极易引起钻孔的偏斜、坍塌等，从而影响终端管棚的形成质量。

（3）渗透性差：软土地层中，注浆效果难以控制，难以一次形成有效的止水帷幕。

（4）流变性：软土地区基坑开挖，会引起坑内土体的应力释放，基坑围护结构的变形在同一工况下会随着时间的延长而不断增长。若基坑围护设计和施工不合理，极易引起基坑变形和失稳。

（5）固结沉降：当车辆段等地面建筑，位于软土地基上，最主要的问题是软土地基的变形问题、稳定问题及工后沉降问题；软土中盾构法施工，会引起地面较大沉降，引起隧道附近地下管网断裂，建筑物开裂等。

（6）触变性：易造成盾构上部围岩松弛，难以形成压力拱，对于刚脱离盾尾的管片，经常会出现局部或整体上浮，表现为管片错台、裂缝、破损甚至轴线偏位等现象。

3. 软土勘察工作要点

（1）查明软土的成因类型、埋藏条件、分布规律及层理特征、水平向和垂直向的均匀性，渗透性，地表硬壳层的分布和厚度、下伏硬土层或基岩的埋深和起伏变化情况。

（2）查明软土的固结历史，强度和变形特征随应力水平的变化规律，以及结构破坏对强度和变形的影响深度。

（3）查明微地貌形态和暗埋的塘、浜、沟、坑、穴的分布、埋深。

（4）查明地震区产生震陷的可能性及震陷量的估算和分析。

（5）软土地区勘察宜采用钻探取样与静力触探相结合的手段，在确保各土层有足够数量原状土样的前提下，可提高原位测试孔的比例。软土取样应采用薄壁取土器。

（6）软土的抗剪强度指标宜采用三轴剪切试验确定，三轴剪切试验方法应与工程要求一致，当研究土对动荷载的反应时，可进行动三轴试验。

（7）软土的力学参数可采用原位测试手段获得，包括静力触探试验、旁压试验、十字板剪切试验（可测定不固结不排水条件的抗剪强度、土的残余抗剪强度，并计算灵敏度）、扁铲侧胀试验（可测定软土的弹性模量、静止土压力系数、水平基床系数等）和螺旋板荷载试验等。

（四）膨胀岩土

1. 概述

膨胀岩土是一种含有大量亲水矿物，当含水量变化时具有吸水膨胀和失水收缩变形特性的岩土。膨胀岩土一般承载力较高，具有吸水膨胀、失水收缩和反复胀缩变形、浸水承载力衰减、干缩裂隙发育等特性，性质极不稳定。

2. 膨胀岩土的工程特性与影响

（1）胀缩性：膨胀岩土本身的遇水膨胀，失水收缩的特性对膨胀岩土隧道施工极为不利，特别在地下水发育、地表降水渗透的条件下，隧道土体极易失稳，具体表现在收敛急剧扩展、拱顶下沉加大，甚至坍塌等。

（2）裂隙性和崩解性：膨胀岩土洞身开挖过程中，由于裂隙性和崩解性，致使掌子面土体结构松散，开挖面应力释放导致掌子面向外崩塌，引起事故。

（3）风化特性：隧道开挖后，由于开挖面上土体原始应力释放产生胀裂；另外，因为表层土体风干而脱水，产生收缩裂缝，两种因素都可以使土中原生隐裂隙张开扩大。沿围岩周边产生裂缝，尤其在拱部围岩容易产生张拉裂缝与上述裂缝贯通，形成局部变形区。

（4）超固结性：隧道底部开挖后，洞底围岩的上部压力解除，又无支护体约束的条件下，将产生土体超固结应力释放，洞底围岩产生卸荷膨胀；若坑道积水，洞底围岩产生浸水膨胀，造成洞底围岩鼓出变形。

（5）强度衰减性：随着土受胀缩效应和风化作用时间的增加，抗剪强度将大幅度衰减。

3. 膨胀岩土勘察工作要点

(1) 膨胀岩土的初判

膨胀岩土的初判主要根据场地的地形地貌、地质年代、成因类型、已有建筑物的变形特征并综合室内试验所测得的自由膨胀率综合判定,具有下列工程特征的土可初判为膨胀岩土:

1) 多分布在二级或二级以上阶地、山前丘陵和盆地边缘;
2) 地形平缓,无明显自然陡坎;
3) 常见浅层滑坡、地裂,新开挖的路堑、边坡、基槽易发生坍塌;
4) 裂缝发育,方向不规则,常有光滑面和擦痕,裂缝中常充填灰白、灰绿色黏土;
5) 干时坚硬,遇水软化,自然条件下呈坚硬或硬塑状态;
6) 自由膨胀率一般大于40%;
7) 未经处理的建筑物成群破坏,低层较多层严重,刚性结构较柔性结构严重;
8) 建筑物开裂多发生在旱季,裂缝宽度随季节变化。

(2) 膨胀岩土的终判

对初判为膨胀岩土的建筑场地,要通过室内试验获取试验参数,计算膨胀变形量、收缩变形量和胀缩变形量,估计膨胀力的大小,划分胀缩等级。勘察采取试样时,要在大气影响深度范围内和外均有试样。

(3) 膨胀岩土的原位测试与室内试验

1) 对于地铁等重要的、有特殊要求的工程场地,应进行现场浸水载荷试验;
2) 膨胀岩土室内试验主要测定自由膨胀率、收缩系数以及膨胀压力等参数。

(五) 风化岩和残积土

1. 概述

风化岩和残积土是岩石在物理风化作用和化学风化作用下形成的物质,可统称为风化残留物。风化岩和残积土的主要区别是岩石受到的风化程度不同,使其性状不同。原岩受风化程度较轻,其结构、成分和性质已产生不同程度变异的被称为风化岩;已完全风化成土而未经搬运的,并具有母岩残余结构的被称为残积土。两者的共同特点是均保持在其原岩所在的位置上,未经过搬运。

岩石风化时往往是呈带状分布的,一般从地表到地下深处可分为残积土、全风化、强风化、中等风化、微风化和未风化等风化程度不同的风化带,不同的风化带岩石物理力学性质差异很大。一般来说,风化程度越高,物理力学性质越差,围岩越不稳定。

以花岗岩为例,花岗岩的风化模式如图4.4所示。

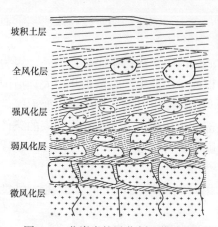

图4.4 花岗岩的风化剖面模式图

2. 风化岩和残积土的工程特性与影响

（1）由于基岩风化面上，岩石风化程度不一样，物理力学性质差异很大，盾构施工时，盾构机的姿态很难控制，如果操作不当，可能引起管片错台和破损、隧道轴线超限等连锁事故。

（2）当隧道位于不均匀风化岩体内，基岩界面往往为软弱结构面，也是地下水连通界面，易引起掌子面涌水和失稳。

（3）花岗岩球状风化体：花岗岩残积土及全强风化带若夹有球状风化物（孤石），由于风化球周围岩体与球状风化岩体本身强度存在较大差距，在通过花岗岩球状风化带时，由于花岗岩风化球互不相连，在刀盘旋转时（图4.5A），刀具施于风化球的侧压力，很容易造成球体松脱并随着刀盘一起旋转，球体直径一般小于盾构机刀盘的直径（图4.5B）。这种情况下，刀具就无法有效切削前方的岩土，盾构机无法前进。随着松脱的风化球增多，一方面，造成球体对刀具的侧压力加大，超过一定的极限时，刀具折断（图4.5C），另一方面，球体随着刀盘旋转，会对周边的围岩产生越来越大的扰动，容易造成盾构机上方地体发生塌方，危害地表的建筑物。

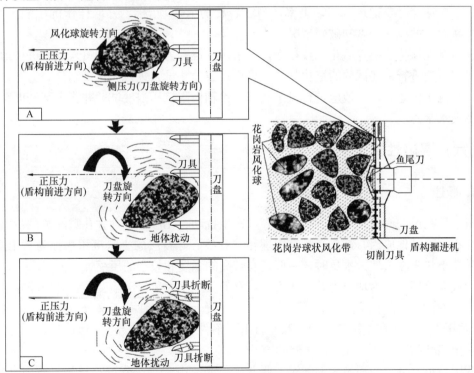

图4.5 盾构机在花岗岩球状风化带工作示意图
A—花岗岩风化球松脱阶段；B—花岗岩风化球随刀盘旋转阶段；C—切削刀具折断阶段

（4）花岗岩风化岩、残积土遇水软化、崩解：在基坑开挖、隧道暗挖过程中，花岗岩风化岩、残积土遇水易软化、崩解，使地基强度、抗剪强度显著降低，易造成坑底隆起、围岩失稳、基坑垮塌等事故。

3. 风化岩和残积土的勘察要点

（1）风化岩和残积土勘察要查明风化岩和残积土母岩的地质年代和岩性，查明岩石的风化程度，岩脉和风化花岗岩中球状风化体（孤石）的分布，查明岩土的均匀性、破碎带和软弱夹层的分布。

（2）查明不同风化程度风化带的埋深及厚度，以及是否具有湿陷性、膨胀性、软化性等特殊性质及其对围岩稳定性的影响。

（3）对于花岗岩地区，花岗岩常见球状风化，风化球的存在使得土石分布不均匀，如将球体误判为基岩容易产生不均匀沉降，因此风化球的判别对于风化岩勘察极为重要，勘探孔的深度需进入微风化带 $3 \sim 5m$。

（4）勘探手段除了采用传统的勘探手段（钻探、坑探、槽探）外，当遇到地质界面很复杂，难于采用钻探手段确定时，可以利用工程物探连续加密测点获得连续地质界面的优点，采用以综合工程物探手段为主、钻探为辅的勘探方法，查明基岩起伏。

（5）在钻探时要记录岩芯采集率，测定岩石的 RQD 指标，并取样作抗压强度试验，用于判断岩石的风化程度和破碎情况。

（6）对强风化、中等风化和残积土，可采用圆锥动力触探、标准贯入试验进行地层划分，对于不能进行上述试验的风化基岩，可进行波速测试，进行风化带划分。

（7）对于风化岩，一般应进行风干状态下单轴极限抗压强度试验并测定其密度、相对密度和吸水率等。

（六）湿陷性黄土

1. 概述

黄土是在风的搬运作用下沉积，未经过次生扰动、无层理、含大孔隙的黄色粉质碳酸盐类沉积物。其他成因、黄色、具有层理和夹有砂、砾石层的土状沉积物称为黄土状土。黄土和黄土状土在天然含水量时，一般具有较高的强度和较小的压缩性。但遇水后，在自重压力或自重压力与附加压力共同作用下，有的会产生大量的沉陷变形，有的却并不发生湿陷。前者称为湿陷性黄土，后者称为非湿陷性黄土。湿陷性黄土又分为自重湿陷性黄土（在自重压力作用下产生湿陷性的）和非自重湿陷性黄土（自重压力与附加压力共同作用下产生湿陷性的）。

我国是黄土分布面积最大的国家。西北、华北、山东、内蒙古及东北等地均有分布。黄河中游的陕、甘、宁及山西、河南等省黄土面积广、厚度大，属黄土高原。地理位置属于干旱与半干旱气候地带。其物质主要来源于沙漠与戈壁。黄土按生成过程及特征可划分为风积、坡积、残积、洪积、冲积等成因类型。

2. 湿陷性黄土的工程特性与影响

我国大部分湿陷性黄土的工程特性为：可塑性较弱；含水量较少；压实程度很差，孔隙比较大；抗水性很弱，遇水强烈崩解；膨胀量较小，但是失水收缩较明显；有很强的透水性。

从力学性质来考虑，湿陷性黄土的特殊性更突出地表现在它的结构性、欠压密性和湿陷性三个方面。

湿陷性黄土是一种结构性土，其结构强度在未被破坏软化时，常表现出压缩性低、强度高等特性，但当黄土受水浸湿结构性一旦遭受破坏时，其结构迅速破坏，其力学性质将呈现出屈服、软化、湿陷等特性，所以，黄土的结构性是黄土工程性质最基本的本质。湿陷性黄土由于特殊的地质条件，沉积过程一般比较缓慢，在此漫长的过程中，上覆压力增长速率比颗粒间固化强度的增长速率要慢得多，颗粒接触点间的结构强度始终超过上覆土重，使黄土的颗粒保持着比较疏松的高孔隙度结构而未在上覆荷重作用下被固结压密，处在欠压密状态，含水量少、孔隙比大、欠压密状态是黄土产生湿陷性的充分条件。

湿陷性黄土对地铁工程的影响主要表现在：

（1）黄土节理：在红棕色或深褐色的古土壤黄土层，常具有各方向的构造节理，有的原生节理呈 X 形，成对出现，并有一定延续性。在隧道开挖时，土体容易顺着节理张松或剪断。如果这种地层位于隧道顶部，极易产生"塌顶"。如果位于侧壁，则普遍出现侧壁掉土，若施工时处理不当，常会引起较大的坍塌。

（2）黄土冲沟地段：隧道在黄土冲沟或塬边地段施工时，当隧道在较长范围内沿着冲沟或塬边平行走向，而覆盖较薄或偏压很大的情况下，容易发生较大的坍塌或滑坡现象。

（3）黄土溶洞与陷穴：黄土溶洞与陷穴，是黄土地区经常见到的不良地质现象，隧道若修建在其上方，则有基础下沉的危害。隧道若修建在其下方，施工时有发生冒顶的危险。隧道若修建在其邻侧，则有可能承受偏压。

（4）水对黄土隧道施工的影响：在含有地下水的黄土层中修建隧道，由于黄土在干燥时很坚固，承压力也较高，施工可顺利进行。当其受水浸湿后，呈不同程度的湿陷性，会突然发生下沉现象，使开挖后的围岩迅速丧失自稳能力，如果支护措施满足不了变化后的情况，极容易造成坍塌。

（5）黄土地层土质直立性好，盾构施工中，掌子面较稳定，对刀具的磨损较小，但由于黄土地层裂隙垂直发育，盾构施工注浆容易沿垂直裂隙向地面冒浆，影响地面交通。

（6）对于黄土地区基坑，由于黄土具有特殊物质成分和结构特征，其强度特性不同于黏性土：天然状态下强度较高；浸水饱和后，土体软化，结构破坏，强度大幅度降低，因此黄土浸水后，黄土抗剪强度大幅度降低，可能引起基坑工程事故。

3. 湿陷性黄土的勘察要点

（1）在湿陷性黄土场地进行岩土工程勘察应查明地层的时代、成因和其中的夹层、包含物、胶结物的成分和性质；湿陷性黄土层的平面分布和厚度；湿陷系数、自重湿陷系数和湿陷起始压力随深度的变化；场地湿陷类型和低级湿陷等级的平面分布；地基土的变形参数和承载力；地下水等环境水的变化趋势及其他工程地质条件，并应结合建筑物的特点和设计要求，对场地、地基做出评价，对地基处理措施提出建议。

(2) 在黄土地区进行工程地质勘察，湿陷性评价正确与否直接影响设计措施的采取。黄土的湿陷性计算与评价，按一般的工作次序，其内容主要有：①判别湿陷性与非湿陷性黄土；②判别自重与非自重湿陷性黄土；③判别湿陷性黄土场地的湿陷类型；④判别湿陷等级；⑤确定湿陷起始压力等。

(3) 湿陷性黄土的判别

黄土的湿陷性，应按室内浸水（饱和）压缩试验，在一定压力下测定的湿陷系数进行判定，当湿陷系数小于 0.015 时，定为非湿陷性土，当湿陷系数大于或等于 0.015 时，定为湿陷性土。当不能取试样做室内湿陷性试验时，应采用现场载荷试验确定湿陷性。在 200kPa 压力下浸水载荷试验的附加湿陷量与承压板宽度之比等于或大于 0.023 的土，应判定为湿陷性土。

(4) 湿陷性土的湿陷深度

湿陷性黄土的湿陷程度，可根据湿陷系数 δ_s 的大小分为三种：

当 $0.015 \leqslant \delta_s \leqslant 0.03$ 时，湿陷性轻微；

当 $0.03 < \delta_s \leqslant 0.07$ 时，湿陷性中等；

当 $\delta_s > 0.07$ 时，湿陷性强烈。

(5) 在湿陷性黄土地区勘察时，为正确评价黄土的湿陷程度，在钻孔中取不扰动样，钻进方法宜采用回转钻进，钻进时，严禁向钻孔内加水；取土器应采用薄壁取土器，宜采用压入法取样。

(6) 黄土室内压缩试验测定湿陷系数等指标，要求土样等级为Ⅰ级不扰动样，环刀面积不小于 $5000mm^2$，同时要注意钻孔内取样与探井内取样测试指标的对比。

第五章 地铁工程勘察基本要求

岩土工程勘察是根据建设工程的要求，查明、分析、评价建设场地的地质、环境特性和岩土工程条件，编制勘察文件的活动。

地铁工程属于线性工程，建筑形式和结构类型多，施工工法多种多样，对岩土工程勘察有不同的需求和要求，勘察工作需要充分了解各个方面的要求，有针对性地开展工作。

第一节 不同阶段勘察的基本要求

地铁岩土工程勘察应按不同设计阶段的技术要求，开展相应的勘察工作。勘察阶段一般分为可行性研究勘察、初步勘察、详细勘察和施工勘察，工程沿线或场地附近存在对工程设计方案和施工有重大影响的岩土工程问题时，应进行专项勘察。勘察工作应满足不同阶段的要求。

不同阶段的勘察应按各阶段的要求和内容，采用相应的手段和方法进行。各勘察阶段所提供的工程地质及水文地质资料必须满足相应设计阶段需要的设计参数和有关技术资料，并应对工程环境进行预测、评价。

（一）可行性研究勘察要求

地铁工程可行性研究勘察应根据线路或比选线路方案，通过必要的调查和勘察工作，研究线路场地的地质条件，重点研究对线路方案有重大影响的不良地质作用、特殊性岩土及重点地段的工程地质问题，提供线路方案研究所需的地质依据，评价场地稳定性和适宜性。

可行性研究勘察应在搜集整理、分析利用已有地质资料和工程地质调查与测绘基础上，开展必要的勘探与取样、原位测试、试验等工作。

1. 工作内容

（1）调查和收集有关的勘察资料，必要时应适当进行勘探工作。

（2）收集地质构造、工程地质、水文地质、气象、地貌、地表水、地下水、古河道以及物探等资料。

（3）调查工程区域重要和高大建筑的地基资料、岩土资料以及有关工程施工经验。

（4）编制地下工程的每个地貌单元的勘探资料。

（5）需要对地下水动态长期观测时，可布置一定数量的观察孔。

（6）评价比选方案并提交本阶段工程勘察报告，包括钻孔平面位置，工程地质纵剖面，必要的测试资料、附图及附表，工程地质、水文地质及环境资料。

2. 工作要求

（1）每个车站应有勘探点，地面线、地下线和高架线勘探点间距不宜大于1000m；

（2）勘探点数量应满足工程地质分区的要求，每个工程地质单元应有勘探点，在地质条件复杂地段应加密勘探点；

（3）当有两条或两条以上比选线路时，各条线路均应布置勘探点；

（4）勘探深度应满足线路方案设计、敷设形式、工法分析等需要。

（二）初步勘察要求

初步勘察应在可行性研究勘察的基础上，针对线路敷设方式、各类工程的结构形式、施工方法等要求开展工作，并充分考虑下一阶段勘察对初勘资料的利用。

初步勘察工作应结合沿线区域地质条件、场地工程地质和水文地质条件、工程周边环境等，采用工程地质调查与测绘、勘探与取样、原位测试、室内试验等方法进行。

初步勘察应查明地下工程的水文地质和工程地质条件，并进行评价，同时应初步查明可能影响工程施工的不良地质和特殊地质的性质、特征、范围，并提出初步治理的措施。

1. 工作内容

（1）初步查明工程区域地质条件、地貌、地层、岩性、地质构造、水文地质条件、地下有害气体。

（2）划定不良地质和特殊地质地段，并初步查明其成因、类型、性质、发生、发展、分布规律及对工程的危害程度，并提出治理意见。

（3）初步查明工程区域河湖淤积物的发育、分布，是否有古建筑遗址，调查工程区域内重要建筑物的地基条件、基础类型、上部结构和使用状态，预测因地下工程施工可能引起变形并提出预防措施。

（4）分析已有地震资料，划分场地土类型和场地类别，并确定土石可挖性分级，围岩分级，对地下工程中重要车站、区间及不良地段，提供单独的勘察资料。

（5）初步查明地表水水位、流量、水质以及补给排泄条件，与地下水的相互关系；查明地下水类型、埋藏条件、补给来源、历年最高水位、水质、流速、流向、地下水动态和周期变化规律，提出水质评价，进行水文地质分区。

（6）按地貌单元选择代表性地段进行水文地质试验，提出有关技术参数，需要时，应设长期观测孔。

2. 工作要求

（1）在隧道两侧交叉布点，隧道范围内的钻孔应及时回填封孔，勘探点间距为100～200m，可根据地质复杂程度和设计需要来具体确定。

（2）取样孔（含原位测试孔）不宜少于勘探孔总数的2/3。

（3）控制性勘探孔的深度：松散地层中，应在隧道结构底板下20 m；微风化及中等风化的地层中，钻孔应进入底板下3～5 m；在强风化、全风化带中，深度可根据地质条件和设计与施工的要求而定。

(三) 详细勘察要求

详细勘察应在初步勘察的基础上,针对地铁各类工程的建筑类型、结构形式、埋置深度和施工方法等要求开展工作,满足施工图设计要求;详细勘察工作应结合区域地质条件、场地工程地质及水文地质条件和工程周边环境条件等,主要采用勘探与取样、原位测试、土工试验等勘察方法。

1. 工作内容

(1) 对工程地质与水文地质复杂地段、特殊地段或者施工中特殊要求的地段,应重点勘察,提出评价和处理方案,对车站、出入口、通风道、车辆段等进行单独详细勘察。车站横剖面不得少于3幅,在地质复杂地段的区间应布置横剖面。

(2) 依据工程地质和水文地质条件,结合设计及施工要求,按车站、区间综合各项指标,以数理统计方法分层,提出设计所需要的参数,查明水文地质条件,以弥补初步勘察的不足,对需要降水施工的工点,要提出降水方法及有关计算参数。

(3) 分析工程区域建筑物、地下构筑物及管线在施工过程中地基的稳定性,并提出防护措施。

2. 工作要求

(1) 勘探孔(点)的布置

详细勘察勘探点的布置应根据建筑总平面布置图、线路纵断面、结构类型与特点、施工方法、基础形式及埋深等资料综合确定,具体可参见以下各节。

(2) 勘探孔深度:第四纪地层中控制性钻孔的深度应根据该地下工程的埋深、地层、地下水等地质条件以及设计要求、施工方法和降水工程的需要来确定,其他钻孔应钻入基础底下6~10m。

基岩地区控制性钻孔深度,微风化带应钻入3~5m,但每个车站、区间钻孔必须进入基底1~3m;在中等程度风化带,应进入基底下3~5m。

(3) 取样试验及原位测试孔,其数量不应少于勘探孔总数的1/2。

(4) 必要时,各车站、区间及每个地貌单元应进行水文地质试验。按地下工程工点类别,如车站、区间等,提供地下水的类型、补给与排泄条件,流速、流向、渗透系数、历年最高水位、枯水位、勘察时水位、水质等水文地质资料。

(四) 施工勘察要求

施工勘察应在详细勘察的基础上,研究已有勘察资料,掌握沿线各类工程及不良地质作用、特殊性岩土等特殊地质条件,有针对性地开展勘察工作。施工勘察应针对具体的工程地质问题进行分析评价,提供所需岩土参数,提出工程处理措施建议。

1. 工作内容

(1) 验证勘察资料的准确性,根据实际情况修正勘察报告中提供的技术参数。

(2) 解决施工中遇到的工程地质、水文地质问题。

(3) 对工程区域内重大建筑物及附近地面沉降进行监测。
(4) 绘制隧道竣工地质剖面。
(5) 对地下水的动态进行长期观测。
(6) 对围岩或衬砌中岩体应力及变形进行观测。

2. 工作要求

(1) 收集施工方案、已有地质资料和工程周边环境资料、施工中形成的隧道开挖、支护、地基与围岩的加固、工程降水等相关资料。

(2) 收集和分析各种检测、监测和观测资料。

(3) 利用施工开挖条件，了解地层岩土成分、密实程度、含水量、地下水、软弱夹层、岩石裂隙发育、破碎程度等情况及其变化。

(4) 了解并分析需要解决的工程问题。根据工程问题的复杂性、已有的勘察工作和场地条件等因素确定勘察方法和工作量。

(5) 施工勘察中应根据施工进程，针对前述各阶段提出的施工中需注意的问题，加强施工中的超前地质预报。

（五）专项勘察要求

专项勘察是指地铁工程沿线或场地附近存在对工程设计方案和施工有重大影响的岩土工程问题，需要采取专项措施查明其地质条件的工作。专项勘察可以根据工程需要在任何一个勘察设计阶段开展工作。

不良地质作用、地质灾害、特殊性岩土等往往对地铁工程线位规划、敷设形式、结构设计、工法选择产生重大影响，严重时危及工程施工和运营的安全。因此，当地铁工程遇到不良地质作用、地质灾害、特殊性岩土且勘察各阶段均难以查清时应该开展专项勘察工作，并对专项勘察成果进行专家评审。

例如：济南地铁建设在线网规划阶段开展专项勘察工作，研究工程建设对泉水的影响，以保护名泉不断流。

西安地铁工程在可行性研究阶段针对工程建设能否穿越地裂缝，以及地裂缝对工程结构的影响开展了专项勘察工作；通过对地裂缝的位置、活动性等进行专项研究后，提出采用柔性结构通过地裂缝。

北京地铁9号线在施工阶段开展专项勘察，研究卵石地层中漂石颗粒的分布规律，及其对工程围护桩施工、盾构施工的影响。

第二节　不同结构的勘察基本要求

地铁工程的结构类型多，由于结构不同、荷载不同、需要解决的岩土工程问题不同，对岩土工程勘察的要求也有很大差异，工程地质勘察要针对不同的结构进行有针对性的勘察。

(一) 地下结构勘察要求

地铁工程地下结构一般包括地下车站、地下区间及其附属结构。由于地下结构埋置深度一般较深,属于超补偿基础,结构对地基承载能力的要求一般不高,研究地基承载力不是岩土工程勘察的主要目的。不同岩性组合围岩的变形和稳定性、地下水抗浮稳定性对地下结构的设计施工影响巨大。

1. 工作内容

(1) 查明各岩土层的分布,提供各岩土层的物理力学性质指标,根据设计施工的需要提供各岩土层的岩土参数及基床系数、静止侧压力系数、热物理指标和电阻率等参数。

(2) 查明特殊性岩土、不良地质作用及对工程施工不利的饱和砂层、卵石漂石层、人工空洞、岩溶土洞、污染土、有害气体、地裂缝等的分布与特征,分析其对工程的影响,提出工程措施建议。

(3) 基岩地区应查明基岩风化程度,岩层层理、片理、节理等软弱结构面的产状及组合形式,断裂构造和破碎带的位置、规模、产状和力学属性,划分岩体结构类型,并预测隧道的偏压危害。

(4) 对隧道围岩的稳定性进行评价,进行围岩分级、岩土施工工程分级,提供隧道初期支护和衬砌设计所需的围岩压力及变形计算所需的岩土参数,提出围岩加固措施建议及所需参数。

(5) 对基坑边坡的稳定性进行评价,提出基坑支护方案建议,提供基坑支护结构设计所需的岩土参数。

(6) 分析地下水对工程施工的影响,预测基坑和隧道突水、涌砂、流土、管涌的可能性及危害程度;需进行地下水控制时,应进行水文地质试验,提出地下水控制措施建议及所需的水文地质参数。

(7) 分析地下水对工程结构的作用,对需采取抗浮措施的地下工程,提出抗浮设计水位标高的建议,必要时进行专题研究,并提供抗拔桩或抗浮锚杆设计所需的各岩土层的侧摩阻力或锚固力等参数。

(8) 分析评价工程降水、岩土开挖对工程周边环境的影响,提出防护措施建议。

(9) 出入口、通道、风井、风道、施工竖井等附属工程及隧道断面尺寸变化较大部位根据工程特点单独评价,并提出工程措施建议。

(10) 对地基承载能力、地基处理、围岩加固等提出工程检测建议,对工程结构、工程周边环境、岩土体的变形,地下水位变化等提出工程监测建议。

2. 工作要求

(1) 勘探点的平面布置

1) 勘探点的间距根据地下工程的特点和场地的复杂程度可按照表5.1确定。

2) 车站主体勘探点宜沿结构轮廓线布置,结构角点以及通道、风道、风井、出入口等附属工程部位应有勘探点控制。

3) 每个车站应不少于2条纵剖面和3条有代表性的横剖面。

勘探点间距（m） 表 5.1

类别	复杂场地	中等复杂场地	简单场地
地下车站	10～20	20～30	30～40
隧道	10～30	30～40	40～50

4）采用中柱桩的车站，勘探点的平面布置宜结合中柱桩的位置布设。

5）区间隧道勘探点宜在隧道结构外侧 3～5m 的位置左右交叉布置。

6）在区间洞口、施工竖井、联络通道、渡线、隧道陡坡段、大断面和异型断面、工法变换部位应有勘探点控制，并形成剖面。

7）山岭隧道勘探点的布设可按《铁路工程地质勘察规范》TB 10012—2007 执行。

（2）勘探孔深度

1）控制性勘探孔的深度应满足变形计算、稳定性分析以及地下水控制的要求。

2）第四纪沉积土层中的车站工程，控制性孔应进入结构底板以下不小于 25m，一般孔深度应进入结构底板以下不小于 15m。

3）当采用中柱桩、抗拔桩或抗浮锚杆时，勘探孔深度应满足桩的计算要求。

4）隧道工程控制性勘探孔的深度应进入结构底板以下不小于 3 倍洞径，一般勘探孔应进入结构底板以下不小于 2 倍洞径。

5）基岩地区控制性勘探孔的深度，结构底板以下为中等风化或微风化基岩时，应进入结构底板以下不小于 5m，一般勘探孔应进入结构底板以下不小于 3m。

6）当预定深度内有软弱土层时，勘探孔深度应适当增加。

（3）取样测试

1）控制性钻孔的数量不应少于勘探点总数的 1/3，采取岩土试样及原位测试孔数量应根据地层结构、车站结构类型、土的均匀性和设计要求确定，车站工程不应少于勘探点总数的 1/2，区间工程不应少于勘探点总数的 2/3。

2）采取岩土试样和原位测试应满足岩土工程评价的要求，每个车站或区间每一主要土层的原状土试样或原位测试数据不应少于 10 件（组），且每一地质单元的每一主要土层不应少于 6 件（组）。

3）原位测试应根据需要和地区经验选取适合的测试手段，车站和隧道工程宜布置不少于 3 个波速测试孔和不少于 2 个电阻率测试孔，且每个地质单元不少于 2 个。

（4）室内试验

1）抗剪强度试验方法应根据工法、施工条件等确定，抗剪强度指标可通过室内试验或原位测试结合当地的工程经验确定。

2）静止侧压力系数和热物理指标每一主要土层不宜少于 3 组。

3）基床系数在有经验地区可通过原位测试、室内试验结合经验值综合确定，必要时通过专题研究或现场 K30 载荷试验确定。

4）宜在基底以下压缩层范围内取样进行回弹再压缩试验，每层试验数量不宜少于 3 组。

5）第四纪围岩土层应分层进行颗粒分析和黏粒含量分析。

6）应采取地表水、地下水样及土样进行腐蚀性测试，地表水每处不少于 1 组，地下水每层不少于2组，土样不少于2组（地下水位以上土层中采取）。

7) 基岩地区应进行岩块的弹性波波速测试，并应进行岩石的饱和单轴抗压强度试验，软岩可进行天然单轴抗压强度试验，且每工点不少于3组；根据需要提供抗剪强度指标、软化系数、完整性指数、岩体基本质量等级等参数。

(5) 水文试验

需要进行地下水控制的工程每个车站和区间宜布置水文地质试验孔，每一水文地质单元不少于1组，并设置不少于1组长期水文观测孔。

(二) 高架结构勘察要求

地铁工程高架结构一般包括高架车站、高架区间及过街天桥等附属结构。高架结构荷载较大，同时为了满足稳定性的需要，一般多采用桩基础。因此，高架结构的岩土工程勘察主要解决桩基承载能力、变形及稳定性问题。

1. 工作内容

(1) 查明地基岩土层类型、深度、分布、工程特性和变化规律；确定桩基和墩台基础的持力层，提供各岩土层的物理力学性质；分析桩基承载性状，结合当地经验提供桩基承载力和变形计算所需的参数。

(2) 查明溶洞、土洞、人工洞穴、采空区、可液化土层、断裂破碎带和特殊性岩土的分布与特征，分析评价其对桩基的危害程度，评价桩基和墩台地基的稳定性，提出防治措施的建议。

(3) 当采用基岩作为桩基持力层时，应查明基岩的岩性、构造、岩面变化、风化程度，确定其坚硬程度、完整程度和基本质量等级，判定有无洞穴、临空面、破碎岩体或软弱岩层，指出基础设计和施工应注意的事项并提供相关建议。

(4) 查明水文地质条件，判定水质对建筑材料的腐蚀性，评价地下水对桩基设计和施工的影响。

(5) 查明并分析桩侧产生负摩阻力的条件，评价负摩阻力对桩基承载力的影响，并提出处理措施建议。

(6) 分析桩基施工存在的工程地质问题，评价岩、土及地下水条件对成桩的不利影响，论证施工对工程周边环境的影响，并提出处理措施建议。

(7) 对基桩的完整性和承载能力提出检测建议。

2. 工作要求

(1) 勘探点的平面布置

1) 高架车站勘探点应按照车站轮廓和柱网以及附属工程布置，勘探点间距宜为15~35m。当桩端持力层起伏较大、地层分布复杂时，应加密勘探点。

2) 高架区间勘探点应结合墩、台的位置逐墩布设，地质条件简单时可适当减少勘探点。地质条件复杂或线路跨度较大时，每个墩、台可根据需要增加勘探点。

(2) 勘探孔深度

1) 墩台基础控制性勘探孔应满足沉降计算和下卧层验算要求。

2) 墩台基础的一般性勘探孔应达到基底以下 10～15m 或墩台基础底面宽度的 2.0～3.0 倍；基岩地段的勘探孔深度，当风化层不厚或为硬质岩时，应进入基底以下中等风化 2～3m；

3) 桩基控制性勘探孔深度应满足沉降计算和下卧层验算要求，应穿透桩端平面以下压缩层厚度；嵌岩桩的控制性孔应深入预计桩端平面以下不小于 3～5 倍桩身设计直径，并穿过溶洞、破碎带，到达稳定地层。

4) 桩基一般性勘探孔深度应深入预计桩端平面以下 3～5 倍桩身设计直径，且不得小于 3m，大直径桩不小于 5m。嵌岩桩一般性勘探孔应深入预计桩端平面以下不小于 1～3 倍桩身设计直径。

5) 钻至预计深度遇软弱土层时，应予加深；在预计勘探孔深度范围内遇坚实岩土层时，可适当减小。

(3) 取样测试

1) 控制性勘探孔的数量不应少于勘探点总数的 1/3，取样及原位测试孔数量应根据地层结构、土的均匀性和设计要求确定，不应少于勘探点总数的 1/2。

2) 采取岩土试样和原位测试应满足岩土工程评价的要求，每个车站或区间每一主要土层的原状土试样或原位测试数据不应少于 10 件（组），且每一地质单元的每一主要土层不应少于 6 件（组）。

3) 原位测试应根据需要和地区经验选取适合的测试手段，并符合本规范第 15 章的规定；每工点宜布置不少于 3 个波速测试孔，且每个地质单元不少于 2 个。

(4) 室内试验

1) 当需估算基桩的侧阻力、端阻力和验算下卧层强度时，宜进行三轴剪切试验或无侧限抗压强度试验，三轴剪切试验受力条件应模拟工程实际情况。

2) 对需要进行沉降计算的桩基工程，应进行压缩试验，试验最大压力应大于自重压力与附加压力之和。

3) 当桩端持力层为基岩时，应采取岩样进行饱和单轴抗压强度试验，必要时尚应进行软化试验；对软岩和极软岩，可进行天然湿度的单轴抗压强度试验。对无法取样的破碎和极破碎的岩石，应进行原位测试。

(三) 路基涵洞工程勘察要求

地面线路和车辆基地中的站场股道、出入线多为路基结构，包括一般路基、路堤、路堑、涵洞、支挡结构及其附属结构。路基结构岩土工程勘察重点解决路基稳定性、路基承载力和变形问题，勘察工作中应重点关注不良地质作用和特殊性岩土。

1. 工作内容

(1) 一般路基

1) 查明地层结构、岩土性质、岩层产状、风化程度及水文地质特征；分段划分岩土施工工程等级；评价路基基底的稳定性。

2) 应分段取岩土试样进行物理力学试验，取水样进行水质分析。

(2) 高路堤

1) 查明基底地层结构，岩土性质，覆盖层与基岩接触面的形态。查明不利倾向的软弱夹层，并应评价其稳定性。

2) 调查地下水活动对基底稳定性的影响。

3) 地质条件复杂的地段应布置横断面。

4) 应分段取岩土试样，进行物理力学试验，并应提供验算地基强度及变形的岩土参数。

5) 分析评价基底和斜坡稳定性，提出路基加固方案建议。

(3) 深路堑

1) 查明地貌、植被、不良地质作用和特殊地质问题；调查沿线天然边坡、人工边坡的工程地质条件；分析边坡工程给周边环境产生的不利影响。

2) 土质边坡应查明土层厚度、地层结构、成因类型、密实程度及下伏基岩面形态和坡度。

3) 岩质边坡应查明岩层性质、厚度、成因、节理、裂隙、断层、软弱夹层的分布、风化破碎程度；主要结构面的类型、产状及充填物。

4) 查明路堑影响深度范围的含水层、地下水埋藏条件、地下水动态，评价地下水对路堑边坡及结构稳定性的影响，需要时应提供路堑结构抗浮设计的建议。

5) 确定路堑边坡坡度，分析评价路堑边坡的稳定性，提供边坡稳定性计算参数，提出路堑边坡治理措施建议。

6) 调查雨期、暴雨量、汇水范围和雨水对坡面、坡脚的冲刷及对坡体稳定性的影响。

(4) 支挡结构

1) 查明支挡地段地貌、不良地质作用和特殊性岩土，地层结构及岩土性质，提供岩土强度指标、评价支挡结构地基稳定性和承载力，提出基础方案和支挡方案建议。

2) 查明支挡地段水文地质条件，评价地下水对支挡结构的影响，提出处理措施建议。

(5) 涵洞

1) 查明地貌、地层、岩性、天然沟床稳定状态、隐伏的基岩斜坡、不良地质作用和特殊性岩土。

2) 查明涵洞地基水文地质条件，必要时进行水文地质试验，提供水文地质参数。

3) 应采取勘探、测试和试验等方法综合评价确定地基承载能力，提供涵洞设计所需的岩土参数。

4) 调查雨期、雨量等气象条件及涵洞附近的汇水面积。

2. 工作要求

(1) 勘探点的平面布置

1) 勘探点的间距可根据路基工程的特点和场地的复杂程度按照表 5.2 综合确定，一般路基可取大值，高路堤、深路堑、支挡结构宜取小值。

勘探点间距（m）　　　　　　　　　　　　　　　表 5.2

复杂场地	中等复杂场地	简单场地
15～30	30～50	50～60

2) 高路堤、深路堑、支挡结构宜每100～300m设置一个横断面，且每个断面上勘探点不应少于3个。

3) 深路堑工程遇有软弱夹层或不利结构面时，勘探点可适当加密。

4) 支挡结构勘探点不宜少于3个。

5) 涵洞应有勘探点控制。

(2) 勘探孔深度要求

1) 控制性勘探孔深度应满足稳定性分析、变形计算。

2) 为满足地震效应评价的钻孔深度不应小于25m。

3) 一般性勘探孔深度路基工程不应小于5m，路堤工程不应小于8m。

4) 路堑勘探孔深度探明软弱层厚度及软弱结构面产状，且应穿过潜在滑动面并深入稳定地层内2～3m，地下水发育地段，根据排水工程需要适当加深。

5) 支挡结构一般性勘探孔深度应达到基底以下5m。

6) 基础置于土中的涵洞勘探孔深度应按表5.3确定，有软弱夹层时，勘探深度应适当加深。

涵洞勘探孔深度（m） 表5.3

碎石土	砂土、粉土和黏性土	软土、饱和砂土等
3～8	8～15	15～20

注：1 勘探深度应由结构底板算起；
2 箱型涵洞勘探深度应适当加深。

（四）地面建筑勘察要求

地面建筑结构一般包括地面车站以及车辆基地中的列检库、办公楼、维修库等各类房屋建筑及其附属设施。地面车站、各类建筑及附属设施应按照国家标准《岩土工程勘察规范》GB 50021—2001（2009年版）相关规定进行勘察。

地面建筑结构的岩土工程勘察主要解决场地的稳定性，地基的承载能力、地基均匀性及其变形问题。车辆基地应同时考虑场地挖填方对勘察的要求。

1. 工作内容

(1) 搜集附有坐标和地形的建筑总平面图，场区的地面整平标高，建筑物的性质、规模、荷载、结构特点、基础形式、埋置深度、地基允许变形等资料；

(2) 查明不良地质作用的类型、成因、分布范围、发展趋势和危害程度，提出整治方案的建议；

(3) 查明建筑范围内岩土层的类型、深度、分布、工程特性，分析和评价地基的稳定性、均匀性和承载力；

(4) 对需进行沉降计算的建筑物，提供地基变形计算参数，预测建筑物的变形特征；

(5) 查明埋藏的河道、沟浜、墓穴、防空洞、孤石等对工程不利的埋藏物；

(6) 查明地下水的埋藏条件，提供地下水位及其变化幅度；

(7) 在季节性冻土地区，提供场地土的标准冻结深度；

(8) 判定水和土对建筑材料的腐蚀性。

2. 工作要求

(1) 勘探点的平面布置

1) 勘探点的间距应根据地基复杂程度按照表5.4确定；

勘探点间距（m）　　　　　　　　　　　　　　　　表5.4

地基复杂程度	勘探点间距	地基复杂程度	勘探点间距
一级（复杂）	10～15	三级（简单）	30～50
二级（中等复杂）	15～30		

2) 勘探点宜按建筑物周边线和角点布置，对无特殊要求的其他建筑物可按建筑物或建筑群的范围布置；

3) 同一建筑范围内的主要受力层或有影响的下卧层起伏较大时，应加密勘探点，查明其变化；

4) 重大设备基础应单独布置勘探点，重大的动力机器基础和高耸构筑物，勘探点不宜少于3个；

5) 勘探手段宜采用钻探与触探相配合，在复杂地质条件、湿陷性土、膨胀岩土、风化岩和残积土地区、宜布置适量探井；

6) 详细勘察的单栋高层建筑勘探点的布置，应满足对地基均匀性评价的要求，且不应少于4个；对密集的高层建筑群，勘探点可适当减少，但每栋建筑物至少应有1个控制性勘探点。

(2) 勘探孔深度

勘探孔深度自基础底面算起，应满足以下要求：

1) 勘探孔深度应能控制地基主要受力层，当基础底面宽度不大于5m时，勘探孔的深度对条形基础不应小于基础底面宽度的3倍，对单独柱基不应小于1.5倍，且不应小于5m；

2) 对高层建筑和需作变形计算的地基，控制性勘探孔的深度应超过地基变形计算深度；高层建筑的一般性勘探孔应达到基底下0.5～1.0倍的基础宽度，并深入稳定分布的地层；

3) 对仅有地下室的建筑或高层建筑的裙房，当不能满足抗浮设计要求，需设置抗浮桩或锚杆时，勘探孔深度应满足抗拔承载力评价的要求；

4) 当有大面积地面堆载或软弱下卧层时，应适当加深控制性勘探孔的深度；

5) 在上述规定深度内当遇基岩或厚层碎石土等稳定地层时，勘探孔深度可适当调整；

6) 地基变形计算深度，对中、低压缩性土可取附加压力等于上覆土层有效自重压力20%的深度；对于高压缩性土层可取附加压力等于上覆土层有效自重压力10%的深度；

7) 建筑总平面内的裙房或仅有地下室部分（或当基底附加压力 $p_0 \leqslant 0$ 时）的控制性勘探孔的深度可适当减小，但应深入稳定分布地层，且根据荷载和土质条件不宜少于基底下0.5～1.0倍基础宽度；

8) 当需进行地基整体稳定性验算时，控制性勘探孔深度应根据具体条件满足验算要求；

9）当需确定场地抗震类别而邻近无可靠的覆盖层厚度资料时，应布置波速测试孔，其深度应满足确定覆盖层厚度的要求；

10）大型设备基础勘探孔深度不宜小于基础底面宽度的 2 倍；

11）当需进行地基处理时，勘探孔的深度应满足地基处理设计与施工要求；当采用桩基时，勘探孔的深度应满足高架结构钻孔深度的要求。

(3) 取样测试要求

1）采取土试样和进行原位测试的勘探点数量，应根据地层结构、地基土的均匀性和工程特点确定，且不少于勘探孔总数的 1/2，钻探取土试样孔的数量不应少于勘探孔总数 1/3；

2）每个场地每一主要土层的原状土试样或原位测试数据不应少于 6 件（组）；当采用连续记录的静力触探或动力触探为主要勘察手段时，每个场地不应少于 3 个孔；

3）在地基主要受力层内，对厚度大于 0.5m 的夹层或透镜体，应采取土试样或进行原位测试；

4）当土层性质不均匀时，应增加取土数量或原位测试工作量。

第三节 不同施工工法勘察的基本要求

地铁工程的施工方法、施工工艺主要根据施工范围内的工程地质和水文地质勘探资料、结构形状和规模、使用功能、工期要求、周围环境及交通等情况进行技术、经济综合比较后确定。目前，我国地铁工程主要施工工法有明（盖）挖法、暗挖法、盾构法、高架线及中柱桩等的桩基工法等施工方法。

（一）明（盖）挖法的勘察要求

1. 明（盖）挖法的勘察质量安全要点

明（盖）挖法的勘察应提供比选采用放坡开挖、支护开挖及盖挖设计、施工方法所需要的场地环境条件、工程地质、水文地质、不良地质及特殊地质等资料以及岩土工程设计参数。

勘探取样、原位测试及室内试验条件应与设计方案、施工工艺及运营时期的现场实际应力状态、地下水动态变化等相适应。

明（盖）挖法的岩土工程勘察应提出埋设隧道适宜地层、埋设深度及其平面位置的建议。具体包括：

（1）勘探孔查明地层分布及有关不良地质，评价其对基坑施工可能产生的各种影响，并提出相应的防治措施。评价基坑开挖的稳定性，对拟用的围护设计方案提出合理的建议。

（2）提供基坑开挖设计和施工所需要的有关参数（如直剪固快 c、ϕ 峰值、渗透系数、静止侧压力系数、三轴 CU 试验强度指标、基床系数、无侧限抗压强度、十字板抗剪强度、基坑回弹计算参数等）。

(3) 对部分基坑提供并评价可能的桩基持力层，提供桩基设计参数，为确定桩型、桩长，估算单桩承载力和基础沉降量等方面提供依据；并进行预制桩及钻孔灌注桩沉（成）桩可行性分析。

(4) 查明沿线水文地质条件，包括地下水类型、埋藏条件、边界条件及腐蚀性，提供相关土层特别是砂土、粉土的渗透性指标，查明承压水的水头埋深变化，为施工降水设计提供所需的水文地质参数。

2. 明（盖）挖法施工可能存在的岩土工程问题

(1) 根据已有工程经验，明（盖）挖法施工基坑可能存在以下不利影响：
1) 基坑边坡失稳；
2) 坑壁位移超过控制标准；
3) 坑壁（防渗墙）发生严重渗水；
4) 基坑底部发生承压水突涌。

(2) 根据类同地铁明（盖）挖基坑经验，基坑设计施工时应注意以下问题：

1) 应选择合适的基坑围护方案

应根据基坑深度、环境控制标准、土层组合情况及地下水分布特征，确定合适的地下连续墙插入深度、水平支撑体系及降水方案等。

2) 应防止浅部粉土、砂土发生流土、流砂、管涌

因浅部砂质粉土、粉细砂层在水头差的作用下易产生流土或涌砂现象。位于环境敏感区域的基坑，一般采用坑内降水措施，故围护墙应有良好的防渗性，否则坑内外水头差极易引发流砂或管涌现象发生。

3) 土体开挖中应考虑软土的流变特性、触变特性，利用时空效应规律控制施工要点

基坑开挖深度较大时，会引起土体过大变形；当开挖涉及软黏性土时，若不及时支撑，其流变特性会使变形更大。开挖中应充分利用土体时空效应规律，严格掌握施工工艺要点：沿纵向按限定长度逐段开挖，在每个开挖段分层、分小段开挖，随挖随撑，按规定时限开挖及安装支撑并施加预应力，按规定时间施工底板钢筋混凝土，减少坑底暴露时间。

4) 应严格控制基坑开挖时造成过大的水平位移

基坑周边有建筑物、重要管线，应增加支撑道数，以及加大围护结构入土深度等方法。对采用钢支撑时，采取多次施加预应力可明显减少水平位移。

5) 应考虑深基坑回弹对工程产生的不利影响

当基坑开挖深度较大时，尤其基坑放置于黏性土、粉土层中，土体会有一定的回弹。应注意土体回弹会对基坑支护结构、周围邻近已有建筑物、地下管线等产生不利影响。

6) 应防止承压水突涌现象发生

因承压水突涌与流砂相比具有突发性特点，且可引发大范围地面塌陷，对周围建筑及地下管道造成严重危害。应依据承压水层水位资料，结合各基坑深度，判别承压水层是否存在基坑突涌的问题。

7) 应考虑基坑抗浮问题

根据已有工程经验，一般基坑抗浮问题可通过以下三种方法予以解决，地铁深基坑的

抗浮问题主要采用方法②及③：

①通过井点降水、加厚加重结构自重、覆土及侧壁摩阻力解决（适用基坑深度不大情况）。

②采用倒滤层设计，当车站顶面覆土厚度较薄，结构不能满足抗浮安全要求时，可在底板下设置倒滤层以解决抗浮问题，但底板下应有一定厚度的不透水层，$K \leqslant 10^{-6} \sim 10^{-7} \mathrm{cm/s}$。

③采用桩基方案，立柱下布桩，可同时满足控制立柱变形及抗浮稳定性等需要。

8）应考虑明、暗浜或厚层杂填土对围护墙的不利影响

对有暗浜分布区域，应探明暗浜分布范围、浜底淤泥厚度、填土厚度及分布范围等，以便采取合适措施减少不利影响。

3. 明（盖）挖法施工所需参数

明（盖）挖法施工又可以细分为放坡开挖、支护开挖、盖挖等多种开挖方式。其所需参数基本相同又有一定的区别，重点需要的设计参数如下：

（1）场地岩土种类、成因性质及软弱土夹层、粉细砂层分布，在覆盖层地区应查明上覆地层厚度，下伏基岩产状、起伏及其坡度等。

（2）场地不良地质现象，特殊地质问题及古河道地下洞穴、古文物等，并应判明有无可液化层。

（3）地下水类型、水位、水量、流向，岩土渗透性，上层滞水及其补给源，地下水动水压力对边坡稳定的影响，水质对混凝土及金属材料的腐蚀性。

（4）各岩土层的物理性质参数、力学性质，软弱结构面抗剪强度及边坡稳定性计算所需技术参数。

（5）重力密度、黏聚力、内摩擦角、静止侧压力系数、基床系数、回弹模量、弹性模量及渗透系数等岩土参数。

（6）盖挖施工中地下连续墙及护坡桩应提供土的重度、黏聚力、内摩擦角、压缩模量、无侧限抗压强度、基床系数等设计参数及静水头高度等。

（7）应查明桩端持力层及隔水层位置、厚度。

明（盖）挖法的主要勘察的项目及参数如表 5.5 所示。

明（盖）挖法主要勘察项目及参数　　表 5.5

项目	勘察内容	项目	勘察内容
地质构造	地层分布		黏聚力、内摩擦角
	岩体结构		岩体的弹性模量
岩、土分布	岩性与分布		土体的压缩模量、压缩系数
地下水	地下水类型		无侧限抗压强度
	地下水水位与水量	力学性质	静止侧压力系数
	渗透系数		基床系数
	水质分析		N_{10}、N、$N_{63.5}$
物理性质	含水量		动弹性模量、动剪切模量
	液限、塑限		泊松比
	粘粒含量与颗分曲线	其他	围岩分级
	密度、孔隙比		土石工程分级
	围岩的纵横波速		

(二)暗挖法的勘察要求

1. 暗挖法的勘察质量安全要点

在复杂含水地层中,应加密勘探点,查明地层中有无古河道或使开挖面产生突发性涌水及坍塌的含水透镜体,并提供剖面。

钻孔取样和进行土工试验的方法,应与施工过程岩土的实际应力状态相接近。

隧道的勘察,宜结合施工监测,采用反分析或其他有效方法,对隧道通过地段地层的物理、力学指标、围岩稳定性作出合理评价。

暗挖法施工隧道的勘察,应为解决选定隧道轴线位置、确定洞口位置或明、暗挖施工的分界点、开挖方案及辅助施工方法的必选、衬砌类型及设计、开挖设备的选型及设计、施工组织设计、不良地质条件下施工和运营中的工程问题预测、环境保护等工程问题提供勘察资料。具体包括:

(1) 查明表层填土的分布范围、物质组成、密实度等。
(2) 分析隧道通过土层的自稳性。
(3) 分析上层滞水及各含水层的分布、补给及对隧道开挖的影响,预测产生流砂及隆起的可能性。
(4) 提供降水、管棚支护、小导管注浆等辅助工法所需的相关地质资料。
(5) 查明可能使掌子面产生突发性涌水及坍塌的含水透镜体。

2. 暗挖法施工可能存在的岩土工程问题

(1) 根据已有工程经验,暗挖法施工可能存在的不利影响

在城市地下铁道浅埋暗挖施工中,经常遇到卵砾石、砂土、黏性土或强风化基岩等不稳定地层,这类地层在隧道开挖过程中自稳时间短暂,易坍塌。

(2) 不良地层条件对暗挖法施工的影响

1) 松软的围岩

包括第四纪洪积的砂层、黏土层、其他的冲积层、表土等。松软围岩的问题,可归纳为以下几点:①围岩强度小,掌子面自稳性差;②围岩强度、刚度低,变形大;③因涌水,掌子面变得不稳定。

围岩强度小,掌子面自稳性差是未固结围岩所共有的,为此要采取确保掌子面自稳性的对策。

在隧道周边有结构物和埋设物时,要控制围岩的变形使之不对这些结构物产生影响。即使没有结构物时,因这类围岩会产生很大的变形,可能造成掌子面崩塌、不稳定等,因此尽量控制变形非常重要。

隧道围岩中含有地下水时,特别是在砂层中,要确保掌子面自稳是很困难的。因涌水,会造成锚杆锚固不良、喷射混凝土剥离、支撑下沉等,对施工影响极大。因此,对地下水进行处理是极为重要的。

因此,在未固结围岩中,要采用各种辅助工法来确保施工的质量和安全。

2) 砂层、卵砾石层围岩

砂层、卵砾石层围岩缺乏黏聚力，从开挖到喷射混凝土开始之间，或喷射作业中，都会发生拱顶掉块，造成超挖，或者还没有固结的混凝土剥离，造成施工困难。为此，在这种围岩中，要采用防止掉块的超前支护等辅助工法。同时，在这种围岩中，如掌子面长期放置，会反复剥离，而使掌子面不稳定。因此在施工中断时，要采取正面喷射混凝土的稳定措施。

在砂层、卵砾石层中有地下水时，涌水会造成围岩流失，甚至出现塌陷等事故。砂的粒径分布对有无流砂现象有很大的影响。

3）含水透镜体

当隧道掘进方向的上方及前方有饱和土存在，成分多为粉细砂及其他粉土类物质，此种地层又不连续，周围被渗透系数较小的黏性土层包围，形成透镜体，水源主要为上水或下水管道渗漏水。当地下工程施工揭露或扰动，可能会产生突发性的涌水。

4）膨胀性围岩

软弱的黏土质岩，因围岩强度小、细粒成分多（内摩擦角小）较易发生膨胀性地压，这些岩石有第三纪的泥岩、页岩等。

第三纪黏土岩的成岩时间较短，成岩程度低，加之新构造隆起使埋藏深度变浅和沉积后的古风化作用，导致岩体工程性质弱化。

第三纪黏土岩的力学性质均受水的影响较大，具有饱和软化、干燥收缩、吸水崩解特征，属易软化岩石，黏土岩在浸水、失水的交替作用下，力学强度将很快降低。

膨胀岩土地区的地下结构，不仅要承受一般的岩土压力，还要承受结构周围膨胀岩土因含水率增大而产生的附加应力即侧向膨胀压力。因此准确计算侧向膨胀压力是决定膨胀岩土结构安全稳定和经济合理的关键。

开挖断面及导坑断面宜选用圆形，分部开挖时，各开挖断面形状应光滑，自立时间不能满足施工要求时，宜采用超前支护。全断面开挖、导坑及分部开挖时，应根据施工监控的收敛量和收敛率安设锚杆，分层喷射混凝土，必要时分层布筋，应使各层适时形成封闭型支护，并考虑各断面之间的相互影响，开挖时适当预留收敛量。早期变形过大时，宜采用可伸缩支护，设置封闭型永久支护，设置时间由施工监控的收敛量及收敛率决定。

3. 暗挖法施工所需参数

（1）表层填土的组成、性质及厚度，隧道通过土层的性状、密实度及自稳性。

（2）提供围岩分级与可挖性分级，并分析其稳定性。

（3）结构范围内是否存在破碎带、松散围岩、废弃工程残留物等，并分析其对施工的影响。

（4）重点查明有无古河道或使开挖面产生突发性涌水与坍塌的含水透镜体、地表水体。查明饱和粉土和粉细砂层的分布范围及位置，并分段分部位评价涌砂、流砂产生的可能性及防治措施。

（5）水位高于结构底板，必须采取措施降低地下水水位，地层可能产生固结沉降，需对土层进行固结试验。

（6）地下管线的分布与现状；附近建筑物的基础形式、埋深及其基底压力。

（7）构造破碎带、含水松散围岩、膨胀性围岩、岩溶现状、可能产生岩爆的围岩、有地热温泉有害气体等的围岩。

暗挖法的主要勘察项目和参数如表 5.6 所示。

暗挖法主要勘察项目及参数 表 5.6

项目	勘察内容	项目	勘察内容
地貌	滑坡地貌	力学性质	岩体的弹性模量
	偏压地貌		土体的变形模量与压缩模量
地质构造	地层分布、产状		泊松比
	断层褶皱		N_{10}、N、$N_{63.5}$
	岩体结构		静止侧压力系数
岩、土性质	岩性名称、状态	物理性质	基床系数
	岩相		动弹性模量、动剪切模量
	裂隙		含水量
	风化变质		液限、塑限
	固结程度		黏粒含量与颗分曲线
地下水	地下水类型		密度、孔隙比
	地下水水位与水量		围岩的纵横波速
	渗透系数	矿物组成及工程特性	矿物组成
	水质分析		浸水崩解度
力学性质	无侧限抗压强度		吸水率、膨胀率
	抗拉强度		热物理指标
	黏聚力、内摩擦角	其他	围岩分级、土石工程分级酸碱度

（三）盾构法的勘察要求

1. 盾构法的勘察质量安全要点

盾构法施工隧道的勘察，应为解决选定隧道轴线位置、确定隧道在陆地及江、河、湖、海大水体下的最小覆盖层厚度及其纵断面、盾构类型及盾构正面支撑、开挖、盾构施工方法及联络通道等附属建筑的施工方法、衬砌结构及竖井等地下结构的设计、不良地质条件下施工阶段和运营中的工程问题预测、辅助施工方法、环境保护等工程问题提供勘察资料。具体包括：

（1）查明高灵敏度、高塑性的软土层及强透水性的松散粉性土、砂性土的分布、性质，评价上述地基土对隧道盾构施工时可能产生的各种影响，并提出相应的防治措施；

（2）查明区间隧道经过的土层中是否存在不良地质问题，并分析其对工程设计施工可能产生的不利影响和潜在威胁，提供预处理方案，并为防治工程的设计和施工提供计算参数和必要的资料；

（3）对旁通道等附属结构的地质特性应重点查明；

（4）查明阻碍盾构正常推进的障碍物，如桩基础、地下构筑物等；

（5）提供盾构施工所需要的有关参数（如渗透系数、静止侧压力系数、无侧限抗压强度、三轴 UU 试验强度、地层抗力系数、不均匀系数及 d70，测定地下水的 pH 值、氯离子、硫酸根离子的含量），对盾构施工提出合理建议；

（6）查明沿线河流的河床断面形态、河底淤泥的厚度、场地的地形、地貌。

2. 盾构法施工可能存在的岩土工程问题

（1）根据已有工程经验，为确保盾构掘进顺利进行及减少对环境的不利影响，应防止以下现象发生：

1）掘进面失稳，引起地面坍塌；

2）顶进阻力大难以顶进，或遇障碍物无法顶进；

3）掘进时土层损失大，导致地面沉降超过控制标准。

（2）类似工程经验表明，土性条件对区间隧道施工影响较大如：

1）盾构掘进设备选型与土层性质有关；

2）盾构掘进施工参数与土层性质有关；

3）盾构掘进引起的地面沉降与土性有关。

（3）隧道设计施工对不同土层应注意以下问题：

根据上述分析及经验，仅从土性角度考虑，隧道掘进宜穿越单一土层，且优先选择黏土或粉质黏土。隧道设计施工对不同土层应注意以下问题：

1）遇软弱黏性土时：因具有高含水量、高压缩性、低强度，高灵敏度特点，具较明显的触变、流变特性，在动力的作用下，极易破坏土体结构，使强度骤然降低，故应适当控制顶进速率；另外高塑性土易粘着盾构设备或造成管路堵塞，使开挖难以进行。

2）遇浅部松散粉土、砂土时：因粉土或砂土在水力作用下极易产生流土、流砂、坍塌等现象，导致掘进面不稳定，对隧道盾构的施工产生较大的不利影响，尤其应注意土层突发性的涌水和流砂会引起地面沉降，严重时会随着地层空洞的扩大引起地面的突然塌陷。

3）遇中密、密实粉土时：顶进阻力大，施工设备所受扭矩大，需采取加泡沫的方法降低土体强度。

4）当开挖面进入软硬组合的复合地层时：应注意软弱层排水引起地层下沉，并造成盾构在线路方向上的偏离。

5）应注意卵石地层的颗粒级配，及粒径较大的卵石含量与分布，颗粒级配主要影响盾构掘进速度，大粒径卵石的存在可能造成盾构掘进工法的失效。

6）应注意地层可能含有的有害气体对掘进的不利影响。

7）盾构下穿地表水体时，需注意地表水与地下水的水力联系，分析施工过程中漏水、突水的可能。

3. 盾构法施工所需参数

（1）重点查明以下地层的分布：开挖面内的黏性土夹层或透镜体的分布；灵敏度高的软土层；透水性强及含承压水的松散砂层；高塑性黏土层；含卵石或漂石存在的地层。

（2）黏性土层需提供土层的黏聚力、塑性指数、黏粒含量等。

(3) 砂及碎石土层：提供颗粒级配与颗分曲线、曲率系数、最大粒径与一般粒径、碎石土的充填成分与胶结程度、颗粒的母岩成分、强度等。当采用破碎排土时，应进行破碎试验，查明碎石土的强度。

(4) 提供各土层的物理指标及渗透系数，为注浆压力、注浆配比提供依据。

(5) 在隧道开挖范围是否存在工程废弃物、有害气体等。

盾构法的主要勘查项目和参数如表 5.7 所示。

盾构法主要勘察项目表　　　　　　　表 5.7

项 目	勘察内容	项 目	勘察内容
地形	丘陵、台地、洼地等	力学性质	泊松比
地层组成	地层分类		静止侧压力系数
	地层构造		基床系数
	地层中充水洞穴、透镜体及障碍物		N_{10}、N、$N_{63.5}$
地下水	地下水位	物理性质	含水量、重度、孔隙比、相对密度
	孔隙水压力		颗粒分析与颗分曲线（含砾石、砂、粉砂、黏土量；d_{50}、d_{60}/d_{10}、最大粒径；砾石形状、尺寸与硬度）
	渗透系数		液限、塑限
	水质分析		
	流速、流向		灵敏度
力学性质	无侧限抗压强度	其他	围岩波速
	黏聚力、内摩擦角		土的化学组成
	压缩模量、压缩系数		有害气体的成分、压力与含量

第四节　岩　土　参　数

地铁工程属于大型项目，涉及的工点类型多、专业多、工程量大。建筑类型有车站、区间、车辆段、施工竖井、区间联络通道、渡线等多种建筑形式；敷设方式又可以分为高架、地面、地下三种，车辆段一般又包括建筑部分、线路部分。而地下线路和车站的施工又包括多种施工方法，有明（盖）挖法（含铺盖法）、暗挖法（PBA 工法、矿山法）、盾构法等。

（一）参数要求

地铁工程作为大型的公建工程，不同类型工点的参数要求不完全一致，但一般应首先满足以下参数要求：

1. 地基强度分析参数

除需了解沿线地层空间分布规律及一般物理指标（含水量、密度、相对密度）、力学指标（黏聚力、内摩擦角、压缩模量与压缩系数）外，还需查明基底或桩基以下是否存在软弱下卧层，重点提供基底以下各土层的压缩模量、压缩系数、垂直基床系数、地基土的极限承载力、地基承载力标准值（车站与车辆段）、地基土的容许承载力（区间、施工竖井）。对于桩基，还需查明不同类型桩基的极限侧摩阻力标准值、桩端持力土层的极限端阻力标准值。

2. 边坡稳定分析参数

除需了解沿线地层空间分布规律及一般物理指标（含水量、密度、相对密度）、力学指标（黏聚力、内摩擦角、压缩模量与压缩系数）外，还需查明基坑侧壁饱水夹层、软弱夹层的分布；地面荷载引起的附加压力与附加变形。重点提供地表至基底下一定深度范围内的各土层的内摩擦角及黏聚力、黏性土的无侧限抗压强度、静三轴（固结不排水剪）、静止侧压力系数、泊松比等、地下水位及含水岩组的分布规律与特征，对于锚杆支护体系，还需提供各土层与混凝土的摩擦系数、土体与锚固体之间的粘结强度标准值等。

3. 变形分析参数

除需了解沿线地层空间分布规律及一般物理指标（含水量、密度、相对密度）、力学指标（黏聚力、内摩擦角、压缩模量与压缩系数）外，还需验算地基基础沉降、桩基沉降、基坑边坡位移、支护结构变形、降水引起的地基沉降、地铁施工引起的沉降时，需提供各土层压缩模量、变形模量、压缩系数、水平基床系数与垂直基床系数、回弹模量、泊松比、土的固结应力历史等指标。

4. 工法（含加固措施）所需参数

明（盖）挖施工过程中，需查明是否具备放坡开挖的条件及边坡坡度容许值；暗挖法施工和盾构施工过程中，需及时进行导管注浆、管棚支护、旋喷加固等围岩加固措施，因此需提供土层的渗透系数、孔隙比、颗粒级配与颗分曲线、密度、黏聚力、抗剪强度、围岩分级与土石工程分级等指标。对于冻结法施工以及空调通风等设计，还需提供土层的热物理指标等。

5. 结构抗震设计参数

需提供场地土地类型与场地类别、抗震设防烈度、卓越周期、地震基本加速度、设计地震分组、饱和粉土与砂土的液化可能性及其液化指数、地基土动力参数等。

6. 地下水影响分析参数

地下水影响分析包括基坑突涌与流砂产生的可能性分析、结构抗浮与防渗设计、建筑材料的抗腐蚀性要求、施工过程中地下水处理措施等，为此需按工点提供地下水类型及其埋深、含水岩组特征、渗透系数、影响半径、弹性释水系数、导水系数、给水度、地下水的边界条件、水的腐蚀性结果、历年最高水位、抗浮设防水位等。

7. 材料腐蚀性参数

钢筋混凝土结构设计中需提供地下水、地表水、地下水位以上土的腐蚀性参数。

8. 通风散热参数

需提供土层热物理指标。

9. 配电设计参数

需提供电阻率指标。

(二) 岩土参数分析

1. 岩土参数的选用

岩土参数应根据工程特点和地质条件选用,并按下列内容评价其可靠性和适用性:
(1) 取样方法和其他因素对试验结果的影响;
(2) 采用的试验方法和取值标准;
(3) 不同测试方法所得结果的分析比较;
(4) 测试结果的离散程度;
(5) 测试方法与计算模型的配套性。

2. 岩土参数的统计要求

岩土参数的统计应符合下列要求:
(1) 岩土的物理力学指标,应按场地的工程地质单元和层位分别统计;
(2) 应按下列公式计算平均值、标准差和变异系数;
(3) 分析数据的分布情况并说明数据的取舍标准;

$$\phi_m = \frac{\sum_{i=1}^{n} \phi_i}{n} \tag{5.1}$$

$$\sigma_f = \sqrt{\frac{1}{n-1}\left[\sum_{i=1}^{n} \phi_i^2 - \frac{(\sum_{i=1}^{n} \phi_i)^2}{n}\right]} \tag{5.2}$$

$$\delta = \frac{\phi_f}{\phi_m} \tag{5.3}$$

式中 ϕ_m ——岩土参数的平均值;
σ_f ——岩土参数的标准差;
δ ——岩土参数的变异系数。

3. 相关图件绘制

主要参数宜绘制沿深度变化的图件,并按变化特点划分为相关型和非相关型。需要时应分析参数在水平方向上的变异规律。

相关型参数宜结合岩土参数与深度的经验关系，按公式（5.4）和（5.5）确定剩余标准差，并用剩余标准差计算变异系数。

$$\sigma_r = \sigma_f \sqrt{1-r^2} \tag{5.4}$$

$$\delta = \frac{\sigma_r}{\phi_m} \tag{5.5}$$

式中　σ_r——剩余标准差；
　　　r——相关系数；对非相关型，$r = 0$。

4. 岩土参数标准值的确定

岩土参数的标准值可按公式（5.6）和（5.7）确定：

$$\phi_k = \gamma_s \phi_m \tag{5.6}$$

$$\gamma_s = 1 \pm \left\{ \frac{1.704}{\sqrt{n}} + \frac{4.678}{n^2} \right\} \tag{5.7}$$

式中　γ_s——统计修正系数。

式中正负号按不利组合考虑，如抗剪强度指标的修正系数应取负值。统计修正系数γ_s也可按岩土工程的类型和重要性、参数的变异性和统计数据的个数，根据经验选用。

5. 岩土工程勘察报告中岩土参数值的提供

一般情况下，应提供岩土参数的平均值、标准差变异系数、数据分布范围和数据的数量。

（三）岩土参数及其应用

通过前面章节的分析，可以看出地铁工程所涉及的参数极其复杂。

1. 常规参数及应用

常用岩土参数汇总表　　表 5.8

指标类型	参数名称	符号	单位	说　明
基本物理性质指标	含水量	w	%	用于计算其他物理学力性质指标；评价土的承载力；评价土的冻胀性
	相对密度	d_s	—	用于计算其他物理力学参数
	密度	ρ	g/cm³	用于计算其他物理力学性质指标；计算土的自重压力；计算地基的稳定性和地基土的承载力；计算土压力；计算斜坡稳定性
	重度	γ	kN/m³	
	浮重度	γ'	kN/m³	
	干密度	ρ_d	g/cm³	用于计算其他物理力学性质指标；评价土的密度；控制填土的回填质量
	孔隙率	E	—	计算压缩系数和压缩模量；评价土的密实度和土的承载力
	孔隙比	N	%	
	最大干密度	ρ_{dmax}	g/cm³	控制回填土的回填质量及夯实效果
	最小干密度	ρ_{dmin}	g/cm³	
	饱和度	S_r	%	划分砂土的湿度，评价地基承载力
	电阻率	ρ	Ω·m	用于配电设计

第四节 岩 土 参 数

续表

指标类型	参数名称	符号	单位	说　明
可塑性指标	液限	w_L	%	进行黏性土的分类；划分黏性土状态；评价黏性土的承载力；评价土的力学性质
	塑限	w_P	%	
	塑性指数	I_P	—	
	液性指数	I_L	—	
	含水比	U	—	评价老黏土和红黏土的承载力
颗粒组成	粘粒含量	P_c	%	评价粉土层的液化性；盾构施工时产生泥饼的可能性
	界限粒径	d_{60}	mm	评价砂土的级配情况；估计土的渗透系数；评价砂土粉土的液化可能性；大粒径卵石对盾构开挖的影响；评价注浆加固的可行性
	平均粒径	D_{50}	mm	
	中间粒径	D_{30}	mm	
	有效粒径	D_{10}	mm	
	不均匀系数	C_u	—	
	曲率系数	C_c	—	
压缩指标	压缩系数	a_{1-2}	—	计算地基变形；评价土的承载力
	压缩模量	E_s	MPa	
	压缩指数	c	—	
	先期固结压力	P_c	—	评价土的应力状态和压密状态
	固结系数	C_s	—	计算沉降时间及固结度
抗剪强度指标	黏聚力	c	kPa	计算承载力；评价地基稳定性；计算边坡稳定性
	内摩擦角	ϕ	度	
	无侧限抗压强度	q_u	kPa	评价土的承载力；估计土的抗剪强度
	灵敏度	S_t	—	评价软土的结构性
动力特性指标	动弹性模量	E_d	kPa	测定土的动力特性，进行场地的动力稳定性分析
	动剪变模量	G_d	kPa	
岩石物理力学指标	吸水率	w_1	—	测定岩石的吸水能力
	饱和吸水率	w_2	—	测定岩石在较大压力下的吸水能力
	抗压强度	R	MPa	评价岩石地基的承载力
	软化系数	K_R	—	评价岩石耐风化、耐水浸的能力
水文地质参数	渗透系数	k	cm/s	评价地层的渗透性；进行阻降水方案的设计

2. 其他参数及应用

（1）剪切指标

在建筑基坑设计中边坡或基底的稳定性验算和支护结构的土压力计算所需的土的抗剪强度指标（摩擦角、黏聚力）是关键参数，可通过多种试验方法确定。工程中多采用静三轴试验（Triaxial Shear Test，TXT）和直剪试验（Direct Shear Test，DST），对应不同的试验条件，又分为不同的试验方法。

在一般情况下，土的抗剪强度指标（摩擦角、黏聚力）取剪切试验的峰值，对二次破坏工况应考虑残余强度。取得指标的试验方法应尽可能符合工程师对工况（潜在破坏形式）的预测。直剪试验、静三轴试验均宜根据不同的工况分析需要进行设计，通过分析合理选用相应试验结果。

剪切性能试验　　　　　　　　　　表 5.9

试验种类	试验方法	说　　明
直剪试验	快剪 q	适用于加荷速率快，排水条件差，厚度大的饱和黏土条件
	固结快剪 cq	适用于一般建筑物地基的稳定性评价
	慢剪 S	适用于加荷速率慢，排水条件好，施工工期长的条件
三轴试验	不固结不排水剪 UU	适用于施工加荷速率快，超孔隙水压力难以消散的黏土工况
	固结不排水剪 CU	适用于一定条件下已固结排水，但应力增加时不排水的土层
	固结排水剪 CD	适用于排水条件好的土体，施工速度慢，施工期不产生超孔隙水压力的条件。是取得有效应力指标的相对最可靠的方法

(2) 热物理指标

地铁工程中用到的热物理指标主要有导热系数、导温系数、比热容，测定热物理性能试验方法较多，各种不同的方法都有一定的适用范围。常用的热物理指标的测定方法有热源法、热线法和热平衡法。三个热物理指标的相互关系如公式（5.8）所示：

$$\alpha = 3.6 \frac{\lambda}{C\rho} \tag{5.8}$$

式中　α——导温系数（m^2/h）；

λ——导热系数（W/m·K）；

ρ——密度（kg/m^3）；

C——比热容（kJ/kg·K）。

地铁工程中，热物理参数主要用于通风设计、冷冻法施工设计中。相应的测试方法及公式可参考相关标准规范的有关规定。

(3) 基床系数

基床系数是地铁地下工程设计的重要参数，其数值的准确性关系到工程的安全性和经济性；对于没有工程经验积累的地区需要进行现场试验和专题研究，当有成熟地区经验时，可通过原位测试、室内试验结合地区经验综合确定：

基床系数是地基土在外力作用下产生单位变形时所需的应力，也称弹性抗力系数或地基反力系数，一般可表示为公式（5.9）：

$$K = P/S \tag{5.9}$$

式中　K——基床系数（MPa/m）；

P——地基土所受的应力（MPa）；

S——地基的变形（m）。

基床系数与地基土的类别（砾状土、黏性土）、土的状况（密度、含水量）、物理力学特性、基础的形状及作用面积受力状况有关。基床系数的确定方法如下：

地基土的基床系数 K 可由原位荷载板试验（或 K30 试验）结果计算确定。考虑到荷载板尺寸的影响，K 值随着基础宽度 B 的增加而有所减小。

对于砾状土、砂土上的条形基础：

$$K = K_1 \left(\frac{B+0.305}{2B}\right)^2 \tag{5.10}$$

对于黏性土上的条形基础：

$$K = K_1 \left(\frac{0.305}{B}\right) \tag{5.11}$$

式中 K_1——0.305m 宽标准荷载板的标准基床系数或 K30 值。

地铁工程中基床系数主要用来进行地基梁计算、衬砌配筋计算、路基计算、支护结构计算等。基坑深度范围内一般进行水平基床系数试验，基底以下土层一般考虑进行垂直基床系数试验。有关基床系数的试验方法及取值等可参见相关标准规范的有关规定。

（4）桩的设计参数

对于高架敷设方式的轨道工程，一般采用桩基础，部分地下车站设有中间柱时，一般会采用柱下桩基方案，当地下水埋深较浅时，考虑地下结构的抗浮问题，可能设置抗浮桩。

根据规范要求，高架区间线路桩的设计参数依据《铁路桥涵地基和基础设计规范》TB 10002.5—2005 提供桩的极限摩阻力 f_i、地基土的容许承载力 σ、地基系数的比例系数 m 和 m_0。

高架车站、车站中柱桩、抗浮桩的设计参数依据《建筑桩基础规范》JGJ 94—2008 提供桩的极限侧阻力标准值 q_{sik}、极限端阻标准值 q_{pk}、地基土水平抗力系数的比例系数 m、桩的抗拔系数 λ。

（5）地基承载力

对于地铁工程中的地面建筑、路基工程，地基承载力是极为重要的参数，岩土工程勘察报告中要根据不同的要求提供相应的地基承载力参数。

地面建筑依据《岩土工程勘察规范》GB 50021—2001（2009 年版）、《建筑地基基础设计规范》GB 50007—2011 及地方的房建规范标准提供地基承载力。

路基工程依据《铁路工程地质勘察规范》TB 10012—2007 等铁路系统的规范标准提供地基承载力。

第五节　场地地震效应评价

场地和地基的地震效应是指地震时，在地基岩土中传播的地震波引起地基土体振动，振动引起土体附加变形，造成场地和地基（或影响层）发生变化或破坏的综合效应。这些效应主要有：场地和地基的失稳或失效，如液化、震陷、坍滑等；断裂、地基土层错动；局部地形、地质构造的变化等。

我国地处世界上两个最活跃的地震带，东濒环太平洋地震带，西部和西南部是欧亚地震带所经过的地区，地震活动区域的分布范围广、地震的震源浅，是世界上多震国家之一。我国的三百多个大中城市中有一半位于基本设防烈度为 7 度或以上的地区，特别是北京、天津、西安等一批重要城市，都位于基本设防烈度为 8 度的高烈度地震区。地铁属于重大工程，为国家标准《建筑工程抗震设防分类标准》GB 50223—2008 中所规定的甲类建筑，一旦发生地震破坏，会造成重大政治、经济和社会影响，因此，进行场地和地基地震效应的岩土工程勘察对地铁工程的抗震安全至关重要。

1. 地震效应对地铁工程的影响

（1）砂土液化：砂土液化造成地基土承载力、抗剪强度的突然丧失，一方面可使地基软化、空虚，造成地面沉陷、地基不均匀沉降、建构筑物倾斜、开裂等；另一方面使基坑侧壁土层、围岩丧失自稳能力，液化产生的涌水、涌砂极易造成塌方事故。

（2）震陷：震陷会导致土层加密，土体下沉、塑性区扩大或强度降低，而导致地面或地下结构的下沉、开裂等；对基坑以及围岩的稳定性也有较大影响。

（3）断裂或地层的错动：地震时，断裂或地层的错动具有突然性，易造成结构、尤其地下隧道等的变形、剪裂等。

2. 地铁工程地震效应评价参数

（1）抗震设防烈度等于或大于 6 度的地区，应进行场地和地基地震效应的岩土工程勘察，并应根据国家批准的地震动参数区划和有关的规范，提出勘察场地的抗震设防烈度、和设计特征周期分区等。应确定场地类别、进行液化判别、划分对抗震有利、不利或危险的地段。

（2）场地土类型划分、建筑场地类别划分、地基土液化判别，地下铁道、轻轨交通工程构筑物应执行现行国家标准《铁路工程抗震设计规范》GB 50111—2006（2009 年版）的有关规定。凡对地面建筑物，应执行现行国家标准《建筑抗震设计规范》GB 50011—2010。按国家标准《建筑抗震设计规范》GB 50011—2010 规定，土层等效剪切波速的计算深度取场地覆盖层厚度与 20m 两者的较小值；按国家标准《铁路工程抗震设计规范》GB 50111—2006（2009 年版）规定，土层等效剪切波速的计算深度应取地面或一般冲刷线以下 25m，并不得小于基础地面下 10m。

（3）勘察场地的抗震设防烈度、设计地震分组、设计基本地震加速度可依据国家标准《建筑抗震设计规范》GB 50011—2010 中附录 A 查询。当场地位于地震动参数区划图分界线附近或跨越分界线时（如北京地铁昌平线二段工程（十三陵景区～南邵）），抗震设防烈度以及相关地震设计参数宜进行专项研究或以地震安全性评价结论为准。设计特征周期可依据国家标准《建筑抗震设计规范》GB 50011—2010 中表 5.1.4-2 选取。

（4）在确定场地类别时，当覆盖层厚度或等效剪切波速值处于分界线附近时（如某场地覆盖层厚度大于 50m，等效剪切波速值为 243～255m/s），场地类别宜结合地震安全性评价结论或根据区域经验综合确定，此时，设计特征周期 T_g 亦可内插取值。

（5）地面下存在可液化土层（饱和砂土和饱和粉土）时，除 6 度外，应进行场地液化判别。分别依据国家标准《建筑抗震设计规范》GB 50011—2010 中 4.3.4 条和公式 4.3.4、国家标准《铁路工程抗震设计规范》GB 50111—2006（2009 年版）中 4.0.2 条和附录 B 计算判别。

（6）凡判别为可液化的土层、应按现行国家标准《建筑抗震设计规范》GB 50011—2010 以及《铁路工程抗震设计规范》GB 50111—2006（2009 年版）的规定确定其液化指数、液化等级以及液化土力学指标折减系数。勘察报告除应阐明可液化的土层、各孔的液化指数外,尚应根据各孔液化指数综合确定场地液化等级。

(7) 抗震设防烈度等于或大于 7 度的厚层软土分布区,宜判别软土震陷的可能性和估算震陷量。

(8) 地铁工程属于抗震设防要求较高的重大工程,宜进行专项地震安全性评价。

(9) 场地为抗震不利或危险地段或场地附近有滑坡、滑移、崩塌、塌陷、泥石流、采空区等不良地质作用时,应进行专门研究。

第六章 勘察手段与方法

岩土工程勘察手段与方法主要包括工程地质调查与测绘；工程地质钻（挖）探与取样；原位测试；地球物理勘探；岩土试验等，这些都是获取地铁岩土工程勘察成果所依据的第一手资料的基础性工作和方法，直接影响到成果的真实性、准确性、经济性和安全性。

第一节 工程地质调查与测绘

工程地质调查与测绘，就是采用室内收集资料、现场调查访问、地质测量、航测、遥感解译等方法，查明拟建场地的工程地质要素，并绘制相应的工程地质图件、编制相关说明的工作。

（一）方法

1. 搜集资料

收集线路及其车站附近的各种已有资料，包括城建、矿产、市政、水文等工程资料，并对其进行分析、研究，在此基础上编写《工程地质调查与测绘纲要》。

2. 实地踏勘

对于没有更多的资料可以借鉴的新区，也要尽可能地选择在线路范围及其邻近或有关的地段，进行实地踏勘，以了解工作区内的工程地质条件、交通、经济等，为合理地布设实测剖面位置、观察路线、拟定工作重点、统一要求、统一工作的方法提供依据。

3. 物探

对线路所处第四系覆盖地段，根据国内一些地铁建设的经验，宜先使用地球物理勘探的方法进行探测，但要对其解译的成果，要在实地选择性地进行验证，根据验证结果，反过来修正、完善解译成果，并提供实测地质剖面和必要的岩土测试资料。

4. 地质调查

基岩裸露、半裸露区，宜采用路线地质追索法与横穿法相结合进行调查与测绘，在局部第四系覆盖区域，必要时可进行适量的勘探与测试。

5. 编图

当地质条件简单时，或收集到的既有地质资料比较充分时，可采用编图方法进行，但要注意的是，编图地段应有剖面总数的 1/3 的现场实测地质剖面或经现场实地验证，且尽可能分布均匀，这主要是考虑地形地物的历史变迁。

6. 填图

地质条件复杂，宜采用填图的方法进行，地质观察点的布置应满足下列要求：
(1) 地质观察点应布置在不同类型的地质界线上；
(2) 在不良地质现象和特殊地质分布地段内，应布置适量的地质观察点；
(3) 地质观察点应充分利用岩石露头，例如：人工采石场、路堑、建筑基坑、基槽、冲沟、基岩裸露等，它们可以提供有关岩土体的工程地质性状，包括岩性、物质成分、粒度、层序、岩石风化程度、岩体结构类型、构造类型、结构面形态及其力学性质、地下水等；
(4) 当地质体隐蔽时或天然露头、人工露头稀少时，应根据具体情况，选择适宜的手段，布置一定数量的勘探与测试工作，包括挖探和小型钻探；
(5) 地质观察点的密度，应根据技术要求、地质条件的复杂程度和成图比例尺等因素综合确定，其密度应能控制不同类型的地质界线和地质单元体的变化。

(二) 范围

(1) 应按拟规划的线路、附属建（构）筑物及其邻近地段开展工作；
(2) 以线路中线向两侧扩展宽度：一般规定车站、弯道部位不少于 100m，直线段不应少于 50m；
(3) 为满足线路方案比选和附属建（构）筑物选址的需要所确定的地段及其扩展宽度；
(4) 因地铁工程的建设可能诱发地质灾害（泥石流、滑坡）所能影响的范围；
(5) 为研究和解决对地铁工程建设有影响的不良工程地质和特殊地质所扩展的范围；
(6) 受断裂构造、地下富水区、放射性矿体、污染土以及地下已有工程等的影响，对线路的稳定性、适宜性产生直接或潜在的危害的地段；
(7) 建筑物的基础已影响地铁线路的合理埋深时的地段；
(8) 当需要比较河道两岸工程地质条件时确定的范围；
(9) 当地质条件特别复杂时，所确定的扩大调查与测绘的范围。

(三) 比例尺和精度

(1) 工程地质测绘比例尺的选择和精度，应与地铁工程设计的需要及工程地质条件的复杂程度有关，同时，宜与本地区在城区规划、勘察、设计、施工等常用比例尺和精度的要求相一致，以利于使用。
(2) 为了达到精度要求，在测绘工作中习惯采用比提交成果大一级的地形图作为工程地质测绘的底图；或者直接采用城区建设常用的 1∶500 的比例尺地形图作底图，待外业完成后根据设计需要可缩成提交成果图所需要的比例尺图件，以提高测绘精度。
(3) 在可行性研究勘察阶段选用 1∶1000～1∶2000 的比例尺；
初步勘察阶段或详细勘察阶段选用 1∶500～1∶1000 的比例尺；

工程地质条件复杂地段应适当放大比例尺。

（4）在可行性研究勘察阶段地层单位划分到"阶"或"组"，岩体年代单位划分到"期"；

初步勘察阶段或详细勘察阶段均划分到"段"；

第四系应划分不同的成因类型，时代应划分到"统"。

（5）地质界线、地质观察点测绘在图面上的位置误差，不应大于图面比例尺 2mm。

（6）地质单元体在图上的宽度等于或大于 2mm 时，均应在图上表示；有特殊意义或对工程有重要影响的地质单元体，在图面上宽度小于 2mm 时，应采用超比例尺方法适当扩大标示，并加以说明。

第二节 工程地质勘探与取样

工程地质勘探是根据地铁岩土工程勘察的目的和要求，利用动力机械和钻具向指定的地层进行钻孔的施工工作，借助于钻探直接取得拟定深度和直径的岩芯、土样、水样、气样等实物样品，用以分析鉴定地质岩层及构造，确定土的物理力学性质和地层形成年代，或者钻凿专门供长期观测地下水位动态变化的钻孔；是为岩土工程师提供第一手资料的主要途径，现场勘探的质量会影响岩土工程师对地质条件的判断，对工程建设质量和安全有直接影响。

（一）方法及适用范围

地铁岩土工程勘察的钻探方法根据工艺不同可分为回转钻探、冲击钻探、锤击钻探、振动钻探、冲洗钻探等，具体适用范围参见表 6.1。

钻探方法的适用范围　　　　　　　　　　　　表 6.1

钻进方法		钻进地层					勘察要求	
		黏性土	粉土	砂土	碎石土	岩石	直观鉴别，采取不扰动试样	直观鉴别，采取扰动试样
回转	螺纹钻探	○	△	△	—	—	○	—
	无岩芯钻探	○	○	○	△	△	—	—
	岩芯钻探	○	○	○	△	○	○	○
冲击钻探		—	△	○	○	—	—	○
锤击钻探		○	○	○	△	—	○	○
振动钻探		○	○	○	△	—	△	○
冲洗钻探		△	○	—	—	—	—	○

注：○代表适用；△代表部分情况适用；—代表不适用。

另，在建筑物密集、地下管网复杂等工程周边环境条件下，可采用挖探的方法查明地下情况。对卵石、碎石、漂石、块石等粗颗粒土钻探难以查明岩土性质或需要做大型原位测试时，应采用井探或槽探的方法。

对于为查明浅层软土分布或软土地区的暗浜时，可采用小螺纹钻。

（二）取样方法及适用范围

岩土试样根据其扰动情况可分为Ⅰ、Ⅱ、Ⅲ、Ⅳ四个等级，不同室内试验对试样的扰动等级要求不同，具体参见表 6.2。

土试样质量等级　　　　　　　　　　　　　　　　　　　表 6.2

级　别	扰动程度	试验内容
Ⅰ级	不扰动	土类定名、含水率、密度强度试验、固结试验
Ⅱ级	轻微扰动	土类定名、含水率、密度试验
Ⅲ级	显著扰动	土类定名、含水率试验
Ⅳ级	完全扰动	土类定名

注：不扰动土样是指虽然土的原位应力状态改变，但土的结构、密度、含水率变化很小，可满足各项室内试验要求的土样。

岩土试样根据其质量等级不同，需采取的取样方法不同，具体取样方法的适用性参见表 6.3。

不同等级土试样的取样工具和方法　　　　　　　　　　　表 6.3

土试样质量等级	取样工具和方法		适用土类									砾砂、碎石土、软岩
			黏性土					粉土	砂土			
			流塑	软塑	可塑	硬塑	坚硬		粉砂	细砂	中砂	粗砂	
Ⅰ	薄壁取土器	固定活塞	++	++	+	—	—	+	+	—	—	—	—
		水压固定活塞	++	++	+	—	—	+	+	—	—	—	—
		自由活塞	—	+	++	—	—	+	+	—	—	—	—
		敞口	+	+	+	—	—	+	+	—	—	—	—
	回转取土器	单动三重管	—	+	++	++	+	++	++	++	—	—	—
		双动三重管	—	—	—	+	++	—	—	—	++	++	+
	探井（槽）中刻取块状土样		++	++	++	++	++	++	++	++	++	++	++
Ⅱ	薄壁取土器	水压固定活塞	++	++	+	—	—	+	+	—	—	—	—
		自由活塞	+	++	++	—	—	+	+	—	—	—	—
		敞口	++	++	+	—	—	+	+	—	—	—	—
	回转取土器	单动三重管	—	+	++	++	+	++	++	++	—	—	++
		双动三重管	—	—	—	+	++	—	—	—	++	++	++
	厚壁敞口取土器		+	++	++	++	+	++	+	+	+	—	—
Ⅲ	厚壁敞口取土器 标准贯入器 螺纹钻头 岩芯钻头		++ ++ ++ ++	++ ++ ++ ++	++ ++ ++ ++	++ ++ ++ ++	++ ++ ++ ++	++ ++ ++ ++	++ ++ ++ ++	++ ++ ++ ++	++ ++ ++ +	++ ++ — +	— ++ — +
Ⅳ	标准贯入器 螺纹钻头 岩芯钻头		++ ++ ++	++ ++ ++	++ ++ ++	++ ++ ++	++ ++ ++	++ ++ ++	++ ++ ++	++ ++ ++	++ ++ ++	++ — ++	++ — ++

注：++代表适用；+代表部分适用；—代表不适用；采取砂土试样应有防止试样失落的补充措施；有经验时，可用束节式取土器代替薄壁取土器。

(三) 质量安全要点

(1) 当需要查明岩土的性质和分布，采取岩土试样或进行原位测试时，可采用钻探、井探、槽探、洞探等方法，方法的选取，应符合勘察目的和岩土的特性。

(2) 布置钻探工作时，应考虑钻探对工程自然环境的影响，并应了解各种地下管线、地下构筑物的分布情况，防止对地下管线、地下工程和自然环境的破坏。

(3) 钻孔、探井、探槽经工作量验收后，应及时并妥善回填，以免发生安全事故；

(4) 岩土试样的采取方法，应结合地层条件、岩土试验技术要求确定；

(5) 进行钻探、井探、槽探和洞探时，应设置专职或兼职安全员，并采取有效的安全施工措施，确保施工安全。

第三节 原 位 测 试 技 术

在岩土体所处的位置，基本保持岩土原来的结构、湿度和应力状态，对岩土体进行的测试称为原位测试。原位测试是为岩土工程师提供第一手资料的重要途径，原位测试没有按照规范进行操作，造成测试数据失真，会导致岩土工程师对地层的力学性质产生误判，直接影响工程建设质量和安全。

对于难以取得高质量原状土样的土类（软塑—流塑软土、砂类土、碎石土），应主要通过原位测试的试验方法取得试验指标，并基于其试验指标与土的工程性质的研究结果（相关关系），评价土的工程性能，确定岩土工程设计参数。有些土类虽然可以取得原状土样，但因取样后的条件变化等，其试验结果与实际之间仍然存在差异，因此应积极推进原位测试方法。

地铁岩土工程勘察常用的原位测试技术有：标准贯入试验、圆锥动力触探试验、波速测试、电阻率测试、载荷试验、静力触探试验、十字板剪切试验、旁压试验、扁铲侧胀试验、现场直接剪切试验、岩体原位应力测试。

（一）标准贯入试验

1. 试验简介

标准贯入试验是在钻孔内的预定深度采用 63.5kg 锤、落距 76cm 自由落锤，预击 15cm 后，记录每 10cm 和累计 30cm 的锤击数（N 值），并可通过对开管式的贯入器（split-barrelsampler）采集扰动样。

2. 适用范围

标准贯入试验适用于砂土、粉土、黏性土、残积土、全风化岩及强风化岩密实程度的评估。对于地下工程，主要通过标准贯入击数 N 估算不排水抗剪强度，砂性土密实程度、内摩擦角等参数、指标。

3. 质量安全要点

(1) 进行标准贯入试验宜采用泥浆护壁回转钻进工艺；
(2) 进行试验前应检查贯入器的完好程度，确保设备规格参见表6.4；
(3) 数据记录准确。

标准贯入设备规格　　　　　　　表6.4

部件		参数	数值
落锤		锤的质量（kg）	63.5
		落距（cm）	76
贯入器	对开管	长度（mm）	>500
		外径（mm）	51
		内径（mm）	35
	管靴	长度（mm）	50~76
		刃口角度（°）	18~20
		刃口单刃厚度（mm）	1.6
钻杆		直径（mm）	42
		相对弯曲	<1/1000

（二）静力触探试验

1. 试验简介

静力触探试验是按固定速率静力压入圆锥形触探器，根据触探器的传感器测定贯入阻力及孔隙水压力等。试验触探器见图6.1，记录信息见图6.2。静力触探有单桥探头（测定比贯入阻力 p_s）、双桥探头（同时测定锥尖阻力 q_c、侧壁摩阻力 f_s）或带孔隙水压力量测（CPTu，或称 piezoconetest，同时测定贯入时的孔隙水压力 u）的单、双桥探头。静力触探试验记录的信息如图6.2所示。

图6.1　试验触探器

2. 适用范围

静力触探试验适用于软土、一般黏性土、粉土、砂土和含少量碎石的土，可用于估算黏性土状态、不排水抗剪强度、砂性土密实程度、内摩擦角等参数，估算地基承载力。

3. 质量安全要点

(1) 试验前应率定探头。
(2) 进行静力触探试验时贯入速度应均匀。
(3) 当贯入深度较大时，应采取措施防止孔斜或断杆。

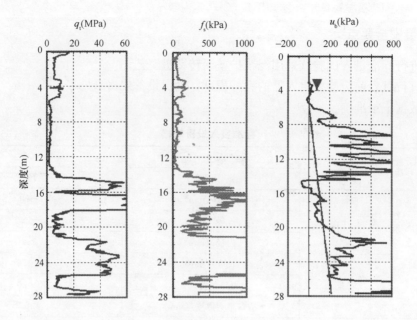

图 6.2 静力触探试验记录信息

(三) 十字板剪切试验

1. 试验简介

十字板剪切试验是将十字形板以静力压入至试验深度后,匀速转动十字板板叶,通过测得转动扭矩峰值,换算成十字板抗剪强度(C_u),反向旋转转至稳定可测得破坏后残余强度C_r。装置参见图 6.3。试验方法参见《岩土工程勘察规范》GB 50021—2001(2009 年版)、《Standard Test Method for Field Vane Shear Test in Cohesive Soil》ASTM D 2573—2008。

图 6.3 现场十字板剪切试验装置

2. 适用范围

十字板剪切试验适于确定饱和软黏性土($\phi \approx 0$)的不排水抗剪强度和灵敏度($S_t = C_u/C_r$)。

3. 质量安全要点

(1) 十字板头插入钻孔底的深度,影响测试成果,不应小于钻孔或套管直径的 3~5 倍。

(2) 十字板插入至试验深度后，至少应静止 2～3min，方可开始试验。

(3) 扭转剪切速率，应考虑能满足在基本不排水条件下进行剪切，宜采用（1°～2°）/10s，并应在测得峰值强度后，继续测记 1min。

（四）旁压试验

1. 试验简介

旁压试验分为预钻和自钻两类成孔—试验方法。试验时，将旁压仪腔体置入土体中，通过测定不同压力下的腔体膨胀量确定土的临塑压力（P_f）和极限压力（P_L），并可计算旁压模量（E_m）为评定地基土承载力和地基变形特性。旁压试验要求可参见《岩土工程勘察规范》GB 50021—2001（2009 年版）、《Standard Test Methods for Prebored Pressuremeter Testingin Soils》ASTM D 4719—2007。旁压试验装置参见图 6.4。

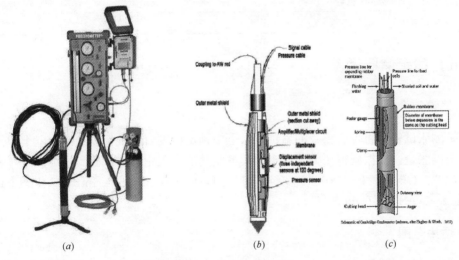

图 6.4　旁压试验装置
（a）PMT 设备；（b）预钻式 PMT 探头；（c）自钻式 PMT 探头

2. 适用范围

旁压试验适用于黏性土、粉土、砂土、碎石土、残积土、极软岩和软岩等。可用于评定地基土的承载力、估算土的旁压模量、旁压剪切模量、水平基床系数；估算软黏性土不排水抗剪强度和砂土内摩擦角；估算基础沉降、单桩承载力。

3. 质量安全要点

(1) 在饱和软黏性土层中，宜采用自钻式旁压试验，在试验前，宜通过试钻，确定最佳回转速率、冲洗液流量、切屑器的距离等技术参数。

(2) 成孔质量，是预钻式旁压试验成败的关键，成孔质量差，会使旁压曲线反常失真，无法使用。为保证成孔质量，要注意以下几点：

1) 孔壁垂直、光滑、呈规划圆形，尽可能减少对孔壁的扰动；

2) 软弱土层（易发生缩孔、坍孔）用泥浆护壁；

3) 钻孔孔径，应略大于旁压器外径，一般宜大 2~8mm。

(3) 加荷等级的选择，是一个重要的技术问题，一般可根据土的临塑压力或极限压力而定，不同土类的加荷等级，可按表 6.5 选用；

旁压试验加荷等级表　　　　　　　　　　　　表 6.5

土 的 特 征	加荷等级（kPa）	
	临塑压力前	临塑压力后
淤泥、淤泥质土、流塑黏性土和粉土、饱和松散的粉细砂	≤15	≤30
软塑黏性土和粉土、疏松黄土、稍密很湿粉细砂、稍密中粗砂	15~25	30~50
可塑—硬塑黏性土和粉土、黄土、中密—密实很湿粉细砂、稍密—中密中粗砂	25~50	50~100
坚硬黏性土和粉土、密实中粗砂	50~100	100~200
中密—密实碎石土、软质岩	≥100	≥200

（五）扁铲侧胀试验

1. 试验简介

扁铲侧胀试验是将带有膜片的扁铲压入土中预定深度，充气使膜片向孔壁土中侧向扩张至设定侧胀量，根据测得压力获得土的模量及其他有关指标。试验要求可参考《岩土工程勘察规范》GB 50021—2001（2009 年版）、《Test Method for Performing the Flat Plate Dilatometer》ASTM D 6635—2001。

2. 适用范围

扁铲侧胀试验适用于软土、一般黏性土、粉土、黄土和松散—稍密的砂土。利用侧胀土性指数 ID，可划分土类，黏性土的状态；利用侧胀模量，可计算饱和黏性土的水平不排水弹性模量；利用侧胀水平应力指数 KD 可确定土的静止侧压力系数等。

3. 质量安全要点

(1) 每孔试验前后，均应进行探头率定，取试验前后的平均值为修正值。

(2) 试验时，应以静力匀速将探头贯入土中，贯入速率宜为 2cm/s；试验点间距可取 20~50cm。

（六）圆锥动力触探试验

1. 试验简介

动力触探（圆锥）试验方法与标准贯入试验方法基本相似，标准重量的落锤以固定落距贯入土层，根据贯入击数评判土层性质，所不同的是动力触探探头为实心。

根据锤重、落距差别，动力触探又分为轻型动力触探、重型及超重型动力触探等多种类型，参见图 6.5 和表 6.6。

圆锥动力触探试验类型 表 6.6

类 型		轻 型	重 型	超重型
落锤	锤的质量（kg）	10	63.5	120
	落距（cm）	50	76	100
探头	直径（mm）	40	74	74
	锥角（°）	60	60	60
探杆直径（mm）		25	42	50~60
贯入指标	深度（cm）	30	10	10
	锤击数	N_{10}	$N_{63.5}$	N_{120}

2. 适用范围

轻型动力触探试验适用于一般黏性土及填土。重型动力触探试验和超重型动力触探试验适用的岩土层为：强风化、全风化的硬质岩石，各种软质岩石及砂、圆砾（角砾）和卵石（碎石），可用于判断地层的密实度和内摩擦角。

3. 质量安全要点

（1）采用自动落锤装置以确保重锤落距符合标准。

（2）触探杆最大偏斜度不应超过 2%，锤击贯入应连续进行；同时防止锤击偏心、探杆倾斜和侧向晃动，保持探杆垂直度；锤击速率每分钟宜为 15~30 击。

图 6.5 动力触探设备

（3）每贯入 1m，宜将探杆转动一圈半；当贯入深度超过 10m，每贯入 20cm，宜转动探杆一次。

（七）载荷试验

1. 试验简介

载荷试验是在原位条件下，向真型或缩尺模型基础加荷，并观测地基（或基础）随时间而发展的变形的一项原位测试方法（见图 6.6）。载荷试验包括平板载荷试验和螺旋板载荷试验。

2. 适用范围

浅层平板载荷试验适用于浅层地基土；深层平板载荷试验适用于深层地基土和大直径

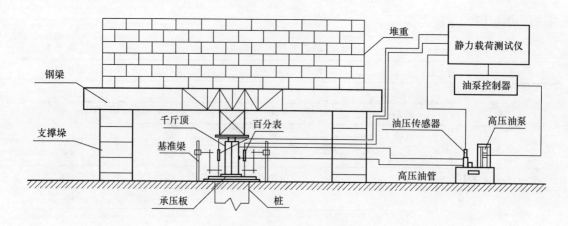

图 6.6 载荷试验示意图

桩的桩端土;螺旋板载荷试验适用于深层地基土或地下水位以下的地基土。深层平板载荷试验的试验深度不应小于 3m。

载荷试验可用于评定地基土的承载力,估算土的变形参数,估算土的基床系数,估算饱和软黏性土的不排水抗剪强度。

3. 质量安全要点

(1) 浅层平板载荷试验的试坑宽度或直径,不应小于承压板宽度或直径的三倍;深层平板载荷试验的试井直径应等于承压板直径。当试井直径大于承压板直径时,紧靠承压板周围土的高度,不应小于承压板直径。

(2) 试坑或试井底的岩土应避免扰动,保持其原状结构和天然湿度,并在承压板下铺设不超过 20mm 的砂垫层找平。

(3) 载荷试验加荷方式,应采用分级维持荷载沉降相对稳定法(常规慢速法);有地区经验时,可采用分级加荷沉降非稳定法(快速法)或等沉降速率法;加荷等级宜取 10~12 级,并不应少于 8 级,荷载量测精度不应低于最大荷载的 ±1%。

(八) 现场直接剪切试验

1. 试验简介

现场直接剪切试验是根据岩土体在工程中的实际受力状态在试洞、试坑、探槽或大口径钻孔内采用平推法、斜推法或楔形体法施压推力,测试岩土体的原位剪切指标的试验方法。

2. 适用范围

现场直接剪切试验,可用于岩土体本身、岩土体沿软弱结构面和岩体与其他材料接触面的剪切试验,可分为岩土体试体在法向应力作用下沿剪切面破坏的抗剪断试验;岩土体剪断后沿剪切面继续剪切的抗剪试验(摩擦试验);法向应力为零时岩体剪切的抗切试验。

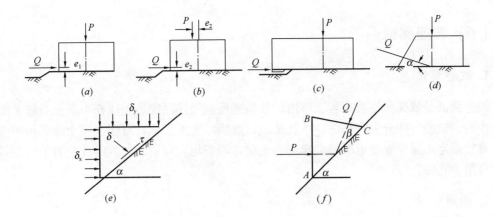

图 6.7　不同现场直剪方法示意

3. 质量安全要点

（1）保持岩土样的原状结构不受扰动。

（2）施加的法向荷载、剪切荷载，应位于剪切面、剪切缝的中心；或使法向荷载与剪切荷载的合力，通过剪切面的中心，并保持法向荷载不变。

（3）最大法向荷载，应大于设计荷载，并按等量分级；荷载精度，应为试验最大荷载的±2%。

（九）岩体原位应力测试

1. 试验简介

岩体原位应力测试，就是在不改变岩体原始应力条件的情况下，在岩体原始的位置进行应力量测的方法。岩体应力测试适用于无水、完整或较完整的均质岩体，分为表面、孔壁和孔底应力测试。一般是先测出岩体的应变值，再根据应变与应力的关系计算出应力值。测试的方法有应力解除法和应力恢复法。

2. 适用范围

岩体应力测试适用于无水、完整或较完整的岩体。可采用孔壁应变法、孔径变形法和孔底应变法测求岩体空间应力和平面应力。孔壁应变法、孔径变形法和孔底应变法选用应根据岩土条件、设计对参数的需要、地区经验和测试方法的适用性等因素综合确定。

3. 质量安全要点

（1）测试岩体原始应力时，测点深度应超过应力扰动影响区；在地下洞室中进行测试时，测点深度应超过洞室直径的2倍。

（2）岩芯应力解除后的围压试验应在24小时内进行；压力宜分5～10级，最大压力应大于预估岩体最大主应力。

（3）在测点测段内，岩性应均一完整；测试孔壁、孔底应光滑、平整、干燥。

(十) 波速测试

1. 试验简介

波速测试是依据弹性波在岩土体内的传播速度，间接测定岩土体在小应变条件下的动弹性模量。试验方法分为跨孔法、单孔法或面波法。在工程上，对于多层土体系可用跨孔法，直接测定不同深度处土层的波速。当土层软硬变化大和层次较少时或基岩上为覆盖层时，可用单孔法。

2. 适用范围

波速测试适用于任何地层，主要通过的是地层的剪切波速、纵波波速，通过计算可以求得地层的动弹性模量和动剪切模量。

波速测试可用于划分场地土类型，计算场地卓越周期，判别地基土液化的可能性，判定碎石土的密实度，评价地基土加固的效果，估算地层承载力等。

利用岩体纵波速度与岩石单轴极限抗压强度对比划分围岩类别，确定岩石风化程度。

3. 质量安全要点

（1）单孔法波速测试应将三分量检波器固定在孔内预定深度处，并紧贴孔壁。

（2）跨孔法测试，孔间距在土层中宜取 2~5m，在岩层中宜取 8~15m，测点垂直间距，置于同一地层的相同标高处。

（3）进行波速测试的钻孔应选择杂填土厚度较小、离地下管线有一定距离的地段进行。

(十一) 地温测试

1. 试验简介

地温测试可采用钻孔法、贯入法、埋设温度传感器法，地温长期观测宜采用埋设温度传感器法。

2. 适用范围

地下结构或冻结法施工时宜进行地温测试，测试点宜布设在隧道上下各一倍洞径深度范围；发现有热源影响区域，采用冻结法施工或设计有特殊要求的部位应布置测试点。

3. 质量安全要点

（1）温度传感器的测量范围宜为 $-20\sim100℃$，测量误差不宜大于 $\pm0.5℃$，温度传感器和读数仪使用前应进行校验。

（2）在钻孔中进行瞬态测温时，地下水位静止时间不宜少于 24h，稳态测温时，地下水位静止时间不宜少于 5d；重复测量应在观测后 8h 内进行，两次测量误差不超过 $0.5℃$。

（3）贯入法测试时，温度传感器插入孔底的深度不应少于钻孔或套管直径的 3~5 倍，并应静止 5~10 分钟后，方可开始测试。

(4) 地温长期观测周期应根据当地气温变化确定。

(十二) 电阻率测试

1. 试验简介

土壤电阻率是土壤的一种基本特性,是土壤在单位体积内的正方体相对两面间在一定电场作用下对电流的导电性能。一般取 $1m^3$ 的正方体土壤电阻率为该土壤电阻率。

土壤电阻率的测量方法很多,如地质判定法、双回路互感法、自感法、线圈法、偶极法以及四电极测深法。实际工作中常采用四电极测深法。

2. 测试目的

测量土壤电阻率的目的是为了进行有效的接地设计,故一般只对接地装置所在的土壤层进行测量,不考虑土壤电阻率的深度变化。

3. 质量安全要点

(1) 接地体的埋设深度一般取 5～10m,也可根据实际基础埋深来确定。
(2) 四根极棒应布设在一条直线上。
(3) 各极棒打入地下深度不应超过极棒间距的 1/20。
(4) 应在干燥季节或天气晴朗多日后进行现场测试。

第四节 地球物理勘探

地球物理勘探(简称物探),是利用物理学的基本原理和现代科学技术的新成就来解决地铁建设工程地质问题的各种方法的总称。常见地球物理勘探以浅层地震、声波测定为主,此外,还常用电法、磁法、放射性勘探和测井等方法。与钻探相比,它具有成本低、工效高的特点,但同时也存在着多解性、城市电磁干扰等缺陷。

地铁岩土工程勘察的物探工作主要用于解决断裂构造,基岩起伏探查,山岭隧道勘探,钻孔间地质信息加密以及由于钻探无法实施地段的探查。表 6.7 为常见物探方法的适用情况,在勘察过程中要选用多种方法综合的物探手段,并积极与钻孔成果相互验证。

地球物理勘探方法应用范围表　　　　表 6.7

方法名称		应用范围
直流电法	自然电场法	1 探测隐伏断层、破碎带; 2 测定地下水流速、流向
	充电法	1 探测地下洞穴; 2 测定地下水流速、流向
	电阻率测深法	1 探测基岩埋深,划分松散沉积层序和基岩风化带; 2 探测隐伏断层、破碎带; 3 探测地下洞穴; 4 探测含水层分布; 5 探测地下或水下隐埋物体; 6 测定沿线大地导电率和牵引变电所土壤电阻率

续表

方　法　名　称		应　用　范　围
直流电法	电阻率剖面法	探测隐伏断层、破碎带
	高密度电阻率法	1 探测基岩埋深，划分松散沉积层序和基岩风化带； 2 探测隐伏断层、破碎带； 3 探测地下洞穴； 4 探测含水层分布； 5 探测地下或水下隐埋物体
	激发极化法	1 探测隐伏断层、破碎带； 2 探测地下洞穴； 3 划分松散沉积层序； 4 测定潜水面深度和含水层分布； 5 探测地下或水下隐埋物体
交流电法	频率测深法	1 探测基岩埋深，划分松散沉积层序和基岩风化带； 2 探测隐伏断层、破碎带； 3 探测地下洞穴； 4 探测河床水深及沉积泥沙厚度； 5 探测地下或水下隐埋物体； 6 探测地下管线
	电磁感应法	1 探测基岩埋深； 2 探测隐伏断层、破碎带； 3 探测地下或水下隐埋物体； 4 探测地下洞穴； 5 探测地下管线
	地质雷达法	1 探测基岩埋深，划分松散沉积层序和基岩风化带； 2 探测隐伏断层、破碎带； 3 探测地下洞穴； 4 探测地下或水下隐埋物体； 5 探测河床水深及沉积泥沙厚度； 6 探测地下管线
	跨孔电磁波 层析成像（CT）法	1 探测岩溶洞穴； 2 探测隐伏断层
地震波法	折射波法	1 探测基岩埋深，划分松散沉积层序和基岩风化带； 2 探测河床水深及沉积泥沙厚度
	反射波法	1 探测基岩埋深，划分松散沉积层序和基岩风化带； 2 探测隐伏断层、破碎带； 3 探测地下洞穴； 4 探测河床水深及沉积泥沙厚度； 5 探测地下或水下隐埋物体
	跨孔透射波 层析成像（CT）法	1 探测小煤窑采空洞穴； 2 探测隐伏断层、破碎带； 3 划分松散沉积层序及基岩风化带
	瑞雷面波法	1 探测基岩埋深，划分松散沉积层序和基岩风化带； 2 探测隐伏断层、破碎带； 3 探测地下洞穴； 4 探测地下管线

续表

方法名称		应用范围
地震波法	TSP法	1 探测隧道掌子面前方地层界线； 2 探测隧道掌子面前方断层、破碎带； 3 探测隧道掌子面前方岩溶发育情况
	声纳浅层剖面法	1 探测河床水深及泥沙厚度； 2 探测地下或水下隐埋物体
地球物理测井 （含电测井、放射性测井、电视测井、声波测井、地震压缩波测井、地震剪切波测井等）		1 划分地层界线； 2 划分含水层； 3 测定潜水面深度和含水层； 4 划分场地土类型和类别； 5 计算动弹性模量、动剪切模量及卓越周期等； 6 测定放射性辐射参数； 7 测定土对金属的腐蚀性
红外辐射法		1 探测热力管道； 2 探测断层、破碎带； 3 探测地下热水

第五节 岩土室内试验

地铁岩土工程勘察的室内试验包括土的物理性质试验、土的力学性质试验、岩石试验、动力性质试验、基床系数试验和热物理试验。岩土室内试验的试验方法、操作和采用的仪器设备应符合现行国家标准《土工试验方法标准》GB/T 50123—1999 和《工程岩体试验方法标准》GB/T 50266—99 等的有关规定。

（一）土的物理性质试验

土的物理性质试验主要用于测定颗粒级配、土粒相对密度、天然含水率、天然密度、塑限、液限、有机质含量等，如表 6.8 所示。

土的物理性质试验及获取参数一览表　　　　表 6.8

序号	试验名称	试验方法	获取参数	符号
1	含水率试验	烘干法	含水量（率）	w
		酒精燃烧法		
		比重瓶法		
		炒干法		
2	密度试验	环刀法	密度	ρ
		蜡封法		
		灌水法		
		灌砂法		

续表

序号	试验名称	试验方法	获取参数	符号
3	土粒相对密度试验	比重瓶法	土粒相对密度	d_s
		浮称法		
		虹吸筒法		
4	颗粒分析试验	筛析法	特征粒径、不均匀系数、曲率系数、粘粒含量	d_{10}、d_{30}、d_{50}、d_{60}、d_{70}、C_u、C_c、ρ_c
		密度计法		
		移液管法		
5	界限含水率试验	液、塑限联合测定法	塑限、液限、塑性指数、液性指数	w_p、w_L、I_P、I_L
		碟式仪液限试验		
		滚搓法塑限试验		
		收缩皿法缩限试验		
6	砂的相对密实度试验	—	相对密实度	D_r
7	有机质试验	—	有机质含量	W_u

（二）土的力学性质试验

土的力学性质试验包括固结试验、直剪试验、三轴压缩试验、无侧限抗压强度试验、静止侧压力系数试验、回弹模量试验和渗透试验，如表 6.9 所示。

土的力学性质试验及获取参数一览表　　　表 6.9

序号	试验名称	试验方法	获取参数	符号
1	固结试验	标准固结试验	压缩模量、压缩系数、压缩指数、回弹指数、固结系数	E_s、a_v、C_c、C_s、C_v
		应变控制连续加荷固结试验		
2	直接剪切试验	慢剪试验	黏聚力、内摩擦角	c、φ
		固结快剪试验		
		快剪试验		
		砂类土的直剪试验		
3	三轴压缩试验	不固结不排水剪	黏聚力、内摩擦角	c、φ
		固结不排水剪		
		固结排水		
		一个试样多级加荷试验		
4	无侧限抗压强度试验	—	无侧限抗压强度、灵敏度	q_u、S_t
5	静止侧压力系数试验	—	静止侧压力系数	k_0
6	回弹模量试验	杠杆压力仪法	回弹模量	E_e
		强度仪法		
7	渗透试验	常水头渗透试验	渗透系数	k
		变水头渗透试验		

(三) 岩石试验

岩石的试验包括颗粒密度、块体密度、吸水性试验、软化或崩解试验、膨胀试验、抗压、抗剪、抗拉试验等。

(1) 单轴抗压强度试验，应分别测定干燥和饱和状态下的强度，并提供极限抗压强度和软化系数。岩石的弹性模量和泊松比，可根据单轴压缩变形试验测定。对各向异性明显的岩石，应分别测定平行和垂直层理面的强度；

(2) 岩石三轴压缩试验，宜根据其应力状态选用四种围压，并提供不同围压下的主应力差与轴向应变关系、抗剪强度包络线和强度参数 c、φ 值；

(3) 岩石直接剪切试验，可测定岩石以及节理面、滑动面、断层面或岩层层面等不连续面上的抗剪强度，并提供 c、φ 值和各法向应力下的剪应力与位移曲线；

(4) 岩石抗拉强度试验，可在试件直径方向上，施加一对线性荷载，使试件沿直径方向破坏，间接测定岩石的抗拉强度；

(5) 当间接确定岩石的强度和模量时，可进行点荷载试验和声波速度测试。

(四) 动力性质试验

岩土的动力性质试验包括动三轴试验、动单剪试验或共振柱试验。共振柱试验可用于测定小动应变时的动弹性模量和动阻尼比，动三轴和动单剪试验，适用分析测定土的下列动力性质：

(1) 动弹性模量、动阻尼比及其与动应变的关系；用动三轴仪测定时，在施加动荷载前，宜在模拟原位应力条件下，先使土样固结。动荷载的施加，应从小应力开始，连续观测若干循环周数，然后逐渐加大动应力。

(2) 既定循环周数下的动应力与动应变关系。

(3) 饱和土的液化剪应力与动应变循环周数关系，当出现孔隙水压力上升达到初始固结压力时，或轴向动应变达到 5% 时，即可判定土样液化。

(五) 基床系数试验

基床系数是地基土在外力作用下，产生单位变位时所需的应力，也称为弹性抗力系数，或地基反力系数。基床系数与地基土的类别（砾状土、黏性土），土的状况（密度、含水量），物理力学特性、基础形状及作用面积受力状况有关。

在室内宜采用三轴试验或固结试验的方法测得地基土的基床系数。但两种试验方法，须经大量对比试验后，再行评价。

(1) 三轴试验法是将土样经饱和处理后，在 K_0 状态下固结，对一组土样分别做不同应力路径下的三轴试验（慢剪），得到应力与变形关系曲线，求得初始切线模量或某一割线模量，定义为基床系数。

(2) 固结试验法是根据固结试验中测得的应力与变形的关系来确定基床系数。

(六) 热物理系数试验

岩土的热物理性能，与密度、湿度及化学成分有关，实际工作中常采用面热源法、热线比较法及热平衡法三种方法，测定岩土的热物理性能。

（1）面热源法是在被测物体中间作用一个恒定的短时间的平面热源，则物体温度将随时间而变化，其温度变化是与物体的性能有关。通过求解导热微分方程，并通过试验测出有关参数。

（2）热线比较法是在被测岩土与已知导热系数试材之间，设置一根细长的金属丝，当加热丝通电以后，温度就会升高。温度升高的快慢，是与被测材料的导热系数有关，可以通过试验测出有关系数。

（3）测定岩土的比热容，是按热平衡方法进行计算。通过试验测出有关参数后，经计算得到岩土的比热容。

第七章　勘察纲要(大纲)与勘察报告

勘察纲要（大纲）、勘察报告是勘察过程中形成的两个最主要的文件资料。地铁岩土工程勘察与一般工民建、市政工程勘察有所不同，其具有勘察工作量更大、技术要求更高、涉及内容更广泛的特点。勘察纲要（大纲）是地铁岩土工程勘察工作的方案，勘察大纲的质量和水平直接关系到勘察工作的精细程度，关系到能否满足设计施工要求。勘察报告是在充分搜集利用临近场地的相关工程地质资料和区域经验的基础上，通过野外钻探、原位测试和室内土工试验，结合地铁线路特点，经综合分析后，采用文字报告、图表等编制的岩土工程勘察文件，是设计施工的重要依据。

第一节　勘察纲要（大纲）

（一）编制目的和依据

1. 编制目的

（1）严格控制勘察设计工作量及技术要求，确保勘探质量满足设计条件要求；
（2）为外业钻探机组人员的操作提供依据与标准。

2. 编制依据

（1）岩土工程勘察合同；
（2）岩土工程勘察委托书；
（3）岩土工程勘察任务通知书；
（4）场地地形图、线路图、纵断图、建筑总平面图；
（5）搜集的各类勘察、设计、施工资料；
（6）相关标准规范。

（二）纲要（大纲）内容

1. 工程概况

一般应包括工程名称、委托单位名称、勘察阶段、总体工程及勘察区段概况、位置、环境条件概述、车站和线路区间敷设类型、设计荷载、结构类型、尺寸、基础底板埋深（或标高）、地下结构顶板埋深（或标高）及覆盖土层厚度、初步拟定的施工方法等内容。

根据不同的结构类型尚需包括下列内容：
（1）地下车站包括起止及中心里程、长度、宽度、基础埋深、主体结构类型；

(2) 地下区间线路包括线路起止里程、线路类型、线间距，联络通道、竖井、盾构始发（接收）井的位置及结构设计尺寸；

(3) 高架车站、线路包括跨距、墩柱或桩设计荷载，高架区间跨越的铁路线、公路线、河流等；

(4) 地面线路包括路基（路堤、路堑）及支挡结构物的设计条件。

2. 设计要求

设计条件对工程岩土工程勘察所提出的技术要求。如须执行的规范、依据、需提供的参数、注意事项等。

3. 场地已有勘察、设计、施工资料

(1) 工程名称、工程地点、勘察编号、勘察单位、勘察时间、与本场地距离。

(2) 地下水概况：上层滞水、潜水、承压水的水位标高和相对深度。

(3) 土层综合描述（参考地层）：层号、成因年代、岩性名称、主要物理力学性质。

4. 踏勘记录

(1) 地形地物

地形：指拟建场地现在地面平坦程度、地面变迁史、近代可见的或掩埋的河、湖、沟、坑、塘的走向、分布范围、深度、掩埋时间、回填土的种类、回填方法，地面积水及排水条件等。

地物：指拟建场地现有各种建筑物（临时的、永久的）及各种构筑物；各种树木、绿地、各种堆积物（包括临时的、长期的、永久的）。

(2) 场地空中设施

指拟建场地空中架设、制约开展勘察现场工作的（临时的、长期的、永久的）高、低压电线、通信电线及各种交通空架设施等。

(3) 场地地下设施

指拟建场地地面下埋设的（临时的、长久的、永久的）各种设施：如上下水管道、电力通信电缆、人防工事等及其走向、范围、埋深、结构类型、竣工时间等。

(4) 钻探进场条件

5. 勘察执行技术标准、规范名称（略）

勘察所需执行的相关国家规范（规程）、行业规范（规程）、地方规范（规程）。

6. 勘探点设计

勘探点位置、性质、孔数、钻孔深度、野外技术要求。野外技术要求包括取样要求、原位测试要求、水位观测要求。

7. 钻探工艺要求及其他

(1) 钻探要求：工程主持人应按拟定的钻孔设计方案（孔数、孔深）、技术要求、参考地层等设计出科学合理的钻探工艺、指定钻机类型。

(2) 注意事项及其他：提示机组在钻探时应注意的事项，如终孔直径，记录钻进中出现的塌孔、缩孔、涌砂等现象，及钻探安全工作等。

8. 取样及测试试验要求

(1) 取样（土样、岩样）要求

1) 应指明需要取样的钻孔。

2) 对取样层、取样间距、取样规格（扰动样、原装样、试样尺寸、质量等）作出明确说明。

3) 对试样的试验项目作明确说明。

(2) 观测地下水位及取水样

1) 应指明观测地下水位的孔号。

2) 应指明是终孔水位还是分层水位（应注明观测水位时的孔深、含水层名称）。

(3) 原位测试要求

1) 应指明需要做原位测试的钻孔。

2) 对测试层、测试类型（轻型动力触探、标准贯入试验、重型动力触探等）、测试间距作出明确说明。

3) 对静力触探、波速测试、电阻率测试，应说明测试深度。

9. 进度计划

(1) 外业钻探进度计划

(2) 室内试验进度计划

(3) 内业整理进度计划

(4) 绘图、晒图、装订进度计划

第二节 勘 察 报 告

(一) 勘察报告编写的基本要求

1. 报告文件的编制标准

报告编制应做到内容全面，条理清晰，重点突出，编排合理，文字与表格、图件相符，装订成册，方便阅读和存档。

2. 插表与附表编制要求

插表是支持文字说明的表格，附表是汇总、统计各类岩土参数的表格。对勘察过程中所取得的所有岩土参数进行分类、汇总、统计之后列表表示，不宜将试验室或原始表格不加统计直接列入勘察报告之内，土工试验等原始报告可以作为报告附件列在勘察报告之后。

3. 插图与附图编制要求

插图是支持文字说明的图件,附图是直接反映勘察成果的图件。附图主要包括:区域地质图、勘探点平面布置图、工程地质剖面图与断面图、原位测试成果图、抽水试验综合成果图、钻孔柱状图、岩芯照片等。

4. 附件编制要求

对重要的支持性内容(如岩矿鉴定等宜附上的原始资料)可作为附件列在勘察报告之后。

5. 图件要求

按地铁勘察要求,在断面图的绘制方面,将按照线路走向将钻孔投影到线路的右线上,断面图上还应标示典型地形、地物与站位、轨道顶底板标高、线路方向等重要内容。

6. 报告文件的分册

初步勘察报告可按工程地质单元或线路的敷设方式分段编制;详细勘察报告可按工点进行编制并分册装订。

(二) 勘察报告的基本内容及格式

各阶段勘察报告的内容均需满足规范、设计和施工的要求,宜包括正文和附件两部分。

1. 报告正文

(1) 前言
前言部分宜包括报告的编制总说明、使用说明、任务来源等内容。
(2) 拟建工程概述
宜重点叙述线路的走向、敷设方式、结构形式、施工方法、环境条件等。
(3) 勘察目的、任务与要求
根据勘察阶段的,说明相应阶段勘察的主要任务和内容。
(4) 勘察依据
说明勘察的主要依据,包括招标文件、甲方提供文件、设计提交文件、已有的工程资料以及勘察执行规范等。
(5) 勘察工作方法与工作量
(6) 区域地质概况
包括场地自然地理条件、气候气象条件、区域构造特征、区域工程地质条件、区域水文地质条件、地表水系等。
(7) 勘察场地的地形、地貌、环境条件
本节内容除交代地形地貌外,宜重点叙述沿线的环境条件及其可能给地铁施工带来相关风险。

（8）工程地质条件

主要叙述其地层年代、成因、分布、性质、颜色、状态、密实度、压缩性等。

（9）水文地质条件

主要叙述地下水的类型、赋存、补给、径流、排泄条件、水位及其动态变化规律，地层的透水性和隔水性质、地下水的腐蚀性测试结果及历史最高水位；叙述地表水与地下水的水力联系。

（10）围岩分级及土石工程分级

（11）地震效应评价

主要包括抗震有利、不利及危险地段的划分，建筑场地土类型、场地类别划分，液化判别等。

（12）不良地质作用与特殊性岩土

说明不良地质作用与特殊性岩土的类别、分布范围、特点、主要物理力学指标等，并评价其发展趋势。

（13）参数分析评价

对报告中所提供的各项参数来源、作用、使用条件等进行概况性叙述和解释。

（14）岩土工程分析与评价

岩土工程分析与评价是在工程地质调查、勘探、测试、收集已有资料的基础上，并结合拟建工程的特点与施工方法，进行岩土工程分析评价。其中地下车站宜按车站主体、出入口、风亭、通道等；地下区间宜按隧道、联络（施工）通道、泵房、施工竖井（盾构井）等；车辆基地宜按出入段线、基地内建筑、股道分别进行岩土工程评价。

分析和评价的主要内容包括：①工程场地的稳定性与适宜性评价；②围岩稳定性、边坡稳定性评价；③地基承载力与变形分析评价；④桩基承载能力、沉降与成桩难易程度分析；⑤地下水对工程的影响分析评价；⑥特殊岩土与不良地质作用影响评价；⑦针对不同的施工方法，分析预测可能出现的工程地质问题；⑧工程与环境的相互影响评价，分析预测重要的环境风险点或危险地段。

岩土工程分析与评价是地铁岩土工程勘察工作至关重要的环节，也是工程地质勘察体制与岩土工程勘察体制的本质区别。

通过有经验的工程技术人员根据结构工程特点对岩土条件进行分析和评价，能预测设计施工中可能会出现的岩土工程问题，从而提出针对性的结论、措施建议。

（15）结论与建议

根据岩土工程分析评价结果，对设计及施工提供相应的结论与建议。

（16）其他

包括封孔情况、需要后续进一步开展的工作、遗留的问题（如：钻孔中遗留的钻具；因场地条件限制无法完成钻孔的处理办法及施工补勘建议等）。

2. 报告附件

（1）勘探点平面布置图；
（2）钻孔资料一览表；
（3）岩土物理力学性质综合统计表（将各项试验指标统计结果及建议参数列表）；

(4) 工程地质纵剖面图、工程地质横剖面图;
(5) 钻孔柱状图;
(6) 原位测试成果图表;
(7) 各种室内试验图及其他图表;
(8) 影像资料。

(三) 成果使用

岩土工程勘察成果是工程建设项目地基基础及工程方案设计与施工质量控制的法定依据。勘察报告内容主要包括建筑场地区域工程地质、区域水文地质、气候气象资料,建筑场地内的土层分布及各土层的物理力学性质、地下水分布、抗震等资料,还包括对设计施工的有关建议,是工程设计、施工的重要依据。

岩土工程勘察成果相关内容的使用要点:

1. 工程的平面位置坐标

本部分内容一般位于总平面图或报告正文、附件中坐标数据表、钻孔定位测量成果,设计施工前需核对现阶段工程平面位置坐标与勘察阶段是否一致以及钻孔定位。

2. 工程周边环境条件

本部分内容一般有专门章节叙述,内容包括工程周边一定范围内重要的市政管线、紧邻工程的地上、地下建(构)筑物,是设计施工过程中的重要设计依据。

3. 场地岩土层的空间分布及工程性质指标

本部分内容可见于报告正文部分的相关叙述、工程地质剖面图、岩土物理力学性质综合统计表、岩土特殊指标综合统计表,是设计与施工的关键基础依据。勘察报告中一般给出了各岩土参数的来源、试验方法、适用条件等,因此设计施工时,要根据具体的工况、施工方法等选用。

4. 场区地下水概况

一般位于报告正文专门叙述或相关附表,地铁以地下工程为主,基础埋深一般超过10m,甚至超过20m,且有可能穿越多层地下水,地下水对工程设计、施工的影响是个极为重要的问题,包括地下水对基础的浮力,基坑施工过程中的地下水控制等均是设计施工中十分关键的问题,同时地下水的存在直接影响着岩土体的工程特性和状态,因此场区地下水是影响设计施工的重要因素,需重点掌握各层地下水的性质、初见水位、稳定水位、地下水动态变化等。

5. 不良地质作用与特殊岩土

报告正文中有专门章节叙述,不良地质作用、地质灾害、特殊岩土是工程安全稳定的重要影响因素,因此工程设计施工应首先了解场地内有无影响工程安全的活动断裂、岩溶、滑坡、泥石流、采空区等不良地质作用和软土、湿陷性土、冻土、膨胀土等特殊岩土。

6. 岩土工程分析与评价

报告正文中有专门章节叙述，主要包括了场地的稳定性与适宜性评价、各类可能发生的工程地质问题的分析与预测、环境的影响分析评价，这些内容是基于整个场地的工程地质条件、水文地质条件、环境条件，结合工程特点，经过综合分析论证后得出的，对于设计施工具有很好的参考价值。

7. 方案与建议

一般在报告正文中有专门章节叙述，主要包括地基基础方案建议、地下水控制措施建议、基坑支护方案建议、施工建议、检测与监测建议等，方案与建议一般在工程的详细设计尚不完全具备的条件下，基于地区经验，在一定的简化和假定条件下分析提出的，因此，工程设计施工时应结合具体的设计条件，进行全面、细致的分析研究。

8. 其他建议或说明

一般在报告中会对勘察时尚不具备钻探条件的勘探点提出处理方法和建议，如提出进行施工勘察建议、超前地质预报建议或进行专家论证的建议等。

第八章 勘察后续服务

地铁工程勘察后续服务的主要目的是为了满足工程各阶段需要，密切配合建设、设计、施工单位有关勘察的各项工作，快速有效解决设计、施工过程中存在的工程地质问题。

地铁岩土工程勘察服务一般包括地质交底，设计施工配合，验槽、验洞，事故处理等内容。

工程勘察后续服务可按阶段分为设计阶段的服务、施工阶段的服务以及施工应急抢险配合服务。

第一节 设计阶段的服务

1. 定期与设计沟通，确保所使用资料为最新版本。通报勘察结果，以便设计及时掌握所需信息

目前，全国各地的地铁发展速度非常快，往往是勘察与设计同时进行，勘察时设计方案还不完全确定，勘察过程中图纸经常会发生变化，如不及时与设计单位进行沟通，容易造成勘察所用图纸与设计图纸不符，造成不必要的损失，有时不明确设计条件，造成成果不满足设计要求；另外，设计过程中往往会需要一些必要的勘察资料，因此勘察过程中向设计单位提供一些勘察阶段性成果资料也是非常有必要的。

2. 全面参与建设单位组织的勘察文件交底

根据有关规定，建设单位应当及时组织勘察单位向设计单位进行勘察文件交底，在施工前组织勘察、设计单位向施工、监理、监测等单位进行勘察、设计文件交底。勘察交底主要是勘察工程技术人员将场地的工程地质、水文地质条件以及不良地质、特殊性岩土向设计施工人员交代清楚，指出设计施工中应注意的问题，可提高设计施工人员对场地地质条件的认知程度，有效地规避地质风险。目的就在于通过交底让相关单位充分了解场地影响范围内工程地质、水文地质条件、环境条件等，分析预测施工过程中可能发生工程地质问题的地段，以引起设计施工单位足够重视，尽可能将施工过程中安全风险降至最低。

3. 及时解释或澄清使用勘察报告时发现的问题。参加有关工程地质问题的讨论或论证

勘察报告提交给设计单位后，应对设计人员在使用勘察过程中提出的疑问或发现的问题及时予以澄清、解答，并向设计人员强调在设计施工中应重点注意的工程地质问题，以引起足够的重视，必要时进行技术交底；另外地铁在穿越重要的地段，如地质条件复杂地段、重要的风险源地段,以及建设或设计单位认为有必要召开专项研究或讨论的地段,应安排专人参加,并进行必要的工程地质、水文地质条件汇报。

4. 设计方案变更后,及时依据新的设计方案进行必要的补充勘察

如前所述,进行详细勘察时,设计方案往往还未完全确定,当设计方案变化较大,勘察报告不能满足设计或规范要求时,应及时按设计要求及变更后的方案进行补充勘察。

5. 勘察报告提交后,根据设计反馈意见,对勘察报告进行完善

勘察报告提交后,按照建设或设计单位要求,对勘察报告进行施工图审查或进行专家评审,并根据施工图审查意见或专家评审意见对勘察报告进行必要的补充完善;另外,设计在使用勘察报告过程中,应随时与设计进行沟通,了解掌握设计对勘察报告的使用情况,并及时根据设计意见对勘察报告进行必要的修改完善,以满足设计要求。

第二节 施工阶段的服务

1. 及时解决施工过程中出现的工程地质问题,必要时组织召开专题研讨会

施工前,依据建设单位要求,对施工单位进行必要的技术交底。对施工过程中遇到的工程地质问题,应安排专人予以及时解决,对于比较复杂的工程地质问题应协助建设、设计、施工单位聘请相关专家进行研究讨论,必要时可建议建设、设计单位进行专项研究。

2. 勘察阶段未完成的钻孔,在具备场地条件后进行补充勘察

如前所述,地铁多穿越主城区,钻探场地条件复杂,且勘察时往往还未完成征地,受场地条件限制,造成部分钻孔不能施工。对于一些永久不能施工钻孔(即征地后仍不能完成施工的钻孔或位于非征地范围内的钻孔),可采取物探等其他手段查清地层分布情况,保证地层连续性;对于一些征地拆迁后可以补充钻探的钻孔,当场地条件具备后,应及时进场予以补充完善;分析最终确实无法完成的钻孔(如盾构区间)过多,造成钻孔间距过大时,应充分搜集已有勘察资料,组织专家论证处置措施。

3. 配合参加设计单位、施工单位组织的专项评审会、论证会

针对一些复杂的工程地质问题或重要的施工地段,如线路穿越既有地铁线路、重要的市政桥梁、地表水体等重大风险源地段,应配合参加建设、设计、施工单位组织召开的专项评审会、论证会,为施工单位制订专项施工组织方案提供必要的技术支持。

4. 配合建设、设计、施工单位进行验槽、验洞

明挖基坑,施工至基底设计标高后,应及时配合建设、设计、施工单位进行地基验槽。地基验槽是施工配合阶段的重要环节,是对勘察报告和设计文件最直接、全面的补充和检验,是施工阶段勘察人员把控地质条件的最后一道关口,是岩土工程勘察不可缺少的重要组成部分,因此需给予足够的重视。地基验槽需根据规范和地区经验,进行必要的现场测试，检查槽底土质、地下水情况是否与勘察报告相符，检查基底土质是否受冻、水浸、施工扰动以及扰动的范围和深度。通过对开挖基槽地质条件的检验和确认，检查基底是否存在勘察时未能查明的软弱土层、洞穴、古墓、古井、暗沟、防空掩体及地下埋设物，并向设计和施工提出处理意见。

暗挖隧道的施工验洞可以检验实际开挖的围岩、地下水等勘察资料的符合程度，及时发现不利围岩稳定的地质条件，提出防治措施或补充勘察建议。配合施工单位进行掌子面地层岩性结构核查，可及时发现异常地质情况的隐患。

当采用桩基础或复合地基时，在基坑开挖后，需要先检验土质情况是否与勘察报告、设计文件一致，然后再进行桩基础、复合地基施工。

5. 必要时配合建设、设计、施工单位进行施工勘察

对于地质条件复杂，原有勘察精度不能满足要求时或场地环境条件、设计施工方案发生重大变化时，还应配合设计、施工单位进行施工阶段勘察。

6. 配合建设单位进行竣工验收

参与有关方组织的竣工验收，积极配合相关单位，提供竣工验收所需的各种资料，参加各工点的竣工验收工作，并及时配合相关单位办理竣工验收所需要的工程地质勘察资料及地基验槽等资料。

第三节　施工应急抢险配合服务

地铁工程在施工过程中的影响制约因素较多，且多具有不可预见性、突发性，一旦施工过程中发生安全事故，勘察单位应配合各方做好应急抢险工作，为分析事故原因及制订有针对性的应急抢险方案提供必要的技术支持。

地铁工程施工采用不同的工法会引起不同的安全事故。当采用明（盖）挖法施工可能引起的工程事故主要包括围护结构变形过大引起的基坑坍塌、周边邻近建（构）筑物结构开裂、基坑周边地面塌陷；基坑内涌水、涌砂等。采用暗挖法施工可能引起的工程事故主要包括洞内坍塌、透水、流砂；管线断裂；地面沉降、塌陷。当采用盾构法施工时还可能会出现异常停机等。

当发生上述工程事故时，勘察单位首先应复核勘察报告中的土层划分是否与实际地层揭露相符，复核各土层岩土工程参数是否合理；其次根据抢险指挥部门要求，必要时采用地质雷达、电法、工程地质钻探等手段探查事故周边是否存在未查明的地下管线（尤其是探查是否存在雨水、污水等管线）、人防等构筑物，探查事故周边是否存在填土坑、含水透镜体、软弱松散土体、岩溶、地下空洞等不良地质体。对于采用盾构法施工引起的盾构机异常停机，还需要配合施工单位探查盾构机前方是否存在大粒径卵石、漂石层、孤石，以及是否存在桩基、人防等不明构筑物。

因此，在地铁工程施工前，勘察单位也应制订相应的应急抢险应急预案，配置应急抢险设备，并安排专人负责联系调度，根据抢险指挥部门要求及时采取相应的配合抢险措施。勘察单位应配置的主要抢险设备参见表 8.1。

勘察抢险应急设备　　　　　　　　　　表 8.1

序号	设备名称	用途	备注
1	工程钻机	地质钻探	DPP-100 型汽车钻、SH-30 型钻机、XY-100 型钻机
2	轻型动力触探	原位测试	
3	标准贯入器	原位测试	
4	洛阳铲	挖探	
5	地质雷达	物探	
6	管线探测仪	管线探测	
7	水钻	路面开孔	

第二篇 设 计

第九章 地铁工程设计

本章概要介绍地铁设计质量安全管理的内涵，各设计阶段的划分及主要设计内容，以及主要的法律法规和标准规范。

第一节 概 述

(一) 地铁工程设计的重要性

工程设计是地铁工程建设的关键环节，是合理确定项目建设规模、建设内容、建设标准，实现技术进步、控制建设投资的关键步骤。地铁工程的质量、安全、技术、经济等指标的实现，首先是在工程设计阶段，对工程质量安全、建设周期、投资效益以及投产后的经济效益和社会效益起着决定性的作用。

(二) 地铁工程设计的原则

地铁工程设计是一门涉及科学、经济、质量、安全和方针政策等各方面的综合性工作。它是根据批准的可行性研究报告（或设计任务书）所确定的线路走向、客流预测、规模、技术要求、建设条件、投资估算和经济评价等要求，遵照国家政策和法律法规、标准规范，吸收国内外先进的科学技术成果和运行经验，选择最佳建设方案进行设计，为工程建设提供设计文件和图纸。

地铁工程设计应坚持以人为本，做到安全可靠，功能合理，经济适用，低耗高效，节约能源、资源和土地，保护环境和文物古迹，做到"经济、安全、美观、适用"。

(三) 地铁工程设计与质量安全的关系

设计工作的成果是以设计文件和图纸来体现的，它是安排工程建设和组织施工的主要依据。设计成果的质量与建设工程投资、质量、安全、进度、技术水平等都有着极为密切的关系，直接影响建设项目运行后的经济效益、环境效益和社会效益。设计文件的质量特性包括：功能性、安全性、可实施性、适应性、经济性。安全性是设计文件的质量特性之一，特别对于地铁工程来讲，属于公共基础设施，安全性尤其重要。

(四) 地铁工程设计与勘察的关系

工程设计和工程勘察是地铁建设过程中两个关键阶段，相互独立，也相互关联。设计单位需要对勘察单位提出具体勘察的要求，勘察的成果文件作为设计的重要依据资料。

(五) 地铁工程设计的专业划分

地铁工程涉及专业众多,包括 18 个门类三十几个专业。基本门类划分参见表 9.1。

地铁设计基本门类划分　　　　表 9.1

序　号	专　业	序　号	专　业
1	运营组织	10	给水排水
2	线路	11	自动售检票
3	轨道与路基	12	屏蔽门
4	车站建筑	13	防灾与报警
5	结构	14	环境与设备监控
6	供电	15	控制中心
7	通信	16	电梯与自动扶梯
8	信号	17	自动化系统
9	通风、空调与采暖	18	车辆段与综合基地

主要包括以下专业:线路、限界、建筑、结构、工程筹划、供电系统及变电所、杂散电流、电力监控、声屏障、给水排水与消防、动力照明、暖通空调、智能、牵引网、工艺、车辆、屏蔽门、电扶梯、轨道、行车、路基、站场、通信、信号、自动售检票、火灾报警、设备监控、综合监控、旅客信息、门禁、办公自动化等。

第二节　阶段划分及主要内容

(一) 阶段划分

地铁工程项目设计,依次包括以下设计阶段:(预)可行性研究报告、总体设计、初步设计、施工图设计、施工配合。

对于工程复杂的项目,宜做试验段工程,试验段工程必须在总体设计指导下进行。

(二) 主要内容

1. (预) 可行性研究

通过对项目的主要内容和配套条件,如市场需求、资源供应、建设规模、线路、设备选型、环境影响、投资融资等,从技术、经济、工程等方面进行调查研究和分析比较,并对项目建成以后可能取得的财物、经济效益及社会、环境影响进行预测,从而提出项目是否值得投资和如何进行建设的分析评价意见。

2. 总体设计

总体设计也称总体规划设计,其设计任务是解决一个区域内几条线或者一条线分期建设的总体部署和重大原则问题,如总设计规模和多种建设方案合理组合,总平面规划,总建设进度以及总投资和分期投资的投资估算，以编制出最佳建设方案。

3. 初步设计

初步设计的任务是根据批准的设计任务（或可行性研究报告、总体设计方案），确定全线的设计原则、设计标准、重大技术问题，确定各专业设计方案，编制出初步设计文件与总概算。初步设计文件应符合已审定的设计方案和落实的接口条件，能据以确定土地征用、主要设备及材料的准备，以及建筑物和构筑物的搬迁、管线改移。初步设计和总概算经上级主管部门审查批准后，确定建设项目的投资额，组织主要设备订货，并作为编制施工图设计的依据。

4. 施工图设计

施工图设计是根据批准的初步设计文件及主要设备订货情况，进行施工图设计计算，绘制施工图纸并编制有关施工说明，并据以指导施工。

第三节　相关法律、法规及规范性文件

地铁工程设计相关的法律、法规和规范性文件主要是《中华人民共和国建筑法》、《建设工程质量管理条例》、《建设工程勘察设计管理条例》、《中华人民共和国注册建筑师条例》、《生产安全事故报告和调查处理条例》以及其他部门规章和规范性文件。

（一）法律

中华人民共和国建筑法（中华人民共和国主席令第 91 号）明确规定了设计单位的质量责任及行为规范。

(1) **责任和义务**

1) 建筑工程设计应当符合按照国家规定制定的建筑安全规程和技术规范，保证工程的安全性能。

2) 建筑工程设计的质量必须符合国家有关建筑工程安全标准的要求。

3) 建筑工程的设计单位必须对其设计的质量负责。设计文件应当符合有关法律、行政法规的规定和建筑工程质量、安全标准、建筑工程设计技术规范以及合同的约定。设计文件选用的建筑材料、建筑构配件和设备，应当注明其规格、型号、性能等技术指标，其质量要求必须符合国家规定的标准。

4) 建筑设计单位对设计文件选用的建筑材料、建筑构配件和设备，不得指定生产厂、供应商。

(2) **法律责任**

建筑设计单位不按照建筑工程质量、安全标准进行设计的，责令改正，处以罚款；造成工程质量事故的，责令停业整顿，降低资质等级或者吊销资质证书，没收违法所得，并处罚款；造成损失的，承担赔偿责任；构成犯罪的，依法追究刑事责任。

(二) 行政法规

1. 建设工程质量管理条例（国务院令第 279 号）的相关内容

(1) 责任和义务

1) 从事建设工程设计的单位应当依法取得相应等级的资质证书，并在其资质等级许可的范围内承揽工程。禁止设计单位超越其资质等级许可的范围或者以其他设计单位的名义承揽工程。禁止设计单位允许其他单位或者个人以本单位的名义承揽工程。设计单位不得转包或者违法分包所承揽的工程。

2) 设计单位必须按照工程建设强制性标准进行勘察、设计，并对其设计的质量负责。注册建筑师、注册结构工程师等注册执业人员应当在设计文件上签字，对设计文件负责。

3) 设计单位应当根据勘察成果文件进行建设工程设计。设计文件应当符合国家规定的设计深度要求，注明工程合理使用年限。

4) 设计单位在设计文件中选用的建筑材料、建筑构配件和设备，应当注明规格、型号、性能等技术指标，其质量要求必须符合国家规定的标准。除有特殊要求的建筑材料、专用设备、工艺生产线等外，设计单位不得指定生产厂、供应商。

5) 设计单位应当就审查合格的施工图设计文件向施工单位作出详细说明。

6) 设计单位应当参与建设工程质量事故分析，并对因设计造成的质量事故，提出相应的技术处理方案。

(2) 法律责任

1) 设计单位超越本单位资质等级承揽工程的，责令停止违法行为，对设计单位处合同约定的设计费 1 倍以上 2 倍以下的罚款。

未取得资质证书承揽工程的，予以取缔，对设计单位处合同约定的设计费 1 倍以上 2 倍以下的罚款；有违法所得的，予以没收。

以欺骗手段取得资质证书承揽工程的，吊销资质证书，对设计单位处合同约定的设计费 1 倍以上 2 倍以下的罚款；有违法所得的，予以没收。

2) 设计单位允许其他单位或者个人以本单位名义承揽工程的，责令改正，没收违法所得，对设计单位处合同约定的设计费 1 倍以上 2 倍以下的罚款。

3) 承包单位将承包的工程转包或者违法分包的，责令改正，没收违法所得，对设计单位处合同约定的设计费百分之二十五以上百分之五十以下的罚款。

4) 设计单位有下列行为之一的，责令改正，处 10 万元以上 30 万元以下的罚款，造成工程质量事故的，责令停业整顿，降低资质等级；情节严重的，吊销资质证书；造成损失的，依法承担赔偿责任。

① 设计单位未根据勘察成果文件进行工程设计的；
② 设计单位指定建筑材料、建筑构配件的生产厂、供应商的；
③ 设计单位未按照工程建设强制性标准进行设计的。

5) 注册建筑师、注册结构工程师等注册执业人员因过错造成质量事故的，责令停止执业 1 年；造成重大质量事故的，吊销执业资格证书，5 年以内不予注册；情节特别恶劣的，终身不予注册。

6) 给予单位罚款处罚的，对单位直接负责的主管人员和其他直接责任人员处单位罚款数额百分之五以上百分之十以下的罚款。

7) 设计单位违反国家规定，降低工程质量标准，造成重大安全事故，构成犯罪的，对直接责任人员依法追究刑事责任。

8) 设计单位的工作人员因调动工作、退休等原因离开该单位后，被发现在该单位工作期间违反国家有关建设工程质量管理规定，造成重大工程质量事故的，仍应当依法追究法律责任。

2. 建设工程勘察设计管理条例（国务院令第 293 号）的相关内容

(1) 责任和义务

1) 工程设计单位应当在其资质等级许可的范围内承揽建设工程设计业务。禁止建设工程设计单位超越其资质等级许可的范围或者以其他建设工程设计单位的名义承揽建设工程设计业务。禁止建设工程设计单位允许其他单位或者个人以本单位的名义承揽建设工程设计业务。

2) 国家对从事建设工程设计活动的专业技术人员，实行执业资格注册管理制度。未经注册的建设工程设计人员，不得以注册执业人员的名义从事建设工程设计活动。

3) 建设工程设计注册执业人员和其他专业技术人员只能受聘于一个建设工程设计单位；未受聘于建设工程设计单位的，不得从事建设工程的设计活动。

4) 除建设工程主体部分的设计外，经发包方书面同意，承包方可以将建设工程其他部分的设计再分包给其他具有相应资质等级的建设工程设计单位。

5) 建设工程设计单位不得将所承揽的建设工程设计业务转包。

6) 设计单位编制方案设计文件，应当满足编制初步设计文件和控制概算的需要。编制初步设计文件，应当满足编制施工招标文件、主要设备材料订货和编制施工图设计文件的需要。编制施工图设计文件，应当满足设备材料采购、非标准设备制作和施工的需要，并注明建设工程合理使用年限。

7) 设计文件中选用的材料、构配件、设备，应当注明其规格、型号、性能等技术指标，其质量要求必须符合国家规定的标准。除有特殊要求的建筑材料、专用设备和工艺生产线等外，设计单位不得指定生产厂、供应商。

8) 建设工程设计文件中规定采用的新技术、新材料，可能影响建设工程质量和安全，又没有国家技术标准的，应当由国家认可的检测机构进行试验、论证，出具检测报告，并经国务院有关部门或者省、自治区、直辖市人民政府有关部门组织的建设工程技术专家委员会审定后，方可使用。

(2) 法律责任

1) 设计单位超越资质等级许可的范围或以其他单位的名义承揽设计业务的，责令停止违法行为，处合同约定的设计费 1 倍以上 2 倍以下的罚款，有违法所得的，予以没收；可以责令停业整顿，降低资质等级；情节严重的，吊销资质证书。

未取得资质证书承揽工程的，予以取缔，处合同约定的设计费 1 倍以上 2 倍以下的罚款；有违法所得的，予以没收。

以欺骗手段取得资质证书承揽工程的，吊销资质证书，处合同约定的设计费 1 倍以上

2倍以下的罚款；有违法所得的，予以没收。

2) 未经注册，擅自以注册建设工程设计人员的名义从事建设工程设计活动的，责令停止违法行为，没收违法所得，处违法所得2倍以上5倍以下罚款；给他人造成损失的，依法承担赔偿责任。

3) 建设工程设计注册执业人员和其他专业技术人员未受聘于一个建设工程设计单位或者同时受聘于两个以上建设工程设计单位，从事建设工程设计活动的，责令停止违法行为，没收违法所得，处违法所得2倍以上5倍以下的罚款；情节严重的，可以责令停止执行业务或者吊销资格证书；给他人造成损失的，依法承担赔偿责任。

4) 建设工程设计单位将所承揽的建设工程设计转包的，责令改正，没收违法所得，处合同约定的设计费25%以上50%以下的罚款，可以责令停业整顿，降低资质等级；情节严重的，吊销资质证书。

3. 建设工程安全生产管理条例（国务院令第393号）

(1) 责任和义务

1) 设计单位应当按照法律、法规和工程建设强制性标准进行设计，防止因设计不合理导致生产安全事故的发生。

2) 设计单位应当考虑施工安全操作和防护的需要，对涉及施工安全的重点部位和环节在设计文件中注明，并对防范生产安全事故提出指导意见。

3) 采用新结构、新材料、新工艺的建设工程和特殊结构的建设工程，设计单位应当在设计中提出保障施工作业人员安全和预防生产安全事故的措施建议。

4) 设计单位和注册建筑师等注册执业人员应当对其设计负责。

(2) 法律责任

1) 设计单位有下列行为之一的，责令限期改正，处10万元以上30万元以下的罚款；情节严重的，责令停业整顿，降低资质等级，直至吊销资质证书；造成重大安全事故，构成犯罪的，对直接责任人员，依照刑法有关规定追究刑事责任；造成损失的，依法承担赔偿责任：

① 未按照法律、法规和工程建设强制性标准进行设计的；

② 采用新结构、新材料、新工艺的建设工程和特殊结构的建设工程，设计单位未在设计中提出保障施工作业人员安全和预防生产安全事故的措施建议的。

2) 注册执业人员未执行法律、法规和工程建设强制性标准的，责令停止执业3个月以上1年以下；情节严重的，吊销执业资格证书，5年内不予注册；造成重大安全事故的，终身不予注册；构成犯罪的，依照刑法有关规定追究刑事责任。

4. 生产安全事故报告和调查处理条例（国务院令第493号）

(1) 生产安全事故等级

根据生产安全事故（以下简称事故）造成的人员伤亡或者直接经济损失，事故一般分为以下等级：

1) 特别重大事故。是指造成30人及以上死亡，或者100人及以上重伤（包括急性工业中毒，下同），或者1亿元及以上直接经济损失的事故。

2）重大事故。是指造成 10 人及以上 30 人以下死亡，或者 50 人及以上 100 人以下重伤，或者 5000 万元及以上 1 亿元以下直接经济损失的事故。

3）较大事故。是指造成 3 人及以上 10 人以下死亡，或者 10 人及以上 50 人以下重伤，或者 1000 万元及以上 5000 万元以下直接经济损失的事故。

4）一般事故。是指造成 3 人以下死亡，或者 10 人以下重伤，或者 1000 万元以下直接经济损失的事故。

（2）法律责任

1）事故发生单位对事故发生负有责任的，依照下列规定处以罚款：

①发生一般事故的，处 10 万元以上 20 万元以下的罚款；

②发生较大事故的，处 20 万元以上 50 万元以下的罚款；

③发生重大事故的，处 50 万元以上 200 万元以下的罚款；

④发生特别重大事故的，处 200 万元以上 500 万元以下的罚款。

2）事故发生单位主要负责人未依法履行安全生产管理职责，导致事故发生的，依照下列规定处以罚款；属于国家工作人员的，并依法给予处分；构成犯罪的，依法追究刑事责任：

①发生一般事故的，处上一年年收入 30％的罚款；

②发生较大事故的，处上一年年收入 40％的罚款；

③发生重大事故的，处上一年年收入 60％的罚款；

④发生特别重大事故的，处上一年年收入 80％的罚款。

3）事故发生单位对事故发生负有责任的，由有关部门依法暂扣或者吊销其有关证照；对事故发生单位负有事故责任的有关人员，依法暂停或者撤销其与安全生产有关的执业资格、岗位证书；事故发生单位主要负责人受到刑事处罚或者撤职处分的，自刑罚执行完毕或者受处分之日起，5 年内不得担任任何生产经营单位的主要负责人。

（三）部门规章及规范性文件

1. 房屋建筑和市政基础设施工程施工图设计文件审查管理办法（建设部令 134 号）

（1）责任和义务

1）建设单位应当将施工图送审查机构审查。

建设单位可以自主选择审查机构，但是审查机构不得与所审查项目的建设单位、勘察设计企业有隶属关系或者其他利害关系。

2）审查机构对施工图进行审查后，应当根据下列情况分别作出处理：

①审查合格的，审查机构应当向建设单位出具审查合格书，并将经审查机构盖章的全套施工图交还建设单位。审查合格书应当有各专业的审查人员签字，经法定代表人签发，并加盖审查机构公章。审查机构应当在 5 个工作日内将审查情况报工程所在地县级以上地方人民政府建设主管部门备案。

②审查不合格的，审查机构应当将施工图退建设单位并书面说明不合格原因。同时，应当将审查中发现的建设单位、勘察设计企业和注册执业人员违反法律、法规和工程建设强制性标准的问题，报工程所在地县级以上地方人民政府建设主管部门。

施工图退建设单位后,建设单位应当要求原勘察设计企业进行修改,并将修改后的施工图报原审查机构审查。

3)审查机构对施工图审查工作负责,承担审查责任。

施工图经审查合格后,仍有违反法律、法规和工程建设强制性标准的问题,给建设单位造成损失的,审查机构依法承担相应的赔偿责任;建设主管部门对审查机构、审查机构的法定代表人和审查人员依法作出处理或者处罚。

4)审查机构应当建立、健全内部管理制度。施工图审查应当有经各专业审查人员签字的审查记录,审查记录、审查合格书等有关资料应当归档保存。

(2) 法律责任

1)审查机构有下列行为之一的,县级以上地方人民政府建设主管部门责令改正,处1万元以上3万元以下的罚款;情节严重的,省、自治区、直辖市人民政府建设主管部门撤销对审查机构的认定:

① 超出认定的范围从事施工图审查的;

② 使用不符合条件审查人员的;

③ 未按规定上报审查过程中发现的违法违规行为的;

④ 未按规定在审查合格书和施工图上签字盖章的;

⑤ 未按规定的审查内容进行审查的。

2)审查机构出具虚假审查合格书的,县级以上地方人民政府建设主管部门处3万元罚款,省、自治区、直辖市人民政府建设主管部门撤销对审查机构的认定;有违法所得的,予以没收。

3)在给予审查机构罚款处罚的同时,对机构的法定代表人和其他直接责任人员处机构罚款数额5%以上10%以下的罚款。

2. 城市轨道交通工程安全质量管理暂行办法(建质[2010]5号)

(1) 责任和义务

1)从事城市轨道交通工程建设活动必须坚持先勘察、后设计、再施工的原则,严格执行基本建设程序,保证各阶段合理的工期和造价,加强全过程安全质量风险管理。

2)设计单位对工程项目的安全质量承担设计责任。

设计单位的主要负责人对本单位设计安全质量工作全面负责。

项目负责人应当具有相应执业资格和城市轨道交通工程设计工作经验。项目负责人对所承担工程项目的设计安全质量负责。

从事工程设计的执业人员应当对其签字的设计文件负责。

3)设计单位必须建立健全安全质量责任制和管理制度,设置或明确安全质量管理机构,对工程设计的安全质量实施管理。

4)设计单位提交的设计文件应当符合国家规定的设计深度要求,并应根据工程周边环境的现状评估报告提出设计处理措施,必要时进行专项设计。

设计文件中应当注明涉及工程安全质量的重点部位和环节,并提出保障工程安全质量的设计处理措施。

施工图设计应当包括工程及其周边环境的监测要求和监测控制标准等内容。

5）设计单位应当对安全质量风险评估确定的高风险工程的设计方案、工程周边环境的监测控制标准等组织专家论证。

6）工程设计条件发生变化的，设计单位应当及时变更施工图设计。施工图设计发生重大变更的，应当按有关规定重新报审。

7）设计单位应当将勘察、设计文件和原始资料归档保存。

8）设计单位应当委派专业技术人员配合施工单位及时解决与勘察、设计工作有关的问题。

(2) 法律责任

设计单位有违反建设法律法规规章行为的，由县级以上人民政府建设主管部门按照管理权限依法予以罚款、停业整顿、降低资质等级、吊销资质证书等行政处罚；构成犯罪的，依法追究刑事责任。

第四节 标 准 规 范

(一) 专用规范

《地铁设计规范》GB 50157
《城市轨道交通技术规范》GB 50490
《铁路隧道设计规范》TB 10003
《铁路线路设计规范》GB 50090
《铁路工程抗震设计规范》GB 50111
《铁路桥涵设计基本规范》TB 10002.1
《城市轨道交通直流牵引供电系统》GB/T 10411
《铁路桥涵钢筋混凝土和预应力混凝土结构设计规范》TB 10002.3
《铁路桥涵地基和基础设计规范》TB 10002.5

(二) 其他规范

《民用建筑设计通则》GB 50352
《建筑设计防火规范》GB 50016
《建筑内部装修设计防火规范》GB 50222
《建筑装饰装修工程质量验收规范》GB 50210
《城市道路和建筑物无障碍设计规范》JGJ 50
《建筑结构荷载规范》GB 50009
《混凝土结构设计规范》GB 50010
《地下工程防水技术规范》GB 50108
《建筑抗震设计规范》GB 50011
《建筑地基基础设计规范》GB 50007
《人民防空工程设计规范》GB 50225
《建筑基坑支护技术规程》DB 11/489

《砌体结构设计规范》GB 50003
《地下建筑照明设计标准》CECS45
《供配电系统设计规范》GB 50052
《铁路电力设计规范》TB 10008
《火灾自动报警系统设计规范》GB 50116
《采暖通风与空气调节设计规范》GBJ 19
《建筑给水排水设计规范》GB 50015
《室外给水设计规范》GB 50013
《室外排水设计规范》GB 50014
《自动喷水灭火系统设计规范》GB 50084

第十章　设计工作内容

本章概要介绍了设计策划阶段的主要工作内容，设计实施阶段一般工作要点，以及各专业设计要点。

第一节　设计策划阶段主要工作内容

（一）确定项目范围、识别项目风险等级

项目范围包括两方面的内容，一是工程项目的性质和使用功能，二是实施并完成该工程项目而必须做的具体工作。在对工作任务和项目范围确定后，应根据项目的复杂程度和以往类似项目的经验对项目进行风险等级方面的评估。

（二）确定项目质量目标

根据项目的任务确定项目质量目标，质量目标包括设计文件优良目标、新技术应用目标、设计安全目标、风险控制及管理目标等，并制定为实现目标而应采取的相应的技术措施和管理手段。

（三）制定设计计划、配置人员

项目负责人在确定项目立项后，对设计任务进行工作分解，安排制订开展各项设计活动的计划，明确设计活动内容及其职责分工，尤其是明确时间安排及要求。根据设计内容提出所需专业及人员要求，配备合格人员及相应的资源，所有人员的任职均应符合要求。

项目的设计进度计划由项目负责人组织编制。计划中应包括以下内容：
（1）设计输入时间安排；
（2）各专业协作时间安排（包括互提资料、对图、设计评审时机和设计验证时机、设计确认、设计输出时间等）；
（3）设计文件的交付时间。

设计计划、人员配置要形成文件，并由主管领导签字审批。

（四）梳理设计输入

设计输入就是设计要求，通过对设计要求的梳理，明确设计条件、确定设计内容、分析设计难点。设计输入通常应包括：
（1）功能性：建设项目的使用功能；
（2）可信性：项目运行使用后的可用性和可靠性（包括适用的法律法规要求）；
（3）安全性：将伤害或损坏的风险限制在可接受水平的能力（包括适用的法律法规要

求);

(4) 适用性：以往类似设计的成功的或需要改进的有关信息；

(5) 设计必需的其他要求，如上阶段的评审意见、勘察地质报告、特殊的专业技术要求等。

设计输入的内容和质量，直接关系设计产品的质量，因此项目负责人应予以高度重视并切实做好设计输入工作。所有的设计输入文件均应组织评审，以确保设计输入文件的有效性、充分性、适宜性和完整性，评审的重点是识别并解决那些不完整不清楚的要求以及质量特性之间相互矛盾的问题。

当项目前提条件、规模、进度要求发生重大变化时，项目负责人应对项目实施目标和要求进行修正，重新进行项目策划。

第二节　设计实施阶段工作内容

(一) 设计一般要点

根据设计条件和要求，提出"安全、可靠、经济、适用"的设计方案，创新与安全并举。设计方案过程中遵从以下六个设计要点：

1. 功能性

(1) 建设规模、线路、车站形式、设备选型、系统方案等符合设计合同、可行性研究报告等审批文件要求。

(2) 公共工程及辅助生产装置配置合理、适应地铁运行要求。

(3) 线路走向、车站站位布置合理，相关防护设施符合规范要求。

2. 可信性

(1) 设计基础资料齐全、准确、有效，计算依据可靠、合理，提出设计条件正确。设计文件深度、格式符合规定要求。

(2) 专业设计方案比选应有论证报告，结论明确。

(3) 备机设置、安全系数、备用系数等确定合理，水源、电源选定可靠，确保设备装置年运转时间达到规定要求。

(4) 采用的工艺技术、设备、材料均应先进、可靠，采用的新工艺、新设备、新材料、新技术均已通过鉴定，并有相应的证明材料。

(5) 公用工程及辅助工程、辅助设施应与主体工程、主体设施同期建成，环保和综合利用工程应体现"同时设计、同时施工、同时投入使用"的三同时原则。

(6) 定型设备应选择国家和行业的系列化、标准化产品，严禁选用淘汰产品。

3. 安全性

(1) 总图布置、地基处理、设备、管线及建（构）筑物设计安全可靠，具有合理的防御地震等自然灾害风险的能力，符合规范规定的要求。

(2) 工程设计、设备装置等应满足防火、防爆、防雷、防静电等设计规范的要求。

(3) 设计中应充分考虑有效的消防措施或设施，满足有关规范的要求。

(4) 对运行过程中有毒、有害或强腐蚀性物品的排放和泄漏，以及其他危及劳动人身安全的场所，采取有符合工业安全、卫生设计规范、规定要求的防患和控制措施。

(5) 环保设计应贯彻"以防为主、防治结合、综合治理"的方针。

4. 可实施性

(1) 建筑、结构设计应考虑项目建设地区的具体情况和施工单位的作业技术能力、装备水平，并提出施工验收准则。

(2) 设计中应考虑高、大、重的设备的运输安装方案、实施条件、检修置换作业及其他特殊安装要求。

(3) 现场制作的设备应考虑现场作业条件及环境特点等因素。

(4) 工程设计文件应提供主要设备、材料的采购、制作和检验的技术要求。

5. 适应性

根据设计合同规定的要求，工程设计应考虑地铁建成后运输能力、建设规模、设备承载力等条件合理变化的适应能力。

6. 经济性

(1) 工程建设总投资满足上级审批文件的要求。

(2) 设备购置、设备运行、动力消耗指标达到或接近国际先进水平，运行成本合理。

(3) 节能措施可行，符合有关规定，能耗处于国内同类设计先进水平。

(4) 投资回收期、借贷偿还期、各项收益率、利润（税）等技术经济指标满足最低规定要求。

（二）设计文件组成及深度基本要求

设计文件在不同的设计阶段有不同的文件组成和深度要求，下面主要以施工设计阶段为例，简要介绍施工阶段的设计文件组成及深度基本要求。

施工图设计文件的深度应达到能据以编制施工图预算、安排设备和材料订货、非标准设备的制作、施工和安装，进行工程验收。

施工图设计应根据已批准的初步设计进行编制，内容以图纸为主，应包括：封面、图纸目录、设计说明、图纸等。

施工图文件一般以专业或系统独立编册。

1. 限界

(1) 设计说明

应包括工程概述、设计范围、设计依据及标准、评审意见和执行情况、设备及管线的布置细则及注意事项、建筑限界的制定、竣工后限界检查注意事项；

(2) 限界坐标总图；

(3) 区间直线、曲线地段矩形、圆形、马蹄形隧道限界图；

(4) 地下（地面线、高架线）岛式、侧式站台直线车站限界图；

(5) 区间直线、曲线特殊减振地段矩形、圆形、马蹄形隧道限界图；

(6) 道岔区、转辙机安装处、区间联络通道限界加宽图；

(7) 隧道曲线段限界处理方法示意图；

(8) 区间直线、曲线地段人防隔断门（或防淹门）限界图；

(9) 射流风机处限界；

(10) 圆形及单线马蹄形隧道曲线地段偏移量表；

(11) 曲线车站站台、屏蔽门限界图（含道岔影响的车站限界图）；

(12) 区间直线、曲线地段 U 形槽、地面线、高架线限界图；

(13) 车辆段、存车线地段限界图。

2. 线路

(1) 设计说明

应包括工程概述、设计范围、设计依据及标准、评审意见和执行情况、设计方案及测量放线施工注意事项；

(2) 线路区位图；

(3) 全线布置的配线功能齐全，配线形式合理；

(4) 采用的曲线半径恰当，小半径曲线经过比较与论证；

(5) 线路平、纵断面图；

(6) 出入线平、纵断面图；

(7) 联络线纵断面图（必要时）。

3. 轨道

(1) 设计说明

应包括工程概述、设计范围、设计依据及标准、评审意见和执行情况、设计方案、轨道养护维修技术要求、轨道施工技术要求及主要工程数量；

(2) 各类非标设计的轨道设备安装图；

(3) 不同地段的道床设计详图；

(4) 无缝线路设计图及长轨条布置图；

(5) 整体道床铺轨综合图（按施工标段划分）。

4. 路基

(1) 设计说明

应包括工程概述、设计范围、设计依据及标准、评审意见和执行情况、设计方案、环境保护及水土保持措施设计方案、施工注意事项及路基工程数量总表；

(2) 一般路基设计横断面图；

(3) 个别路基设计图（按工点分别编制）；

(4) 平面图：填绘地形、地质资料及工程建筑物的具体位置；

(5) 纵断面图:填绘地质资料及工程建筑物的具体位置;

(6) 横断面图:填绘地质资料及工程建筑物的具体位置;

(7) 过渡段设计图;

(8) 路基工程结构物设计详图;

(9) 排水系统平面图;

(10) 路基附属工程图,比例根据具体情况确定。

5. 建筑专业

(1) 设计说明

应包括工程概述、设计范围、设计依据及标准、评审意见和执行情况、车站防火、防淹设计,人防设计及环境保护、建筑构造做法、车站无障碍设计、装修说明及做法、对采用新技术、新材料的做法说明及对特殊建筑造型和必要的建筑构造的说明、门窗选型及数量表、地上车站幕墙工程(玻璃、金属、石材)及特殊屋面工程(金属、玻璃等)的性能及制作要求(节能、防火、安全、隔声构造等)、地上车站设采暖、空调的公共区及设备管理用房区的建筑节能设计说明、车站需要采取的安全防范、防盗要求及具体措施,隔声、减振、降噪措施,防污染、环保等要求和措施等;

(2) 总平面图;

(3) 站厅(台)层平面图;

(4) 站台板下墙沟平面图;

(5) 附属建筑或车站其他层平面图;

(6) 站厅(台)层分段平面图;

(7) 站台板下分段墙沟平面图;

(8) 附属建筑或车站其他层分段平面图;

(9) 车站纵剖面图;

(10) 车站横剖面图;

(11) 变电所、男女厕所、水泵房及需要放大的设备用房平面图;

(12) 车站主体内各种楼梯、电梯、扶梯的平、剖面图及节点大样图;

(13) 站台层侧墙、电缆管墙平、立面图、剖面图及节点大样图;

(14) 车站出入口通道(含楼扶梯)平面图、纵剖面图、横剖面图;

(15) 车站出入口地面亭平面图、剖面图、外檐剖面图及外檐节点大样图;

(16) 车站风道平面图、纵剖面图、横剖面图;

(17) 车站风亭局部总平面图;

(18) 车站风亭平面图、剖面图、立面图,屋顶平面图,外檐剖面图,外檐节点大样图;

(19) 地上车站平面、纵剖面、横剖面图及屋顶平面图;

(20) 地上车站分段平面图;

(21) 地上车站立面图;

(22) 地上车站外檐剖面图;

(23) 地上车站及附属建筑(含出入口天桥)外檐节点大样图;

(24) 门窗大样图。

6. 结构

(1) 设计说明

应包括工程概述、设计范围、设计依据及标准、评审意见和执行情况、工程地质及水文地质概述、结构设计及构造要求、风险工程设计、监控量测、结构防水、工程材料、主要工程数量、施工注意事项及技术要求；

(2) 总平面图（含风道、出入口布置、分段施工方法、现状管线等）；

(3) 地质纵剖面图（纵向，竖向）；

(4) 围护结构平面布置图（含施工定位坐标表）

(5) 围护结构纵、横剖面图；

(6) 围护结构配筋图及构造详图（含锚杆、挡墙、基础等）；

(7) 施工步序图、建（构）筑物保护设计图；

(8) 监控量测图；

(9) 各层结构板平面布置图；

(10) 结构纵、横剖面图；

(11) 各层板平面配筋图（含次梁、节点大样、开洞、预埋件等）；

(12) 结构横剖面配筋图，结构梁、柱配筋图；

(13) 结构墙展开配筋图；

(14) 电梯井结构图及配筋图（含墙体开洞、预埋件等）；

(15) 施工缝、变形缝、后浇带构造图及节点详图；

(16) 车站主体与风道、出入口通道接口设计图；

(17) 杂散电流防护图及说明；

(18) 站台板平面布置及配筋图；

(19) 站台板梁、柱、墙配筋图；

(20) 站台、站厅层楼梯结构布置详图及配筋图；

(21) 列车顶排风道平面布置及配筋图；

(22) 屏蔽门预埋件布置图及预埋件详图；

(23) 结构防水设计图。

7. 供电系统

(1) 设计说明

应包括工程概述、设计范围、设计依据及标准、评审意见和执行情况、设计方案；

(2) 供电一次系统图；

(3) 中压网络继电保护配置图；

(4) 系统电缆敷设平面及剖面图；

(5) 中压网络继电保护定值单；

(6) 直流牵引供电系统继电保护定值单。

8. 通信

(1) 设计说明

应包括工程概述、设计范围、设计依据及标准、评审意见和执行情况、设计方案；

(2) 通信管路预埋图册

1) 车站通信管路预埋图册（包括 1~n 个车站）；

2) 车辆段、停车场室外通信管道图册；

3) 控制中心通信管路预埋图册。

(3) 通信管线图册

1) 车站通信管线图册（包括 1~n 个车站）；

2) 车辆段、停车场通信管线图册（包括 1~n 个建筑单体）；

3) 控制中心通信管线图册。

(4) 各系统（传输、公务通信、专用通信、无线通信、政务通信、闭路电视监视、广播、时钟、乘客信息、办公自动化、集中告警系统）图册，（包含设备图册、线路图册）

(5) 电源系统与接地图册

(6) 设备布置平面图册（包括车站、车辆段、停车场及控制中心等）

(7) 商用通信系统图册

1) 车站商用通信管线图册（包括 1~n 个车站）；

2) 干线通信光缆线路图册；

3) 无线通信系统图册（包含无线系统覆盖图册、无线系统设备安装图册）；

4) 设备布置平面图。

(8) 公安通信系统图册

1) 干线通信光缆线路图册；

2) 安防图像监控系统管线图册（包括 1~n 个车站）；

3) 公安无线覆盖系统图册；

4) 设备布置平面图。

9. 信号

(1) 设计说明

应包括工程概述、设计范围、设计依据及标准、评审意见和执行情况、设计方案；

(2) 控制中心图册

1) 中心设备系统构成图；

2) 中心室内设备布置图、管线预埋图；

3) 中心设备电缆径路及相关配线图；

4) 与相关系统的接口配线图；

5) 中心设备电源配线图。

(3) 正线车站图册（含试车线）

1) 车站设备系统构成图；

2) 信号平面布置图；

3) 站台、站厅及区间沟槽管洞预埋（留）图；
4) 室内设备布置图、室外设备布置图（含电缆径路内容）；
5) 电源系统配线图；
6) 室外电缆配线图、室外设备箱盒配线图。

(4) 车辆段/停车场图册

1) 信号平面布置图；
2) 双线轨道及室外设备布置图；
3) 电缆径路及网络图、室内设备布置示意图；
4) 联锁表；
5) 组合排列表、组合继电器类型表；
6) 计算机联锁接口电路图、联锁系统构成图；
7) 室内（外）设备配线图、电源系统配线图；
8) 室内设备室及库线内沟槽管洞预埋（留）图。

10. 通风空调

(1) 设计说明

应包括工程概述、设计范围、设计依据及标准、评审意见和执行情况、设计方案及施工说明；

(2) 主要设备材料表；

(3) 车站总平面图；

(4) 车站通风、空调与采暖系统总平面图；

(5) 车站通风、空调与采暖管道平剖面图；

(6) 绘出风管冷水管在车站吊顶内的布置定位尺寸；风管尺寸、风口的布置位置定位尺寸；注明风口、风阀的编号、规格型号；

(7) 通风、空调与采暖机房平面图；

(8) 通风、空调与采暖机房剖面图；

(9) 室外风亭平剖面图；

(10) 表示风亭、百叶、吊钩等设置位置及尺寸；

(11) 通风、空调与采暖系统原理图；

(12) 大样图：可作施工、加工用；

(13) 被控设备运行控制图。

各系统运行工况的系统图，表示各被控系统的相对位置（图例表示）、设备编号。以表格形式表示各被控设备的运行状态，并说明被控设备的控制接口形式。

11. 给水排水和消防

(1) 设计说明

应包括工程概述、设计范围、设计依据及标准、评审意见和执行情况、设计方案；

(2) 主要设备材料表；

(3) 室外给水排水及消防总平面图；

（4）站厅及站台层（含出入口、通道）给水排水及消防平面图；

（5）给水系统图（包括生产、生活给水系统，热水系统、消火栓给水系统及自动喷水灭火系统图）；

（6）冷却循环给水系统平面图及系统图；

（7）给水泵房图；

（8）各种排水泵站（房）图；

（9）横剖面图（绘出管道交叉位置较多处的横剖面图）；

（10）局部设施；

（11）区间给水排水及消防平面图；

（12）管道断面图；

（13）绘出卫生洁具给水及排水管道的位置、管径、坡度等。列设备材料数量表。

12. 自动售检票

（1）设计说明

应包括工程概述、设计范围、设计依据及标准、评审意见和执行情况、设计方案；

（2）设备材料数量表；

（3）网络系统图、配电系统图；

（4）总体设备平面布置图；

（5）设备、管线平面布置图；

（6）典型设备布置及安装关系图。

13. 火灾自动报警

（1）设计说明

应包括工程概述、设计范围、设计依据及标准、评审意见和执行情况、设计分工及设计接口、设计方案；

（2）主要设备材料数量表；

（3）FAS 全线、车站系统图；

（4）FAS 点表；

（5）站台、厅层 FAS 平面图；

（6）车辆段 FAS 系统图、平面图；

（7）运营控制中心 FAS 系统图、平面图；

（8）控制程序表。

14. 自动扶梯和电梯

（1）设计说明

应包括工程概述、设计范围、设计依据及标准、评审意见和执行情况、设计方案；

（2）主要工程数量；

（3）设备平面布置图；

（4）站台、厅层自动扶梯工艺布置图；

(5) 站台、厅层无机房电梯工艺布置图；

(6) 出入口自动扶梯工、艺布置图（根据车站情况按各出入口编制）；

(7) 出入口无机房电梯工艺布置图（根据车站情况按各出入口编制）。

15. 站场

（1）**设计说明**

应包括工程概述、设计范围、设计依据及标准、评审意见和执行情况、设计方案；

（2）站场线路平面设计图（图纸带地形和指北针，标注道岔型号、交点、道岔和股道编号、线路长度及曲线要素，标注轴线里程及坡度标，场区控制基线及坐标，附股道表、坐标表、曲线表及主要工程数量表，图例及简要说明）；

（3）线路轴线纵断面设计图（填绘地质资料，标注轴线百米标、公里标即变坡点里程，设计纵断标明坡段长度、坡段值、坡向、竖曲线要素及轨顶设计标高，标注挡土墙与高架桥分界里程，简要说明）；

（4）站场横断面设计图（填绘测量、地质资料，标注横坡长度、坡度、坡向及流水方向，标注轨道中心线、排水沟（管）、道路及厂房位置及间距，标注路肩、轨道中心线、边坡点的路基标高，标注水沟顶、底及厂房室外的地面标高，标注断面里程号、断面面积及填挖方数量，土石方计算表，简要说明）；

（5）车场出入线平面设计图（图纸带地形，设计起点的正线里程、百米标、公里标，标注道岔型号、控制点里程、坡度标，标注线路长度，曲线要素，交点及起讫点坐标，主要工程数量表，简要说明）；

（6）出入线纵断面设计图（同站场纵断面图）；

（7）出入线路基设计图；

（8）道路平面设计图；

（9）排水设计图；

（10）排水主干管纵断面设计图；

（11）专用线设计图（按工业企业标准轨距设计规范）。

16. 车辆段工艺

（1）**设计说明**

应附在各检修车库（车间）图册之前，应对车库（车间）的组合形式、主要参数及工艺流程进行简单、扼要的叙述。初步设计评审意见和执行情况。视需要在图中对设计技术要求进行说明。

（2）**设计图纸**

各检修库、运用库、检修车间设备平面布置图及设备表、设备定位图、剖面图、大样图、设备基础图。

各辅助车库、车间设备平面布置图及设备表、设备定位图、剖面图、大样图、设备基础图。

室内外压缩空气管线平面图、系统图和工程数量表。

（三）设计评审

设计评审是对设计文件进行综合性、系统性的检查，以评价设计是否满足了项目设计要求，找出存在的问题，并提出解决的办法。设计评审应按照"提出疑难问题，专家会诊把关，识别安全隐患，落实优化方案"程序执行。

设计评审按设计阶段，一般可分为：可研评审、总体设计评审、初步设计评审、施工设计评审。

1. 评审阶段及形式

在以下阶段需要进行设计评审：

（1）投标、可研设计阶段各项目应进行专业评审和综合评审；

（2）设计总体方案确定前或具有系统性的技术问题确定前进行设计评审；施工图设计阶段发生重大方案变化时，应进行专业评审；涉及多专业时还应进行综合评审。

根据工程条件和需求，从技术创新、节约资源、高效、解决工程难题等角度出发，选用或研发本行业全新产品和技术时，必须进行多方案技术经济比选与论证，并积极参与和配合有关试验、检验、监测和验收等相关技术参数与标准的制定工作。

由建设单位提出，需要在本工程进行新技术、新工法、新材料应用试验的项目，需报项目负责人并经专家综合评审后，方可应用于工程设计中。

2. 评审工作程序

评审工作一般由技术主管人员主持。一般议程如下：

（1）提出评审需求：提交工程概况、设计难点、评审要点及评审议题，并提供必要的图纸和文字说明。

（2）组织安排评审：评审通常采用会议方式，评审的参加者应包括与所评审设计有关的专业人员。

（3）评审主持人提出评审结果，确认签发。项目负责人对问题进行识别并采取相应的措施。

（四）互提资料

地铁项目涉及专业众多，各专业间要经常进行设计条件的传递，为有效满足后续专业正常工作的开展，专业间互提资料应满足一定的深度和要求。

专业间互提资料时应填写《互提资料单》：要求准确填写所提资料的详细内容，提资料时间，满足专业互提要求，确保资料准确可靠，减少反复修改次数，为后续专业预留合理时间，提前规避影响质量安全风险因素。

各专业互提一般要求：

1. 运营组织

（1）运用车数及走行公里；

（2）行车计划、运行交路及列车编组、运行间隔；

(3) 全线车站配线形式要求;
(4) 运营管理系统定员;
(5) 运营管理用房资料。

2. 限界

(1) 线路专业:直线、曲线地段线间距资料;
(2) 轨道专业:隧道内、高架桥的各种断面限界图;
(3) 结构专业:曲线地段隧道断面加宽、加高量;渡线区隧道断面加宽、加高量;
(4) 道桥专业:高架桥面限界图(直线、曲线地段);
(5) 建筑专业:隧道、地面线、高架线地段车站站台层限界图(直线、曲线地段)、道岔区前端影响站台端部的偏移量资料;
(6) 各设备专业:各种管线空间的分配布置图。

3. 线路

(1) 线路平面图:双线线路中心线、公里标、线间距、线路起终点、折返线、联络线位置,曲线头。曲线要素即半径、缓和曲线长、转角等资料,车站中心里程、站台形式、站间距及站名等;
(2) 线路纵剖面图:应有地面线、主要管线、地质资料、轨顶设计线、设计坡度及长度、变坡点及站中心标高、站中心里程、站间距及站名等;
(3) 右线交点及车站中心与主要控制点坐标资料(根据需要提供);
(4) 主要拆迁、改移项目及数量。

4. 轨道

(1) 轨道结构高度及道床横断面图(隧道内、高架、地面)(结构、限界);
(2) 不同半径曲线的超高资料(行车组织、限界);
(3) 高架桥上轨道构造与桥面板的联结方式(桥梁);
(4) 高架桥上无缝线路对桥梁的纵向力(桥梁);
(5) 高架桥基础不均匀沉降的允许值(桥梁);
(6) 地面线整体道床地段路基沉降的允许值(路基);
(7) 检查坑整体道床的结构形式(工艺);
(8) 工务用房面积(每个车站)(建筑、技术经济);
(9) 轨道设备的备用数量(技术经济);
(10) 轨道主要工程数量(铺轨长度、扣件种类及数量、各类道床数量、道岔数量、车挡数量、防脱护轨的数量、各种减振地段长度等)(技术经济)。

5. 路基

(1) 各种路基横断面图;
(2) 排水设施形式及位置表;
(3) 路基与横向结构物衔接处的路基横断面图(桥梁、车站等专业);

(4) 路基工程数量表。

6. 建筑

(1) 向各专业提供各车站平、剖面图；
(2) 有关技术用房的放大平面图；
(3) 各车站总平面图；
(4) 车辆段的总平面；
(5) 车辆段车库及主要建筑单体建筑的平、立、剖面图；
(6) 供概算编制的有关图纸及资料。

7. 结构

(1) 车站及区间结构形式、总图及各断面图；
(2) 断面尺寸；
(3) 提供经审核的设计图纸，供预算使用；
(4) 施工场地及施工开挖步骤图。

8. 电力

(1) 供电系统运行方式及用电量；
(2) 外部电源建议方案；
(3) 全线变电所位置分布图；
(4) 变电所设备布置平面图；
(5) 主要设备材料数量；
(6) 变电所通信要求；
(7) 变电所发热量；
(8) 变电所用水要求；
(9) 车站、区间、车辆段电线电缆敷设要求、敷设路径及方式；
(10) 供电系统运营工作人员定员；
(11) 接触网形式、设备布置位置及布置要求；
(12) 变电所等设备用房消防要求；
(13) 变电所、配电室等设备房间预留孔洞预埋件详细资料；
(14) 设备尺寸、重量和开洞尺寸要求；
(15) 杂散电流防护要求。

9. 暖通

(1) 提供给线路专业的资料
1) 沿线各站、各区间的风道位置及最短长度；
2) 各站的风道、风亭位置及外轮廓尺寸。
(2) 提供给土建专业的资料
1) 通风、空调机房布置图及风道、风亭尺寸图；

2) 风道风亭位置、数量及要求；
3) 通风、空调机房布置图及风道、风亭尺寸图；
4) 对吊顶的净空高度要求；
5) 影响结构计算的特大孔洞的位置及尺寸。
（3）提供给供电专业的资料
1) 各站的用电负荷包括：用电量、用电时间；
2) 通风、空调设备的运行方法及控制模式；
3) 通风空调布置图，及用电位置及用电负荷；
4) 控制要求。
（4）提供给水排水专业的资料
各站的空调用水量：
1) 用水位置数量、要求；
2) 排水位置要求。
（5）提供给通信专业的资料
需设置电话的位置、电话性质。

10. 给水排水

（1）冷却泵及冷却塔设置位置要求；
（2）较大的给水排水管道穿墙、板、梁的孔洞尺寸；
（3）主要设备材料数量；
（4）水池及水箱设置位置尺寸要求；
（5）供概算编制的有关图纸及资料；
（6）各种泵房，水池及水箱平面布置详细尺寸及位置；
（7）给水排水管道穿墙、板及梁的具体尺寸及位置（含 $DN \leqslant 200$ 预埋套管及孔洞）；
（8）泵房设电话要求；
（9）给水排水外线设计。

11. 自动售检票系统

（1）向车站建筑专业提供用房名称、面积、布置位置等要求；提供车站设备配置数量、布置要求，提供设备外形尺寸等基本参数；提供必要的开洞位置及大小，并与建筑专业协调配合完成车站售检票设备布置图；
（2）向配电专业提供设备负荷等级、用电量等基本参数；提出配电箱位置、回路要求等；
（3）向环控专业提供设备发热量或用电量、设备用房定员、设备用房的环境要求等；
（4）向通信专业提供通信接口形式、接口位置、传输协议等接口要求；
（5）向 FAS 专业提供紧急放行的设备控制要求、接口形式、接口位置、传输协议等接口要求；
（6）向工艺专业提供设备检修要求、检修用房、布置要求等。

12. 自动扶梯和电梯

(1) 向车站建筑专业提供设备工艺布置图，并提出布置要求等，并应根据建筑专业反馈的图纸，与建筑专业协调使自动扶梯高度系列化；
(2) 向结构专业提供支点反力等；
(3) 向配电专业提供设备用电量及电源引入位置等；
(4) 向环控专业提供设备发热量或用电量等数据，如采用有机房垂直电梯，应提出机房环境要求；
(5) 向给水排水专业提供设备排水要求；
(6) 向 BAS 专业提出设备监控要求、接口形式、接口位置、传输协议等；
(7) 向 FAS 专业提出在车站紧急状态下的设备控制要求、接口形式、接口位置、传输协议等。

13. 站场

(1) 站场线路平面设计图；
(2) 站场横断面设计图；
(3) 出入线设计图；
(4) 出入线纵断面设计图。

14. 车辆段与综合地基

(1) 各车库、车间、辅助房屋的平面、高度、门窗及采光要求、起重设施的要求；
(2) 各车库、车间分别提出用电量、用水量、排水量、通风、空调要求和各房屋内的电话、电钟要求，重要车间供电位置；
(3) 牵引供电要求；
(4) 压缩空气室外管线资料；
(5) 组织机构和定员；
(6) 本专业设备工程数量或概算资料。

（五）设计文件校审

校审人员应各司其职，严格把关，审核质量，掌控安全。

校核（复核）：对设计图纸、计算书进行全面质量安全复核、验算；检查设计内容和深度是否符合国家有关法规、现行规范、设计标准的各项技术规定，以及是否有错误和遗漏。

审核：审核有关技术及质量管理的方针、政策、规范、标准和各项技术规定在设计中的贯彻情况；特别是审核执行强制性条文的落实情况；专业接口是否协调统一，构造做法、设备选型是否正确，图面索引是否标注正确，说明清楚；审核项目的方案设计、初步设计和施工图设计，检查其质量安全状况。

审定：审定工程设计方案、系统方案的合理性、适宜性、安全性，强制性条文的落实情况。

(六) 设计文件会签

设计文件会签，是设计验证阶段的一项重要工作，一般在正式设计文件提交前进行，是保证各专业设计相互配合和正确衔接的必要手段，通过会签可以消除专业设计人员对设计条件或相互联系中的误解、错误和遗漏，保证设计质量安全。

设计文件会签包括综合会签和专业会签两部分。综合会签主要是保证各专业在总平面内布置合理、管线综合互不碰撞。专业会签主要是保证接受设计条件的设计图纸与设计条件相符。

在设计过程中，项目负责人应组织设计人员及时做好专业间的设计协调工作。设计人员应相互密切联系并及时解决专业间的技术配合和衔接，不能把问题留待设计会签时解决。这是顺利进行设计文件会签的前提。

会签过程应做到：积极主动沟通，消除配合漏洞，避免为施工带来不安全因素。

针对会签过程，应制定专业会签对图指导手册，对于影响安全的环节、内容进行重点提示。

专业对图参考内容：

1. 一般要点

(1) 工程名称、工程号、图标、封面格式等是否一致，各专业是否统一；
(2) 各专业总平面图是否一致，方向标、里程是否一致；
(3) 采用的控制坐标点位置是否准确，数据是否统一；
(4) 曲线资料是否和线路平面图资料一致；
(5) 建筑平面、剖面、轴线、尺寸、标高等与结构、设备专业所注是否一致；
(6) 建筑名称、平面布置、建筑轴线、墙柱和设备位置及尺寸，各专业是否一致；
(7) 管网总图中各专业管线位置及交叉处的标高是否协调一致；
(8) 各工种管道位置、标高与结构梁板标高有无矛盾；
(9) 竖向设计与各工种管网设计是否矛盾；
(10) 建筑限界、结构限界、设备限界是否一致；
(11) 各专业互提资料是否落实。

2. 系统

(1) 限界

1) 剖面尺寸、加高、加宽量是否满足限界要求；
2) 各种管线设备安装位置是否与限界设计图一致；
3) 车站站台层、建筑、结构平立面图是否满足限界设计要求。

(2) 轨道

1) 道床断面图与限界图是否吻合，尺寸是否一致；
2) 铺轨图中数据是否与线路平剖面一致；
3) 道岔总布置图与线路平面图是否有矛盾；
4) 超高设置是否满足牵引计算要求；
5) 洞外正线轨道结构与停车场轨道的衔接是否合适；

6) 道床内预埋件位置是否遗漏。各种管线预埋件及预留沟槽是否与各专业一致。

(3) **站场**

1) 出入线洞口、排水站的里程与线路平、纵断面图是否一致；
2) 出入线结构所注的里程、标高与线路平纵断面是否一致。

(4) **行车组织**

1) 牵引计算图上线路坡度、标高、曲线要素及里程是否与线路图一致；
2) 建筑图中车站布置是否满足运营管理要求；
3) 牵引计算图是否与车辆参数完全一致。

(5) **建筑与线路平剖面、行车、限界专业对图应注意**

1) 各车站平面布置应符合线路平面几何尺寸要求；
2) 车站车行道等与限界有关的部位是否符合限界要求，站台板端部收缩尺寸是否满足限界要求；
3) 车站站台长度、宽度是否满足列车编组和客流量集散的需要，售、检票机数量是否满足需要，位置是否合理。行车管理用房面积、位置是否满足使用要求；
4) 车站内楼梯、自动扶梯总宽度与出入口总宽度，出入口内楼梯、自动扶梯总宽度是否与行车组织文件一致；
5) 车站站中心里程，行车轨道中心及站位控制坐标是否与线路平面图一致；
6) 车站站台标高与线路图是否一致。

(6) **结构与总体**

1) 线路位置、线间距、坐标是否与线路图一致；
2) 净空、净宽尺寸是否与 限界图一致；
3) 标高是否与线路图相符。

(7) **通风与总体**

1) 各站各区间的风道、风亭位置、里程是否相符，外轮廓尺寸是否正确；
2) 防灾用的区间隧道联络通道位置是否正确，大小是否符合要求。

(8) **供电与总体**

变电所设置及牵引供电计算与线路及运营管理是否一致。

(9) **给水排水与总体**

车站中心、泵站里程、道床排水是否与总体一致。

3. 车站

(1) **建筑与通风专业**

1) 车站通风道位置、宽度、地面风亭位置与总平面是否一致；
2) 车站通风道竖向高度、平面布置是否满足通风专业要求；
3) 车站通风机房平面位置、面积；吊装孔的大小、位置；通风管道留孔位置、大小是否与通风专业一致，通风管道走向与其他专业管线走向是否有矛盾；
4) 送、回风管道所需结构与建筑留洞大小、位置及预埋件是否准确；
5) 有关门洞位置、大小、开启方向是否符合有关要求；
6) 车站吊顶所留送、回风口位置与照明灯具、消防喷头、建筑装修等是否协调一致。

(2) **建筑与供电专业**
1) 牵引变电所、降压变电所位置、平面布置及面积是否符合要求；
2) 变电所层高、电缆夹层高度是否满足技术要求；
3) 供电专业所需要的预留孔洞及预埋件的位置及尺寸是否符合要求；
4) 站台板下平面、剖面是否满足电缆敷设要求；
5) 配电间、电控室位置、面积是否准确；
6) 各房间开门位置、大小、开启方向是否与供电专业图纸一致。

(3) **建筑与给水排水专业**
1) 废水泵、污水泵房位置、面积是否与给水排水专业一致；
2) 废水池、污水池位置、大小与要求是否一致。站厅层至站台层水管走向是否与其他专业和结构有矛盾；
3) 站台板下管道走向、位置是否正确；
4) 消防泵房位置、面积是否与总图相符；消防水池容量是否满足要求，管道走向与其他专业是否有矛盾；
5) 门洞大小、位置、开启方向是否一致；
6) 给水排水专业所需要的预留孔洞及预埋件位置及尺寸是否符合要求；
7) 消火栓位置、数量与给水排水专业是否一致。

(4) **建筑与通信、信号专业**
1) 各通信、信号房间的位置、面积是否相符；
2) 室内建筑做法是否满足了专业要求；
3) 有关电缆沟槽宽度、深度、位置是否满足专业要求，预留孔洞，预埋件位置、大小，预埋件形式是否符合要求；
4) 所有房间开门位置、大小、开启方向是否符合要求。

(5) **建筑与结构专业**
1) 车站轴线位置、编号是否一致；
2) 所有与结构有关的尺寸是否一致；
3) 各部位标高是否相符；
4) 出入口、出入口通道、风道和地面风亭、各处楼梯等位置、有关尺寸、标高是否一致；
5) 预留与建筑有关的孔洞位置、尺寸、数量是否一致。

(6) **结构与供电专业**
1) 预留孔洞及预埋件位置、数量与要求是否一致；
2) 运输通道、电缆通道、预埋件、孔洞预留位置及尺寸是否与设备位置一致；
3) 结构处理的防迷流措施是否符合防护要求。

(7) **结构与通风专业**
1) 预留孔洞及预埋件位置、数量与要求是否一致；
2) 预留孔洞标高是否与通风专业图纸一致；
3) 设备基础尺寸、位置、承载力是否与通风专业图纸一致。

(8) **结构与给水排水专业**

1) 预留孔洞及预埋件位置、数量与要求是否一致；
2) 水泵基础、水池位置、尺寸是否与给水排水专业图纸一致；
3) 水管及预留孔洞标高、里程、位置是否与给水排水专业图纸一致。

(9) **结构与通信信号专业**

预留孔洞及预埋件位置、数量与要求是否一致。

(10) **供电与通风专业**

1) 环境控制是否满足需要；
2) 通风设备控制方案是否满足需要，供电量是否满足通风设备要求；
3) 通风管道与电气设备距离是否符合要求，与照明灯具位置是否矛盾；
4) 通风管道与电缆通道是否交叉、矛盾。

(11) **供电与给水排水专业**

1) 提供的给水排水设施是否齐全，供电负荷是否满足要求；
2) 控制方案是否满足需要；
3) 管道与电气设备距离是否符合要求，与电线电缆、照明灯具位置是否矛盾；
4) 要求的用水量、排水位置是否与所提供的资料相符；
5) 管道之间有无矛盾。

(12) **供电与消防专业**

1) 提供的消防措施是否满足要求；
2) 管线之间、探测器与灯具位置是否矛盾；
3) 消防控制与电气设备控制接口是否明确。

(13) **供电与通信信号专业**

1) 交流电源供电是否满足要求；
2) 相互的管线是否矛盾；
3) 接地系统装置布置是否矛盾；
4) 轨道电路与牵引网的关系是否明确；
5) 电话设置是否满足要求。

(14) **供电与其他专业**

1) 电线电缆管线与其他专业管线之间是否有交叉等矛盾；
2) 接触网设备的安装是否符合限界的要求；
3) 区间电缆敷设及照明灯具、电气设备的安装是否符合限界的要求。

(15) **给水排水与通风专业**

1) 冷却循环给水系统的设计及设备选型是否满足要求；
2) 气体灭火系统有关设备间及卫生间是否考虑单独排风设备；
3) 两专业管道位置及标高是否有矛盾。

4. 桥梁结构

(1) **桥梁与线路专业**

1) 线路位置、线间距、坐标是否与线路图一致；
2) 净空、净宽尺寸是否与限界图一致；

3）标高是否与线路图相符；

4）曲线设置及控制点里程是否与线路图相符；

5）与道路断面的关系是否正确。

(2) **桥梁与建筑专业**

1）高架车站轴线位置、编号是否一致；

2）各部位标高是否相符；

3）结构相关尺寸是否一致，预埋件尺寸、规格、位置及要求是否一致。

(3) **桥梁与供电专业**

1）预留孔洞及预埋件位置、数量与要求是否一致；

2）运输通道、电缆通道、预埋件、孔洞预留位置及尺寸是否与设备位置一致；

3）结构处理的防迷流措施是否符合防护要求。

(4) **桥梁与给水排水专业**

1）预留孔洞及预埋件位置、数量与要求是否一致；

2）水管及预留孔洞标高、里程、位置是否与给水排水专业图纸一致。

(5) **桥梁与通信信号专业**

预留孔洞及预埋件位置、数量与要求是否一致。

（七）设计变更的控制

1. 识别变更原因

设计变更包括设计过程中的变更和设计文件交付后的变更，主要是指设计文件交付后，发现由于设计条件变化、建设单位要求改变或设计接口条件改变等原因引起的设计变更。为确保设计变更的正确性、有效性和可追溯性，需遵循严格的设计变更管理规定。

首先对于设计变更要进行变更原因识别，特别是涉及施工安全、施工方法、施工材料、施工工序的问题应引起重视，当设计变更涉及多个专业（三个或三个以上），且有重大质量影响的，设计变更覆盖面较广，影响较大时，需召开设计评审会对设计变更的影响进行评估。

2. 变更的影响及接口管理

变更设计过程中对已施工工程的影响及涉及的专业的识别是一项重要工作。变更申请专业需对变更内容进行分析，重点分析两方面的内容，一是对已施工部分的影响，特别是涉及施工工法改变、施工材料等与施工安全相关的内容，要进行专项分析；二是要有效识别出本专业变更对其他相关专业的影响，不能因本专业的变更而影响其他专业的安全。

通过变更管理，规避变更风险，减少变更漏洞。

3. 变更图纸及标识管理

对变更图纸和变更标识的管理是变更后期的一项管理工作，一是避免图纸内容的混乱，二是保证图纸的有效性，三是防止使用作废图纸施工。所有变更后的图纸都应有明显的变更标识，以示与原图纸的区别，并且注明图纸的作废及有效性，写明替换关系。

第十一章　设计阶段的安全风险管理

地铁工程，特别是土建工程具有高风险性，工程设计是土建工程实施的龙头，因此，设计阶段应加强对土建工程安全风险的识别、评估及管理工作，以深化工程设计内容，制定针对性和可操作的安全风险控制措施，满足工程设计的深度和安全风险管理的需要。

工程安全风险设计应遵循"分阶段、分等级、分对象"的基本原则，即面向不同设计阶段、不同风险等级、不同风险对象，加强针对工程风险的设计工作，为确保工程安全、质量和控制投资等提供充分的设计依据。

本章以北京等地地铁工程设计阶段安全风险管理为例，明确地铁工程设计各阶段针对土建工程安全风险的设计目标、原则、内容和成果等相关要求，优化工程设计内容、强化风险控制的设计方案和技术措施，以指导地铁土建工程安全风险设计或专项设计工作。

第一节　工程风险及分级

（一）工程风险类别

地铁土建工程实施过程中，不仅要保证地铁工程自身的安全，还要确保周边环境的安全及正常使用，因此，地铁工程风险包括工程自身风险和周边环境安全风险。

工程自身风险是指由于地铁工程结构自身的难度而导致工程实施过程中可能出现的安全风险，地铁工程自身风险主要是基坑和隧道，如深大基坑、大断面暗挖隧道、盾构始发接收掘进等。

地铁工程周边环境是指地铁工程周边的建（构）筑物、管线、道路、地表水体等。周边环境安全风险指由于地铁施工可能给周边环境结构物造成的安全风险，以及由于周边环境中结构物的原因可能给地铁工程造成的安全风险。

（二）工程风险分级

工程风险分级是针对工程风险进行设计和安全风险管理的重要内容和工作基础。风险分级应在分析估计风险发生可能性的大小和造成损失的严重程度大小并考虑风险特点及接受水平的基础上综合确定。

根据《城市轨道交通地下工程建设风险管理规范》GB 50652—2011 和国内外有关地铁建设城市的经验，工程风险按照事故发生的可能性和损失程度，由大到小分为一、二、三、四级。同时，根据工程风险的类别，工程风险分级应区别或综合考虑工程自身风险和周边环境安全风险。

由于各地铁建设城市的建设规模、风险特点、建设管理能力和风险管控经验、当地经济和社会发展水平等因素均有所不同,目前全国各地铁建设领域关于土建工程风险等级标准的确定并无也不宜有统一的规定。因此,各地一般根据当地地铁工程建设的实际和上述影响因素,科学、合理和有针对性地制定适合当地地铁工程特点的风险等级标准。

(三) 土建工程风险及分级影响因素

1. 工程自身风险

工程自身风险的分级应重点考虑不良地质条件、基坑深度、工程结构特性(地下结构层数、跨度、断面形式、覆土厚度、开挖方法)等因素。各类工法工程自身风险的分级原则参见表11.1所示,分级参见表11.2。

各类工法工程自身风险的分级原则 表11.1

序号	工法类型	分 级 原 则
1	明(盖)挖法	以地质条件、地下结构的层数或基坑的深度为基本分级依据
2	暗挖法	车站以层数和跨度为基本分级依据,区间以隧道的跨度、断面复杂程度为基本分级依据
3	盾构法	以隧道相互之间的空间位置关系为基本分级依据

各类工法的工程自身风险分级表 表11.2

工程风险基本分级	工法类型	工 程 特 点	级 别 调 整
一级	明(盖)挖法	地下四层或深度超过25m(含25m)的深基坑	
	暗挖法	双层暗挖车站或净跨超过15.5m的暗挖单层车站	
	盾构法	较长范围处于非常接近状态的并行或交叠盾构隧道	
二级	明(盖)挖法	地下三层或深度15~25m(含15m)的深基坑	1 注1、2、3; 2 对基坑平面复杂、偏压基坑等,风险等级可上调一级
	暗挖法	断面大于6m的暗挖法工程	1 注1、2、3; 2 对断面复杂、存在偏压、受力体系多次转换的暗挖工程,风险等级可上调一级
	盾构法	较长范围处于接近状态的并行或交叠盾构隧道	注1、2、3
		盾构区间的联络通道	
		盾构始发到达区段	

续表

工程风险基本分级	工法类型	工程特点	级别调整
三级	明（盖）挖法	地下二层或一层或深度 5~15m（含 5m）的基坑	1 注1、2、3； 2 对基坑平面复杂、偏压基坑等，风险等级可上调一级
	暗挖法	一般断面暗挖法工程	1 注1、2、3； 2 对断面复杂、存在偏压、受力体系多次转换的暗挖工程，风险等级可上调一级
		较长范围处于较接近状态的并行或交叠盾构隧道	注1、2、3
	盾构法	一般的盾构法区间	

注：在工程自身风险基本分级的基础上，当遇到以下情况时可进行调整：
1 当工程地质及水文地质条件复杂时风险等级可上调一级；
2 当新建地铁工程采用与工程施工安全有关的新技术、新工艺、新设备、新工法施工时，风险等级可上调一级；
3 结合新建地铁工程风险因素的识别和深入分析，确需调整的。

2. 周边环境安全风险

周边环境安全风险的分级以周边环境与地铁地下结构的接近度、工程影响区范围及与环境设施的关系、环境设施的重要性及自身特点、地铁地下结构的工法特点等为基本分级的重点考虑因素。

位于地铁地下工程影响范围内的环境设施的重要性按照重要和一般两个等级划分。各类设施的重要性类别划分参见表11.3。

各类环境设施的重要性类别划分表　　　表11.3

环境设施类别	环境设施重要性类别		备注
	重 要	一 般	
地面和地下	既有地铁线路和铁路		
既有建（构）筑物	1 省市级以上的保护古建筑； 2 高度超过15层（含）的建筑； 3 年代久远、基础条件较差的重点保护的建筑物； 4 重要的烟囱、水塔、油库、加油站、汽罐、高压线铁塔等	15层以下的一般建筑物； 一般厂房、车库等构筑物等	
既有地下构筑物	地下道路和交通隧道、地下商业街及重要人防工程等	地下人行过街通道等	
既有市政桥梁	高架桥、立交桥的主桥等	匝道桥、人行天桥等	
既有市政管线	雨污水管干管、中压以上的煤气管、直径较大的自来水管、中水管、军缆等，其他使用时间较长的铸铁管、承插式接口混凝土管	小直径雨污水管、低压煤气管、电信、通信、电力管（沟）等	

续表

环境设施类别	环境设施重要性类别		备注
	重要	一般	
既有市政道路	城市主干道、快速路等	城市次干道和支路等	
水体（河道、湖泊）	江、河、湖	一般水塘和小河沟	
绿化、植物	受保护古树	其他树木	

注：在环境风险工程基本分级的基础上，当遇到以下情况时可进行调整：
1 当工程地质及水文地质条件复杂时风险等级可上调一级；
2 当新建地铁工程采用盾构法施工时风险等级可下调一级；
3 当新建地铁工程采用与地铁工程施工安全有关的新技术、新工艺、新设备、新工法施工时，风险等级可上调一级；
4 结合新建地铁工程风险因素的识别和深入分析，确需调整的。

环境工程风险分级应考虑环境风险源与地铁地下工程的接近程度。根据不同地下结构施工方法确定的接近程度分类参见表11.4。

不同工法情况下周围环境设施的接近程度分级表　　　表11.4

施工方法	距离	接近程度
明（盖）挖法	<0.7H 0.7H～1.0H 1.0H～2.0H >2.0H	非常接近 接近 较接近 不接近
暗挖法	<0.5B 0.5B～1.5B 1.5B～2.5B >2.5B	非常接近 接近 较接近 不接近
盾构法	<0.3D 0.3D～0.7D 0.7D～1.0D >1.0D	非常接近 接近 较接近 不接近

注：1 B 为暗挖法隧道毛洞宽度，D 为隧道的外径，H 为新建基坑深度；
2 当隧道采用爆破法施工时，应另外研究爆破震动的影响。

工程影响区宜根据不同地下工程施工方法进行划分，通常情况下可以将影响区域划分为强烈影响区、显著影响区和一般影响区。

明（盖）挖法基坑影响区域的划分可参见表11.5和图11.1。

基坑影响区域划分表　　　表11.5

受基坑影响程度分区	区域范围	受基坑影响程度分区	区域范围
强烈影响区（Ⅰ）	基坑周边0.7H范围内	一般影响区（Ⅲ）	基坑周边1.0H～2.0H范围
显著影响区（Ⅱ）	基坑周边0.7H～1.0H范围内		

注：1 H 为基坑开挖深度；
2 本表适用于深度大于5m的基坑。

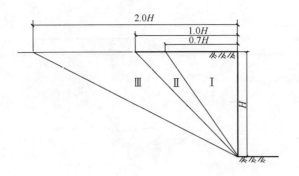

图 11.1　基坑影响区域划分示意图

暗挖法隧道施工影响区域的划分可参见表 11.6 和图 11.2。

暗挖法隧道影响区域划分表　　　　　表 11.6

受隧道影响程度分区	区域范围	受隧道影响程度分区	区域范围
强烈影响区（Ⅰ）	隧道正上方及外侧 $0.7Hi$ 范围内	一般影响区（Ⅲ）	隧道外侧 $1.0Hi$～$1.5Hi$ 范围
显著影响区（Ⅱ）	隧道外侧 $0.7Hi$～$1.0Hi$ 范围内		

注：1　Hi—暗挖法施工隧道底板埋深。
　　2　本表适用于埋深小于 $3B$（B 为暗挖法隧道毛洞宽度）的隧道，大于 $3B$ 也可参照本分区。

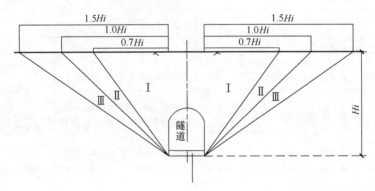

图 11.2　暗挖法隧道影响区域划分示意图

盾构法隧道施工影响区域的划分参见表 11.7 和图 11.3。

盾构法隧道影响区域划分表　　　　　表 11.7

受隧道影响程度分区	区域范围	受隧道影响程度分区	区域范围
强烈影响区（Ⅰ）	隧道正上方及外侧 $0.7Hi$ 范围内	一般影响区（Ⅲ）	隧道外侧 $1.0Hi$～$1.5Hi$ 范围
显著影响区（Ⅱ）	隧道外侧 $0.7Hi$～$1.0Hi$ 范围内		

注：1　Hi—盾构法施工隧道底板埋深。
　　2　本表适用于埋深小于 $3D$（D 为盾构隧道洞径）的隧道，大于 $3D$ 时也可参照本分区。

周边环境安全风险分级参见表 11.8。

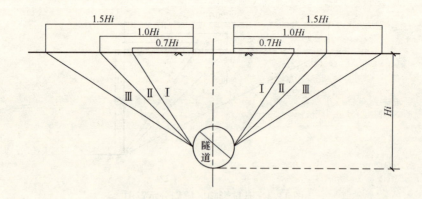

图 11.3 盾构法隧道影响区域划分示意图

环境风险分级表　　　　　　　　　　　　　　　表 11.8

风险等级	环境风险工程	新建地铁工程与周边环境相对关系	备注
特级	暗挖法施工下穿既有线(地铁、铁路)	下穿	
一级	盾构法施工下穿既有线(地铁、铁路)	下穿	
	暗挖法、盾构法施工上穿既有线(地铁)	上穿	
	暗挖法施工邻近既有线(地铁)	非常接近范围内(距离小于0.5B)	
	盾构法邻近既有线(地铁)	非常接近范围内(距离小于0.3D)	
	明(盖)挖法施工邻近既有线(地铁)	非常接近范围内(距离小于0.7H)	
	盾构、暗挖、明(盖)挖法施工邻近既有桥梁	邻近,强烈影响区(穿越距离小于2.5D,且破裂面影响桩长大于1/2(D桩径))	环境设施重要性类别为"重要"的桥梁
	暗挖法施工下穿既有雨、污水管线	下穿,强烈影响区	盾构法降低一级
	暗挖法施工下穿既有上水、煤气管线	下穿,显著影响区	盾构法降低一级
	暗挖法施工下穿既有热力管线	下穿,显著影响区	盾构法降低一级
	暗挖法施工下穿既有建(构)筑物	下穿,显著影响区	盾构法降低一级 环境设施重要性类别为"重要"的建筑物
	明(盖)挖法施工邻近既有建(构)筑物	邻近,强烈影响区(邻近距离小于1.0H,且破裂面影响基础面积大于1/2(H坑深)或者地基压力扩散角在基坑范围内)	盾构法降低一级 环境设施重要性类别为"重要"的建筑物
	暗挖法施工下穿既有河流、湖泊	下穿	盾构法降低一级

续表

风险等级	环境风险工程	新建地铁工程与周边环境相对关系	备注
二级	暗挖法施工邻近既有线(地铁)	接近范围内($0.5B\sim1.5B$)	
	盾构法施工邻近既有线(地铁)	接近范围内($0.3D\sim0.7D$)	
	明(盖)挖法施工邻近既有线(地铁)	接近范围内($0.7H\sim1.0H$)	
	盾构、暗挖、明(盖)挖法施工邻近既有桥梁	邻近,显著影响区(穿越距离大于$2.5D$,且破裂面影响桩长小于$1/2$且大于$1/3$(D桩径))	环境设施重要性类别为"重要"的桥梁
	暗挖法施工下穿既有雨、污水管线	下穿,一般影响区	盾构法降低一级
	暗挖法施工下穿既有上水、煤气管线	下穿,一般影响区	盾构法降低一级
	暗挖法施工下穿既有热力管线	下穿,显著影响区	盾构法降低一级
	盾构法施工下穿既有建(构)筑物	下穿,一般影响区	环境设施重要性类别为"一般"的建筑物
	明(盖)挖法施工邻近既有建(构)筑物	邻近,显著影响区(邻近距离大于$1.0H$,且破裂面影响基础面积小于$1/2$且大于$1/3$(H坑深))	环境设施重要性类别为"一般"的建筑物
	盾构法施工下穿既有河流、湖泊	下穿	
三级	盾构、暗挖、明(盖)挖法施工邻近既有桥梁	邻近,显著影响区(穿越距离大于$2.5D$,且破裂面影响桩长小于$1/3$(D桩径))	环境设施重要性类别为"一般"的桥梁
	盾构法施工下穿既有雨、污水管线	下穿,一般影响区	管线直径超过3m或方沟面积大于9m²风险等级上调一级
	盾构法施工下穿既有上水、煤气管线	下穿,一般影响区	
	盾构法施工下穿既有电力、通信等管线	下穿,一般影响区	
	暗挖法施工下穿既有热力管线	下穿,一般影响区	
	明(盖)挖法施工邻近既有建(构)筑物	邻近,显著影响区(邻近距离大于$1.0H$,且破裂面影响基础面积小于$1/3$(H坑深))	环境设施重要性类别为"一般"的建筑物

注:1 对有特殊要求的环境设施可根据产权单位的特殊要求进行调整。
   2 以上风险分级还需根据表11.3进行调整。

第二节 总体设计阶段安全风险管理

(一) 目标任务

总体设计阶段的安全风险管理目标是规避和降低由于线位、站位和施工工法等方案设计不合理可能导致的安全风险。

总体设计阶段安全风险管理的主要任务是：从工程实施的角度出发，结合线路选线，研究确定与地质和环境条件相适应的地下结构主要施工工法和结构形式，确定合理埋深，合理安排地下结构与临近建构筑物和设施的关系，估计相互影响程度，识别和评价工程实施的风险。

（二）原则

总体设计应力求通过选线规避沿线存在的可能严重影响工程实施的重要风险源和风险要素。在确定地下结构方案时，应充分注意工程的自身风险和环境安全风险两个方面。

总体设计阶段应遵循规避不良地质、重要周边环境的原则进行线路走向、车站站位的选择和布置。对于难以规避的重要周边环境应进行深入的风险分析、风险评估，并提出能有效控制风险且经济合理的技术方案。

地铁工程地下结构方案设计应结合沿线的地质条件和地质灾害评价报告，针对与地下工程实施有关的重要地质风险因素，进行重点分析，并提出相应的措施。

地下结构的施工方法应与地质条件相适应，并尽可能采用工艺成熟、安全稳妥、实施难度小、实施风险小的方案。如：

（1）在软土地层地区，宜尽量避免采用暗挖法施工断面复杂的大型隧道。

（2）在含有厚层淤泥地层或高灵敏度软土地层的地区，不推荐采用暗挖法施工隧道结构。

（3）当采用盾构法施工时，应充分重视盾构机选型与地层的适应性。尤其应注意软硬复合地层、大颗粒卵石或漂石以及各种球状风化地层条件下盾构机刀盘和刀具的适用性。防止因盾构机选型不当引起的施工和工期风险。

总体设计阶段应合理安排新建地下结构与近、远期实施地下结构的关系，对于地质条件差，后期施工影响大的工程，宜在本期工程建设阶段有所考虑，并在必要时预留后期施工的条件，以避免风险。

当新建结构需穿越（含上穿和下穿）重要的既有地下结构设施时，应比选地下结构和工法方案，分析可能的风险。推荐方案应包括控制和降低工程风险的措施建议。

应结合对沿线开展的环境和地下管线调查，分析新建地下工程实施可能遇到的障碍物情况，并提出解决方案。

在总体设计阶段应结合地下工程的规模和所采用的工法，安排合理的建设时间，防止因工程建设周期紧等原因加大工程建设期间的安全风险。

（三）内容

1. 一般要求

总体设计阶段安全风险管理的要求一般包括如下内容：

（1）应描述影响全线工程自身和周边环境安全的重大风险，提出风险控制的建议。

（2）总体设计阶段所建议的风险控制方案和措施，应考虑其对工程造价的影响，并在工程投资估算中有所体现。

（3）总体设计文件在开展下一阶段工作前必须经过建设单位组织相关部门和专家的

评审。

2. 明（盖）挖法工程

根据基坑的深度及工程地质和水文地质进行围护结构及支撑体系的技术经济比较。

当底板埋深超过 25m 或结构进入富水层时，研究降水的可靠性并结合围护结构选型采取对策。

在线位、站位确定时，尽量远离重大周边环境，使其位于本基坑工程的强烈影响区之外。

出入口尽可能采用明（盖）挖法施工，区间附属建筑物（如风井）及施工竖井尽量避开建（构）筑物，创造明（盖）挖施工条件。

3. 暗挖法工程

(1) 工程自身风险的工程设计要求

1) 埋深初定：考虑洞身避开不良地层如含水层，拱顶避开粉细砂层，并初定区间暗挖法隧道的埋深和线路平、纵断面设计参数。

2) 设计参数：断面形式、跨度等。从减少施工风险角度出发，减少车站洞室的跨度，避免接近开挖的相互影响。

3) 进洞方式：结合场地条件和周围环境条件选择进洞方式。车站端部有条件时尽可能采用明（盖）挖法施工，以利暗挖车站进洞和区间盾构作业，减少施工风险和工程难度。

4) 出入口和风道：平面设计避免采用直角转弯，通过圆顺过渡减少施工风险。

5) 变断面：为规避重大风险，应避免区间隧道内断面的多次变化。宜尽量优化线路减小断面的跨度，结合车站工法综合考虑变断面的施工方法。

(2) 周边环境安全风险的工程设计要求

1) 车站埋深和站位的确定：应把重要周边环境与车站（区间）隧道的相互影响控制在双方均可接受的范围内（施加各种保护措施以后）。

2) 当出入口必须采用暗挖法施工时，人防段应尽量避开管线区。

3) 在存在工程风险的区段，根据工程经验，大体确定线路与工程之间的空间关系。

4. 盾构法工程

(1) 工程自身风险的工程设计要求

1) 根据工程地质和水文地质等，初定区间盾构隧道的埋深和线路平、纵断面的设计参数。尽量避开软、硬不均的地层、大卵石地层。

2) 在超近的单线并行或交叠隧道区段，初定盾构隧道的最小净距和空间线型。

(2) 周边环境风险的工程设计要求

1) 在邻近周边环境的区段，根据工程经验，大体确定线路与周边环境之间的空间关系。

2) 初定区间联络通道或风井的位置，尽量避开水域、建（构）筑物和地下管线，隧道顶部尽量躲开粉细砂地层。

(四) 成果要求

总体设计文件中应包含工程风险（自身风险和周边环境安全风险）的工程设计内容，给出重大风险工程清单，并对重大风险的工程设计方案及风险控制方案给予初步说明。

总体设计文件中应重点突出：①工程自身风险和周边环境安全风险分析；②风险控制方案和周边环境保护措施；③初步设计阶段风险设计优化的方向和建议，以降低风险等级；如对存在优化可能的线、站位布置方案提出初步设计优化方向；对可能遇到的特殊地段，对勘察、环境调查等提出工作及深度要求等。

特殊要求时，应附新建地铁工程与周边环境的相对位置关系图和风险控制方案示意图。

第三节　初步设计阶段安全风险管理

(一) 目标任务

初步设计阶段安全风险管理的目标是通过识别和分析各类工程风险，明确重大工程风险，并针对高级别工程风险进行专项工程设计（包括支护结构设计、环境保护措施设计及监控措施设计等），对方案合理性和安全性进行审查、论证，避免由于初步设计不合理带来的安全风险。

初步设计阶段安全风险管理的任务主要是细化总体设计阶段初步选定的地下结构方案，进一步分析和识别地下结构工程的自身风险和环境安全风险，提出具体的工程实施方案和风险控制措施。

(二) 原则

初步设计阶段安全风险管理应在总体设计（或方案设计）的基础上全面识别、分析工程存在的风险，评估风险的影响，本着降低风险的原则确定施工工法，提出初步的技术措施，具体方案应做到合理可行和造价经济。

在评估和评价工程风险时，应重点考虑如下因素：

(1) 地质状况以及水文状况，尤其应注意各种不良地质及地质灾害的影响；

(2) 施工方法的适宜性，包括施工工法的成熟度、施工方法与地质条件的匹配性、工法本身的安全性、施工设备的适用性、不同工法衔接的可行性和风险；

(3) 各种临时和永久支护系统的可靠性；

(4) 地层沉降和变形对临近环境的影响，如沉降对地面道路、建筑物和地下管线的影响等；

(5) 各种地下管线的存在对施工安全的影响；

(6) 地面超载对地下工程安全的影响；

(7) 地质及地下水改良措施的有效性及其对周围环境的影响；

(8) 各种人为因素的影响。

(三) 内容

1. 一般要求

初步设计阶段安全风险管理的要求一般包括如下内容：

(1) 全线工程的安全风险分级，提出全线安全风险清单。

(2) 存在高级别环境安全风险的工程应进行安全性专项设计。专项设计内容主要包括风险分析评价、周边环境监测控制指标、工程技术措施、环境安全保护设计措施、监控量测设计方案等。专项设计文件的深度应满足初步设计文件的深度要求。工程自身风险一般无需开展安全性专项设计，但高级别工程自身风险的工程的初步设计文件中应包含风险分析评价和下阶段优化方向及建议等内容。

(3) 对于地位特别重要、影响特别重大的高等级周边环境风险，必要时可通过各种理论分析手段进一步验证其影响程度和范围。

(4) 初步设计应包含监控量测方案，提出初步的工程环境影响控制指标；提出施工图设计阶段在安全风险方面的重点工作内容和方向。

(5) 初步设计的安全风险清单和专项设计应经过建设单位组织的专项审查。

2. 明（盖）挖法工程

(1) 工程自身风险的工程设计要求

1) 在总体设计确定的技术条件的基础上，根据初勘资料，进一步优化设计。

2) 对于明显承受偏载作用的基坑，计算简图和计算方法应能正确反映偏载对基坑围护结构受力和变形的影响。

3) 计算参数的确定：作用在围护桩主动区的侧土压力，应与围护桩的变形控制条件相适应。当环境保护要求必须严格控制桩身水平位移时，侧土压力应提高主动土压力的设计值，采用静止土压力或介于主动土压和静止土压力的中间值。

4) 提出针对工程自身风险的监控量测要求。

(2) 周边环境风险的工程设计要求

1) 根据初勘地质资料及周边环境的调查结果，结合对其允许附加变形的定量分析，确定周边环境的保护措施和基坑变形的控制要求，据以完成支护结构的初步设计并提出相关的施工建议和要求。

2) 进行针对周边环境的监控量测初步设计。

3) 基本落实管线处理和保护方案，同时分析管线改移，对附属结构施工影响，避免给后续工程带来影响。

3. 暗挖法工程

(1) 工程自身风险的工程设计要求

1) 根据初勘地质资料和场地条件等，调整和基本落实方案设计阶段初定的技术条件。

2) 结构形式和施工工法：结合环境地质调查，通过理论计算和进一步的比选，基本确定车站和区间隧道的结构形式和施工工法。

当车站采用浅埋暗挖洞桩（柱）法时，应结合地层组成、地下水情况、环境条件和施工机具的适应性等，从减少施工对环境的影响考虑，进行结构形式和施工工况的比选。

当采用分步开挖施工时，应进行"中洞法"和"侧洞法"的比选。

当完成分步开挖施工之后进行衬砌作业时，应根据断面大小、量测结果分析结构受力状况，慎重选择分部衬砌或全断面台车衬砌。

3）受力转换：从减少施工风险角度出发，着重从车站的布局、体量和施工方法考虑，尽量减少车站洞室的交叉和开挖的群洞效应，减少施工对土体的反复扰动。

4）附属结构：对于暗挖工程，为规避重大风险，应结合风道和联络通道布置考虑施工竖井的进洞方式；配线位置的大断面宜尽量优化线路减小大断面的跨度。有条件时施工竖井和横通道宜选在大断面处，以利隧道开挖时从大断面向小断面过渡。

5）降、堵、止水：当车站或区间隧道底板埋深超过25m或洞体处于丰富的含水层中时，应研究降水、堵水和止水的可靠性及对策。

6）提出针对工程自身风险的监控量测要求。

(2) 周边环境风险的工程设计要求

1）根据初勘地质资料及周边环境的调查结果，结合对其允许附加变形的定量分析，确定周边环境的保护措施及隧道开挖引起的地面沉降和地层位移控制要求，据以完成暗挖法车站和区间隧道的初步设计（包括结构形式、断面尺寸、施工方法、施工步序及辅助措施等）。

2）基本落实管线处理和保护方案。

3）对区间附属建筑物（如风井）及施工竖井附近的建（构）筑物，根据初勘地质资料及周边环境的调查结果，结合定量分析，确定周边环境的保护措施及变形控制要求。

4）进行针对性的周边环境监控量测初步设计。

4. 盾构法工程

(1) 工程自身风险的工程设计要求

1）结合初勘地质资料基本确定区间隧道的线位和附属工程的位置。

2）提出附属工程的施工方法和减少施工风险的技术方案。

3）对于超近并行或交叠隧道，还应增加以下设计内容：

①确定各条隧道的掘进顺序。

②根据并行或交叠隧道结构受力和围岩变形的特性，选择能反映并行或交叠盾构隧道施工及使用期间受力和变形特点的结构计算方法和计算简图等。

③根据受力和控制沉降需要，分段提出设计和施工措施（如管片加强、地层加固、在先行隧道中设置内支撑等）。

④对于盾构始发、到达端头部位尤其注意水、砂、压力同时存在情况下的加固体尺寸（长度、宽度、高度）计算和强度设计，使设计加固参数（如加固土体的c、φ值、纵向加固长度、加固宽度、上下方加固高度、渗透系数）和加固方法合理可行。

⑤对联络通道着重考虑其设置部位应避开不良地质及周边环境。对带泵房的联络通道，应从设备选型出发（立式泵或卧式泵），尽量减小泵房开挖尺寸，优化开挖断面，减小施工风险。

⑥提出针对工程自身风险的监控量测要求。
⑦初步提出盾构选型和配置的建议。

(2) 周边环境风险的工程设计要求

1) 根据初勘地质资料及周边环境的调查结果，结合对其允许附加变形的定量分析，确定周边环境的保护措施及盾构施工引起的地面沉降和地层位移控制要求。对于近距离下穿、侧穿桥梁桩基或建（构）筑物基础的情况，必要时还应考虑对盾构隧道自身的加强或防护措施。

2) 进行针对周边环境的监控量测初步设计。

(四) 成果要求

1. 工程自身风险

初步设计文件中应包含针对工程自身风险的工程设计内容，在风险工程清单的基础上，对设计方案进行技术经济比较，推荐在风险控制及造价控制方面均较优的方案。

针对工程自身风险的初步设计文件中应重点突出以下内容：①工程自身风险分析；②工程自身风险控制的工程措施；③监控量测设计；④变形控制指标；⑤施工图设计阶段风险工程设计优化的方向和建议等。并应附工程自身风险控制的工程措施图、施工步序图、初步监控量测图等图件。

2. 环境风险工程

初步设计文件中应包含周边环境风险的保护性设计内容，在风险清单的基础上，对环境风险保护措施进行技术经济比较，确定具体的保护措施，进行周边环境保护性设计。

对于存在高等级周边环境风险的工程应做专项设计，特殊要求时以专册的形式提供相对独立的风险工程设计文件。

针对环周边境风险的工程专项设计应重点突出以下内容：①周边环境调查资料；②周边环境保护措施初步选定；③施工影响性预测（根据初勘地质资料、周边环境调查资料初步分析）；④监控量测设计；⑤变形控制指标；⑥施工图设计阶段风险的工程设计优化的方向和建议等。并附周边环境与新建地铁工程的相对关系平剖面图、周边环境保护措施示意图、施工步序图和监控量测图等。

其中，施工图阶段工程风险的工程设计优化的方向及建议包括：①在稳定线位、站位、工法后，对周边环境的保护措施通过进一步的分析与评价进行优化；②对施工图阶段设计中可能遇到的特殊地段的勘察、环境调查、检测评估等提出工作及其深度要求。

第四节 施工图设计阶段安全风险管理

(一) 目标任务

施工图设计阶段安全风险管理的目标是通过安全风险的全面有效识别和分级的合理性，对高级别风险工程安全专项施工图设计（包括变形控制指标、支护结构设计参数、监测设计方案、工程设计控制措施、环境保护设计方案和应急预案等）的合理性和安全可靠性进行审查论证，避免由于施工图设计问题带来的安全风险。

施工图设计阶段安全风险管理的主要任务包括：

(1) 施工附加影响分析。分析和预测工程实施可能对周围环境和设施带来的相关影响，提出初步的施工控制指标。施工附加影响分析通常采用数值模拟、反分析、工程类比等方法，预测分析地下结构施工对工程环境所造成的附加荷载和附加变形影响，评价环境风险设施的安全性，判断施工工法、加固措施等能否满足工程环境所允许的剩余承载能力和剩余变形能力，为环境风险工程施工图设计、周边环境监控量测控制指标制定、环境安全保护设计和施工建议提供充分依据。施工附加影响分析原则上只针对特、一级环境风险工程开展。施工影响分析应通过由建设单位组织的专家评审。

(2) 落实工程安全风险控制有关的措施，并预估这些措施的效果。

(3) 细化工程具体措施，使其达到可施工的深度。

(4) 地下结构自身的安全风险控制的各项措施和要求在施工图设计文件中应有所体现。

(二) 原则

施工图设计阶段应在初步设计的基础上深入分析工程存在的风险，预测并评估工程施工的影响，本着控制风险的原则制定控制指标提出具体技术措施，必须具有可操作性，并且进行造价比较，使措施经济合理。

(三) 内容

1. 一般要求

施工图设计应提供监控量测设计要求和工程环境影响控制指标，并应充分重视信息化施工在地下工程实施过程中的作用，及时掌握数据和反馈信息。

在工程施工图设计付诸施工期间，设计单位应充分注意施工配合工作。应注意设计意图和设计文件的方案在施工中是否得到落实，对在施工过程中发现的不落实情况，应及时通知有关方面研究和落实。

施工图设计的安全风险清单和针对工程风险的专项设计应由建设单位组织专家评审。

2. 明（盖）挖法工程

(1) 工程自身风险的工程设计要求

1) 在初步设计确定的技术条件的基础上，根据详勘资料，进一步优化、细化设计，反映到施工图中。

2) 根据自身风险工程特点指出关键风险点，要求施工单位针对各种可能的突发事故制定相应的应急预案。

(2) 周边环境安全风险的工程设计要求

1) 根据详勘地质资料和周边环境的详细调查结果进行施工影响性预测，提出基坑及周边环境的变形控制指标，细化周边环境的保护措施。

2）针对周边环境的监控量测进行详细的设计，如测点布置、监测频率等。

3）根据周边环境特点指出关键风险点，要求施工单位针对各种可能的突发事故时制定相应的应急预案。进行管线改移时，应在设计中分析管线改移，对附属结构施工影响。

(3) 常用风险控制或环境保护工程措施

1）**支撑加强措施**：为严格将基坑开挖引起的地层变形限制在需要的范围内，一般需采取支撑加强措施。如增加钢支撑的道数、提高预加轴力值、采用混凝土支撑等。

2）**围护结构加强措施**：当一般的围护结构设计（如钻孔桩、SMW 桩等）不能满足风险工程设计对围护结构刚度及止水性能的要求时，可采用更强的围护结构形式，如钻孔咬合桩、地下连续墙等。连续墙的槽段接头形式可根据需要采用十字钢板、工字钢、预制桩等受力性能和止水性能均较优越的接头形式。

3）**坑外注浆**：当基坑外地层有空洞，或为保护与基坑侧壁距离较近的建（构）筑物，可从地面或基坑内向坑外地层中注浆，以填充地层孔隙及空洞，或加固建（构）筑物地基，达到保护基坑稳定和限制建构筑物变形的目的。

3. 暗挖法工程

(1) 工程自身风险的工程设计要求

1）在初步设计确定的技术条件的基础上，根据详勘资料，进一步优化、细化设计，反映到施工图中。

2）**特大断面**：对在开挖和浇筑二衬过程中，支护体系受力转换复杂以及初、二衬交替受力的大断面或体形复杂的结构，应着重从洞室分割、开挖步序、初支和临时支撑的连接构造以及初支破除或二衬浇筑过程中临时支撑的置换等方面优化设计，确保施工过程中围岩和支护体系的稳定以及结构受力可靠。

3）**马头门**：优先采用"先衬砌后开口"的原则或采取"加强初期支护强度并加设横向支撑再开设马头门"的措施，提出确保马头门施工安全的结构措施和施工措施。

4）**出入口或风道转弯段**：提出出入口或风道转弯段的详细设计和施工要求。

5）**变断面**：着重从开挖步序、初支和临时支撑的连接构造以及临时支撑的顶替与置换方面优化设计，确保暗挖法变断面的支护体系稳定与结构受力可靠。

6）**明暗分界面**：着重从明、暗挖施工步序等方面优化，确保结构和围岩的稳定。

7）根据工程自身风险的特点指出关键风险点，要求施工单位针对各种可能的突发事故时制定相应的应急预案。

(2) 周边环境安全风险的工程设计要求

1）根据详勘地质资料和周边环境的详细调查结果对周边环境进行施工影响性预测，提出周边环境的变形控制指标和保护措施。

2）对于隧道拱部横穿或平行设置的地下建（构）筑物、污水管、有压水管和煤气管等由于渗漏和破坏可能引发灾难性后果的工程，应提出明确的防护措施和监控要求（包括施工前探明管线渗漏及管底土体的软化情况，对管内水体的引排、防渗或对管体的加固措施，施工中对管线附近掌子面渗漏情况的超前探测以及对管线变形和渗漏情况的全过程监控等）。

3）针对周边环境的监控量测进行详细的设计如测点布置、监测频率等。

4）根据周边环境特点指出关键风险点，要求施工单位针对各种可能的突发事故时制定相应的应急预案。

(3) 常用风险控制或环境保护工程措施

1）超前地层加固：暗挖法隧道近距离穿越桩基、地下管线等地下构筑物或重要道路前，可采用小导管注浆、长导管注浆等工法，对前方地层进行预加固，以加强地层的强度及刚度，降低隧道开挖造成的不利影响。超前地层加固措施可与大管棚等其他措施结合应用。

2）隔离桩：当暗挖法隧道近距离侧向穿越房屋、大型地下构筑物等重要设施前，可在隧道与重要设施之间，从地面施作隔离桩，将隧道开挖引起的地层扰动及变形限制在隧道与隔离桩范围以内，保护周边的重要设施免受或少受隧道开挖的不利影响。

3）建（构）筑物加固或临时功能限制措施：在采用了所有可采用的施工辅助措施后，隧道施工仍然不能保证周边建（构）筑物的结构安全或正常使用时，可对该建（构）筑物采用结构加强措施或临时功能限制措施。如当暗挖法隧道下穿既有地铁车站或区间、侧向穿越立交桥桩基等，可采取既有隧道衬砌加固、桩基加固或托换、限速或管制交通等措施。

4. 盾构法工程

(1) 工程自身风险的工程设计要求

1）在初步设计确定的技术原则和技术方案的基础上（一般在不影响站位和车站纵断面的前提下，允许微调），根据详勘提供的地质资料，完成各项施工图设计。

2）明确施工管理要求，包括掌子面稳定控制，隧道线形控制、壁后注浆管理及接近施工管理等。

3）盾构始发、到达端头部位：着重考虑水、砂、压力同时存在情况下的加固工法选择、加固体尺寸、加固体强度、加固体渗透性，洞门破除、临时止水装置等的优化设计，确保始发和接收的安全。

4）联络通道：着重考虑联络通道部位加固工法选择、加固体尺寸、加固体强度、加固体渗透性，管片破除时的临时支撑的优化，确保整体的稳定。

5）根据工程自身风险的特点指出关键风险点，要求施工单位针对各种可能的突发事故时制定相应的应急预案。

(2) 周边环境安全风险的工程设计要求

1）根据详勘地质资料和周边环境的详细调查结果对周边环境进行施工影响性预测，提出周边环境的变形控制指标和保护措施。

2）针对周边环境的监控量测进行详细的设计如测点布置、监测频率等。

3）根据周边环境特点指出关键风险点，要求施工单位针对各种可能的突发事故时制定相应的应急预案。

(3) 常用风险控制或环境保护工程措施

1）地面加固措施：由于盾构设备的限制，很难从洞内对地层进行加固。所以，当盾构隧道近距离穿越地下建（构）筑物、桥桩、重要管线等设施，且在已采取加强盾尾同步注浆、衬背二次注浆等一般性施工措施后仍不能满足地层变形控制要求时，可提前在地面对需保护的设施周边地层进行加固，可有效地降低盾构施工对其的不利影响。

2）地层冻结：当地下水丰富，且隧道周边地层为粉细砂、粉土、砂卵石等渗透性地层时，盾构机掘进时的风险较大。特别是当隧道埋深也较大（或超浅），盾构机在上述地层中进行始发、接收或联络通道施工时，可考虑采用冻结法加固地层，以保证地层强度和止水性能的均一性，保证盾构区间关键节点的施工安全。

（四）成果要求

1. 工程自身风险的工程设计要求

施工图设计应包含工程自身风险的工程设计内容，在详细风险工程清单的基础上提出具有实施性的结构自身风险工程设计方案。

施工图设计文件中应重点突出以下内容：①工程风险清单及情况介绍；②初步设计审查意见及执行情况；③工程自身风险分析；④风险控制工程措施；⑤专项监控量测设计；⑥变形控制指标（必要时提出各施工步序的变形控制指标）。并附风险控制工程措施图、施工步序图及监控量测图等。

2. 周边环境风险的工程设计要求

施工图设计应包含周边环境风险的保护性设计内容，在详细风险工程清单专册的基础上进行施工图设计。

对于高级别周边环境安全风险的工程应做环境保护性专项设计，特殊要求时以风险工程设计专册的形式提供相对独立的环境风险专项设计。

施工图设计文件中以明确的形式包含安全风险设计的说明及图纸。

在施工图设计文件中应突出以下内容：①初步设计审查意见及执行情况；②周边环境调查资料；③风险工程变形预测和安全性评估（对特、一级及产权单位有特殊要求的环境风险工程，根据详勘地质资料、周边环境调查资料详细分析，包括施工影响性预测和施工附加影响分析）；④变形控制指标（关键工序变形控制指标）；⑤周边环境保护措施；⑥监控量测设计；⑦施工注意事项（应急预案）等。并附周边环境与新建地铁工程的相对关系平剖面图、周边环境保护措施图、施工步序图及监控量测图等。

对高级别环境风险的工程专项保护性设计的内容尚应突出：①周边环境受施工影响的变形预测和安全性评估（根据详勘地质资料、周边环境调查资料详细分析，包括施工影响性预测和施工附加影响分析）；②变形控制指标（包括各阶段变形控制指标）；③周边环境保护措施；④监控量测设计；⑤应急预案等。

第十二章　地铁主要风险工程的设计技术

地铁工程多为地下工程，其安全风险事故主要发生在土建工程施工期间，既有工程自身风险问题，如基坑失稳、隧道塌方；也有周边环境安全问题，如基坑开挖引起周边楼房倾斜、隧道开挖引起地下管线断裂。本章选择容易发生安全风险事故的深基坑工程、大跨度隧道工程以及近邻、下穿既有建（构）筑物隧道工程，从设计思路、技术方案、技术手段等方面进行阐述，旨在对工程技术人员提供指导、借鉴。

第一节　深 基 坑 工 程

本节所述的深基坑，是指深度大于 7m 的基坑。基坑工程涉及土力学、岩石力学、结构力学、钢筋混凝土结构、钢结构等多门学科，且实践性较强，基坑工程的设计与施工两者紧密相连。深基坑工程的设计内容包括：围护结构、支撑系统、挖土方案、换撑措施、降水方案及地基加固。这几方面的内容互相关联，在设计时必须综合考虑。

深基坑工程设计的一般步骤为：在完成前期工作（了解工程周围环境、熟悉本工程建筑物图纸、了解施工承包商的施工条件、充分研究水文、地质资料）的基础上，应先选择围护结构形式及支撑体系，对围护结构形式而言，根据开挖深度，初步确定入土深度、截面尺寸；对支撑形式而言，支撑布置避开主体结构的墙柱，支撑立柱尽量利用工程桩，要考虑挖土方案。进而进行水、土压力、地面超载、反力系数 K 等参数的确定，并进一步通过稳定分析（含整体稳定、隆起稳定、管涌稳定、底鼓稳定、槽壁稳定等），确定围护结构入土深度。过程中，还需通过改变围护结构参数，增加支撑道数，调整入土深度，增加地基加固措施、降水措施等优化调整，以确定最优方案，再进行下一步的内力计算、配筋计算和强度验算，以及基坑变位验算。以上过程一般需要反复进行，直到达到基坑围护结构设计"安全、经济、施工简便"的八字原则，从而最终完成基坑围护结构的管控设计（含施工图设计、编制施工说明、细部设计等）。

（一）围护结构

基坑围护结构的形式按制作方式分为预制方式和现浇方式。预制方式中含桩板式墙、钢板桩墙（分钢板桩和钢管板桩）、预制混凝土板桩（含预制地下连续墙）；现浇方式中含柱列式（如灌注桩）和壁式（如 SMW、地下连续墙、稳定液固化墙和搅拌桩（水泥土）墙等）两种。

各种围护结构有其自身特点和特定的适用范围，参见表 12.1。

（二）支撑系统

深大基坑工程的支撑系统，其作用是用来支挡围护墙体，承受墙背侧土层及地面超载在围护墙上的侧压力。支撑系统由支撑、围檩、立柱三部分组成，围檩和立柱根据基坑具体规模、变形要求的不同而设置。

各类围护结构的特点　　　　　　　　　　　　　　　　　　　　　　表 12.1

类　型	特　　　　点
桩板式墙	1　H 钢的间距在 1.2～1.5m。 2　造价低，施工简单，有障碍物时可改变间距。 3　止水性差，地下水位高的地方不适用，坑壁不稳的地方不适用
钢板桩墙	1　成品制作，可反复使用。 2　施工简便，但施工有噪声。 3　刚度小，变形大，与多道支撑结合，在软弱土层中也可采用。 4　新的时候止水性尚好，如有漏水现象，需增加防水措施
钢管桩	1　截面刚度大于钢板桩，在软弱土层中开挖深度可大，在日本开挖深度达 30m。 2　需有防水措施相配合
预制混凝土板桩	1　施工简便，但施工有噪声。 2　需辅以止水措施。 3　自重大，受起吊设备限制，不适合大深度基坑。国内用在 10m 以内的基坑，法国用到 15m 深基坑
灌注桩	1　刚度大，可用在深大基坑。 2　施工对周边地层、环境影响小。 3　需和止水措施配合使用，如搅拌桩、旋喷桩等
地下连续墙	1　刚度大，开挖深度大，可适用于所有地层。 2　强度大，变位小，隔水性好，同时可兼作主体结构的一部分。 3　可邻近建（构）筑物使用，环境影响小。 4　造价高
SMW 工法	1　强度大，止水性好。 2　内插的型钢可拔出反复使用，经济性好
稳定液固化墙	（国内尚未使用，日本使用较广）
水泥土搅拌桩挡墙	1　无支撑，墙体止水性好，造价低。 2　墙体变位大

常见的支撑布置方式有斜角撑、直撑、桁架、圆撑、斜撑、斜拉锚等，每种支撑布置方式有其自身特点及适用范围。斜角撑适用于平面尺寸不大，且长短边长相差不多的基坑。它开挖土方的空间较大，但变形控制要求不能很高；直撑采用钢支撑和钢筋混凝土支撑均可，受力明确，安全稳定，有利于墙体的变形控制，但开挖土方较为困难；桁架沿基坑四周布置，多采用钢筋混凝土结构，中部形成大空间，有利于开挖土方和主体结构施工；圆撑沿基坑周边布置，多采用钢筋混凝土结构，支撑体系受力条件好，开挖空间大，便于施工；斜撑在开挖面积大、深度小的基坑中应用较广，但在软弱土层中不易控制基坑的稳定和变形；斜拉锚便于土方开挖和主体结构施工，但仅适用于周边场地具有拉设锚杆的环境和地质条件。

1. 支撑材料的选择

支撑的材料应根据周边的环境要求、基坑的变形要求、施工技术条件和施工设备的情况来确定，一般可采用钢支撑、钢筋混凝土支撑、钢与钢筋混凝土混合支撑、拉锚等几种材料，表12.2列举了不同支撑材料的主要优缺点。

不同支撑材料的主要优缺点　　　　　表 12.2

支撑材料	优　点	缺　点
钢支撑	安装、拆除方便，且可施加预应力	刚度小，墙体变位大，安装偏移会产生弯矩
钢筋混凝土支撑	刚度大，变形小，平面布置灵活	混凝土撑达到设计强度需时间，拆除需要爆破，制作与拆除时间比钢撑施工时间长，且不能预加轴力，自重大
钢与钢筋混凝土支撑	利用了钢材、混凝土各自的优点	宽大的基坑不太适用
拉锚	施工面空间大	软弱地层承载力小，锚多而密，且多数不能回收，成本高

地铁工程明（盖）挖法施工中，基坑工字钢桩、钢板桩、钢筋混凝土灌注桩以及地下连续墙等围护结构，多采用横撑或锚杆加以支撑。除壁式地下连续墙根据设计沿纵向设置各道支撑暗梁外，其他围护结构的支撑点全部作用在紧贴桩的水平腰梁上，腰梁一般采用工字钢或槽钢背靠背并排制成。

对区间较窄基坑的横撑，一般采用型钢加焊缀板制成；而车站或较宽基坑的横撑，常采用多节串联并且两端长短可以调整、使用灵活的 $\phi 600mm$ 以上的钢管以及钢桁架。当采用横撑比较困难而地质条件又允许时，也可采用土层锚杆代替横撑。

2. 支撑的布置

(1) 支撑的平面布置

对于地层软弱、周边环境复杂、基坑变形要求高的深大基坑，应选择直撑（对撑）布置的形式，水平支撑间距一般控制在 3～6m。在平面不规则的基坑中，可根据实际情况选用桁架、圆撑、角撑等多种形式，以便土方开挖和主体工程的施工。

(2) 支撑的竖向布置

支撑的竖向布置主要满足围护结构的稳定与变形要求，同时还要考虑浇筑主体结构时的换撑措施。支撑竖向间距一般控制在 4～6m。为减小基坑在开挖后围护结构的变形，最下一道支撑应尽量落低，但要高于底板面 60cm 以上，以便于底板施工。

(3) 立柱的布置

在顺筑法中，支撑立柱应避开梁、柱、墙，尽量利用工程桩。立柱的材料和截面通常为 H 型钢或角钢构成的格构柱，这便于穿过底板和楼板，便于防水处理。

3. 支撑体系的内力计算方法

简化法：将围檩作为连续梁、支撑作为支座来计算。

平面计算法：将每一道的围檩、支撑、系杆作为一个整体的桁架来计算。

三维计算法：将全部的围护结构、支撑体系作为一个整体来计算。

（三）挖土方案

基坑开挖应根据工程地质与水文地质资料、结构和支护设计形式、环境保护要求、施工场地条件、基坑平面形状、基坑开挖深度等，遵循"分层、分段、分块、对称、平衡、限时"和"先撑后挖、限时支撑、严禁超挖"的原则设计土方开挖方案。

基坑挖土方案应要求：基坑开挖过程中，支护结构应达到设计要求的强度，挖土施工工况应满足设计要求，采用钢筋混凝土支撑或以水平结构代替内支撑时，混凝土达到设计要求的强度后才能进行下层土方的开挖。采用钢支撑时，钢支撑施工完毕并施加预应力后，才能进行下层土方的开挖。基坑开挖应采用分层开挖或台阶开挖的方式，软土地区分层厚度一般不大于4m，同时，土方开挖还需与横撑、锚杆的施工相配合，分层坡度不应大于1∶1.5。基坑挖土机械及土方运输车辆直接进入坑内进行施工作业时，应采取措施保证坡道稳定。坡道宽度应保证车辆正常行驶，软土地区坡道坡度不应大于1∶8。有内支撑的基坑开挖方法和顺序应尽量减少基坑无支撑暴露时间。应先开挖周边环境要求较低的一侧土方，再开挖环境要求较高一侧的土方，应根据基坑平面特点采用分区、对称开挖的方法，限时完成支撑或垫层。基坑开挖面积较大的工程，可根据周边环境、支撑形式等因素，采用岛式开挖、盆式开挖、分层分块开挖的方式。对地铁车站这种狭长形基坑，应根据其特点，选择合适的斜面分层分段挖土方法。采用斜面分层分段挖土方法时，一般以支撑竖向间距作为分层厚度，斜面可采用分段多级边坡的方法，多级边坡间应设置安全加宽平台，加宽平台之间的土方边坡一般不应超过二级；各级土方边坡坡度一般不应大于1∶1.5，斜面总坡度不应大于1∶3。

机械挖土应挖至坑底以上20～30cm，余下土方应采用人工修底方式挖除，减少坑底土方的扰动。机械挖土过程中应有防止工程桩侧向受力的措施，坑底以上工程桩应根据分层挖土过程分段凿除。基坑开挖至设计标高应及时进行垫层施工。电梯井、集水井等局部深坑的开挖，应根据深坑现场实际情况合理确定开挖顺序和方法。

基坑开挖应对支护结构和周边环境进行动态监测，实行信息化施工。

（四）换撑措施

在基坑工程设计中，应注意换撑措施设计。

在底板和部分侧墙防水层及结构施工完成，并待混凝土达到设计强度的90%后，在两侧侧墙间架设最底层的倒换撑，之后拆除最下面一道支撑，进而继续施工上部分侧墙防水层及侧墙结构；待混凝土达到设计强度的90%后，根据基坑深度需要，继续架设上一层倒换撑，之后拆除倒数第二道支撑，进而继续施工再上部分侧墙防水层及侧墙结构；如此反复，到达一定高度后，无需架设倒换撑，待混凝土达到设计强度的90%后，陆续直接拆除上层支撑，直至侧墙结构施作完成。

(五)降水方案

明挖基坑排水一般采用明沟加集水井的施工方法,其设置费用和保养费用均较低,同时也能适合于各种土层。但这种方法由于集水井通常设置在基坑内部以吸取流向基坑的各种水流(如边坡和坑底渗出的水,雨水等),最后将导致细粒土边坡面被冲刷而塌方。尽管如此,如果能仔细地施工以及采用支撑系统,所抽水量能及时排除基坑内的表面水,明挖排水未尝不是一种经济的方法。

在深大基坑工程中,几乎每年都有因流砂、管涌、坑底失稳、坑壁坍塌而引起的工程事故,造成周围地下管线和建筑物不同程度的损坏,在人员和经济上造成不可估量的损失。采用井点降水可以防范这类工程事故,它可以用来降低地下潜水位或承压水位,其在避免流砂、管涌和底鼓,保持干燥的施工环境,提高土体强度与基坑边坡稳定性方面都有着显著的效果。

井点降水是在基坑的周围埋下深于基坑底的井点或管井,以总管连接抽水(或每个井单独抽水),使地下水位下降形成一个降落漏斗,并降低到坑底以下 0.5~1.0m,从而保证可在干燥无水的状态下挖土。井点降水一般有:轻型井点、喷射井点、管井井点、电渗井点和深井泵等。可按土的渗透系数,要求降低水位的深度、设备条件以及工程特点,灵活选用。

轻型井点是沿基坑的四周或一侧,将直径较细的井点管沉入深于坑底的含水层内,井点管上部与总管连接,通过总管利用抽水设备利用真空作用将地下水从井点管内不断抽出,使原有的地下水位降低到坑底以下。本法适用于渗透系数为 0.1~80.0m/d 的土层,而对土层中含有大量的细砂和粉砂层特别有效,可以防止流砂现象和增加土坡稳定,且便于施工。轻型井点系统由井点管、连接管、集水总管及抽水设备等组成。井点系统的布置,应根据基坑平面形状与大小、土质、地下水位高低与流向、降水深度等要求而定。井点系统的平面布置类型有单排线状加密、单排线状延伸、单排线状末端弯转、双排线状井点、半环圈井点、环圈井点系统等。井点系统的高程布置类型有单排线状井点高程、双排或环圈井点高程、二级轻型井点高程、土井配合加深一级井点降水高度等。

喷射井点适用于基坑开挖较深,降水深度大于 6.0m,而且场地狭窄,不允许布置多级轻型井点的工程。其一层降水深度可达 10.0~20.0m,适用于渗透系数为 30.0~50.0m/d 的砂土层中。喷射井点分为喷水井点和喷气井点两种,其设备主要由喷射井点、高压水泵(或高压气泵)和管路系统组成,前者以压力水为工作源,后者以压缩空气为工作源。喷射井点的管路布置、井点管的埋设方法等,与轻型井点基本相同。

管井井点适用于轻型井点不易解决的含水层颗粒较粗的粗砂-卵石地层,渗透系数较大、水量较大,且降水深度较深(一般为 8.0~20.0m)的潜水或承压水地区。管井井点系统的主要设备包括井管和水泵。管井井点的布置方法:基坑总涌水量确定后,再验算单根井点极限涌水量,然后确定井的数量。采取沿基坑周边每隔一定距离均匀设置管井。管井之间用集水总管连接。

(六)地基加固

基坑地基加固是针对区域性的场地,通过对软弱地基掺入一定量的固化剂或使土体固结，以提高地基的力学性能。

当基坑工程设计中存在下列情况时，应采取适当的地基处理措施。

（1）基坑地基不能满足基坑侧壁的稳定要求；

（2）对周围环境的预计影响程度超出有关标准；

（3）现有地基条件下不能满足开挖、放坡、底板施工等正常施工要求；

（4）基坑开挖过程中暴露出的质量问题，严重影响基坑施工及基坑安全。

对于有管涌和水土流失危险之处则更应预先进行可靠的预防性地基处理。必须加固的位置和范围要选在可能引起突发性灾害事故的地质或环境之处。

地基土的处理或加固的方法较多，包括自密法、置换法、复合地基法、加筋法、灌浆法。自密法包括排水固结法、碾压法、动力夯实法，其中排水固结法又包括预压法和降水法。置换法包括粗粒或细粒垫层法。复合地基法包括碎石桩法、砂桩法、灰土桩法、水泥土桩法。其中水泥土桩法包括深层搅拌和旋喷桩等工法。每一种地基处理方法都有其适用范围和局限性，不存在任何条件下都是最合理的万能的处理方法。

场地的地基土加固通常分为两种类型：结构物地基加固和施工期间地基加固。前者属于永久性加固，后者是施工期间的临时性加固。本节主要是针对基坑开挖工程中的临时性地基处理，我们称之为基坑土体加固。处理的对象为软弱地基土，包括由淤泥质土、人工填土、或其他高压缩性土层构成的软弱地基，主要是为提高土的强度和降低土的压缩性，确保施工期间基坑本身的安全和基坑周边环境安全而对基坑相应的土体进行加固。

基坑土体加固的方法，包括注浆（各种注浆工艺、双液速凝注浆等）、双轴搅拌桩、三轴搅拌桩、高压旋喷桩、降水等加固方式。基坑土体加固方法及适用性参见表12.3。

各种土体加固方法的适用范围表　　　　表 12.3

加固方法 \ 场地土性	对各类场地土的适用情况			
	人工填土	淤泥质土、黏性土	粉性土	砂性土
注浆法	●	●	○	○
双轴水泥土搅拌法	●	○	○	●
三轴水泥土搅拌法	●	○	○	○
高压旋喷法	○	○	○	○
降水法		●	○	○

注：●表示慎用，○表示可用。

表中地基加固的各施工工法可详见相关专业规程或规范。表中人工填土包括杂填土、浜填土、素填土和冲填土等，其中素填土是由碎石、砂土、粉土、黏性土组成的填土，其中含少量杂质；冲填土则由水力充填泥砂形成的填土；杂填土则是由建筑垃圾、工业废料、生活垃圾等杂物组成的填土，土性不均匀，且含有机质，会影响加固的效果和质量，故应慎重对待。

第二节　大断面隧道工程

传统的暗挖法施工为地铁工程暗挖施工技术奠定了基础。到 20 世纪 60 年代，由于喷射混凝土和锚杆技术的出现，创造了新奥地利施工方法，简称"新奥法"。新奥法的基本思想是充分利用围岩的自承能力和开挖面的空间约束作用，采用锚杆和喷射混凝土为主要支护手段，及时对围岩进行加固，约束围岩的松弛和变形，并通过对围岩和支护的量测、监控来指导地下工程的设计施工。

地铁工程多在城区施工，更多用到的是浅埋暗挖施工方法。浅埋暗挖法的工艺流程和技术要求主要是针对埋置深度较浅、松散不稳定的土层和软弱破碎岩层施工而提出来的。浅埋暗挖法整个工艺流程应从地质调查开始，包含设计、施工、监测反馈等过程，与新奥法的总原则相似，不过浅埋暗挖法更强调地层的预支护和预加固。因为地铁工程在城区施工，对地表沉降的控制要求比较严格。与一般深埋隧道新奥法施工不同之处是浅埋暗挖法支护衬砌的结构刚度比较大，初期支护允许变形量比较小，这样对保护周围地层的自承作用和减少对地层的扰动是必需的。

我国在施工中总结了一套浅埋暗挖法的工艺技术要求，"管超前、严注浆、短开挖、强支护、快封闭、勤量测"。这18个字基本概括了浅埋暗挖法施工的工艺技术要求。

对于采用浅埋暗挖法施工的断面比较大的双线隧道或跨度较大的渡线部分以及地铁车站，为保证施工安全，通常需要分步开挖，并采取有效的预加固措施。

（一）施工方法

1. 中隔壁法

当隧道开挖断面比较大的时候，为确保施工安全，将地层变形控制在允许范围之内，需要将开挖断面划分成若干个小断面。对于宽度大于高度的断面，设置中隔壁将断面分为左右两个断面进行开挖，即CD法。当断面更大时，在中部设置一道临时中隔板，形成"十字"支撑，即为CRD法。大量工程实践表明，CD法和CRD法是降低暗挖施工风险的有效方法。CD法和CRD法施工步骤如图12.1所示。

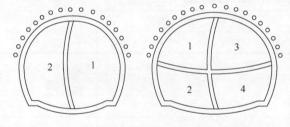

图12.1 CD法和CRD法施工步骤图

CD法属于大断面分割施工，施工技术难度较低，施工工序简单，工期较快，而且造价相对较低，在地铁工程中广泛使用；但由于中隔壁的存在，使工作空间缩小，所以只适用于中小型机械进行作业。

CRD法是解决超浅埋、大跨度地下工程的一种行之有效的施工方法，其最大特点是将大断面化成小断面，步步成环，每个施工阶段都是一个完整的受力体系，结构受力明确，变形小，工法安全性高。在施工时一般与超前支护手段配合使用，严格控制施工进尺，同时坚持及时量测，并根据量测信息调整施工进尺。

根据大量的实测资料，CRD法比CD法减少地表沉降将近50%，如果采用严格的施工措施，确定较好的台阶步距并认真对待每一施工细节，则采用CRD法时，可大大减小地表下沉与地中土体位移。尽管在超浅埋大跨度隧道开挖情形下，也能控制住地表下沉在35mm以内，水平位移在10mm以内。另外，临时中隔壁及中隔板在开挖阶段是很重要的支撑构件，是CRD工法将大断面隧道化大为小、步步封闭成环的保证。

2. 双侧壁导坑法

在埋深超浅、围岩特别差以及地表沉降控制严格的工程中常使用双侧壁导坑法。该方法因分割断面细，能确保掌子面的稳定和有效控制隧道周边围岩松弛范围，超前的导坑能探明前方的地质情况，遇到不良地质条件时可在开挖前采取预防措施，但当地质条件变好时改变工法困难。双侧壁导坑法施工步骤如图 12.2 所示。

双侧壁导坑法由于分割断面较小，围岩变形较小，故施工安全度很高。同时，也造成了该工法工序复杂，造价高，施工速度慢，特别是限制了大型机械的使用，施工条件较差。

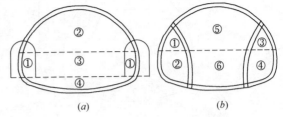

图 12.2　双侧壁导坑法施工步骤图
(a) 侧导坑法；(b) 眼镜法

3. 三台阶分步平行开挖法

在工程实践中，中壁法和双侧壁导坑法有以下缺点很难克服：①限制了大型施工机械的使用，降低了工效；②在软、硬围岩相间的隧道，施工方法的调整时间很长；③临时施工支护多，投入大，不经济；④施工中相互干扰大；⑤分步施工防水层和混凝土衬砌，运营病害多。三台阶分步平行开挖法施工步骤如图 12.3 所示。

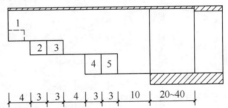

图 12.3　三台阶分步平行开挖法施工步骤图

三台阶分步平行开挖法采用分步平行开挖，分步平行施作拱墙初期支护，混凝土仰拱超前施做及时闭合，构成稳固的初期支护体系，保护围岩的天然承载力，有效抑制围岩变位。经监控量测信息反馈指导施工，以及时调整支护参数和混凝土衬砌施工时间。在断层带、破碎带等自稳性较差地层和富水地层中，则采用大管棚、注浆锚杆和小导管预注浆固结、止水等辅助施工措施后，上部弧形导坑法短开挖施作拱部初期支护，再左右错位开挖及施作边墙初期支护，混凝土仰拱紧跟下台阶并及时施做尽早闭合成环，构成支护体系受力。

4. 微台阶分部开挖法

此法又称为微台阶法，适用于一般土质或易坍塌的软弱围岩地段。这种方法将断面分成环形拱部、上部核心土和下部台阶 3 个部分。其主要优点是上部留有核心土支挡着开挖面，而且能迅速及时地施作拱部初期支护，所以开挖工作面稳定性好，核心土和下部开挖都是在拱部初期支护保护下进行的，施工安全性好。一般环形开挖进尺为 0.5~1.0m 左右，不宜过长。微台阶分步开挖法施工步骤如图 12.4 所示。

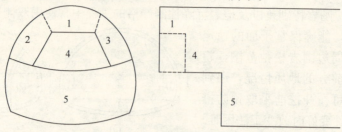

图 12.4　微台阶分部开挖法施工步骤图

微台阶法的主要优点在于台阶可以加长，一般双车道隧道为一倍洞跨，单车道隧道为两倍洞跨；而较单（双）侧壁导坑法的机械化程度高，施工进度快，造价节省。

5."PBA"工法

"PBA"工法原理是将传统的明（盖）挖施工方法和暗挖法进行有机结合，当地面上不具备施工挖孔桩结构时，将明（盖）挖法施工的挖孔桩、梁等转入地下进行，因此也称作地下式盖挖法。即在地下提前暗挖好的施工导洞内施作挖孔桩、冠梁，然后施作主体顶拱，使边桩（pile）、冠梁（beam）及顶拱（arc）共同构成桩、梁、拱支撑框架体系（PBA），承受施工过程中的外部荷载，然后在顶拱和边桩的保护下，逐层向下开挖土体，自下而上施工主体结构，最终形成由外层边桩及顶拱初期支护和二次衬砌组合而成的永久承载体系。大跨度区间隧道"PBA"工法施工步骤如图 12.5 所示。

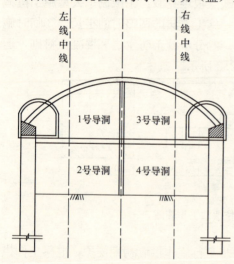

图 12.5　大跨度区间隧道"PBA"工法施工步骤图

"PBA"工法多用于大跨暗挖地铁车站，随着隧道跨度的增大，"PBA"工法也逐渐走入大断面隧道的施工工法行列内。北京地铁 10 号线苏州街站～海淀黄庄站区间浅埋暗挖大跨度隧道就采用"PBA"工法施工，最大开挖宽度 17.5m，高度 10.5m，覆土厚度仅为 6.0m。

6. 其他方法

随着地下空间的不断开发利用，为了确保暗挖施工的安全，需要进一步探索更加合理的、对周边环境影响更小的施工方法，如"中洞法"、"侧洞法"、预切槽法等等。

（二）辅助施工技术措施

大跨隧道施工需要解决的问题是掌子面的稳定性和合理化施工（安全而快速的施工）

两大问题。对掌子面稳定性起重要作用的超前支护,是确保掌子面前方稳定不可缺少的手段。超前支护可有以下几方面作用效果:①梁效果:超前支护的结构可视为一个沿隧道纵方向的梁结构,发挥一个刚性梁的效果,如大管棚法。②壳效果:超前支护可在掌子面前方形成一个壳结构,以其厚度和刚性来保证隧道掌子面及其周边围岩的稳定,如预衬砌法、冻结法等。③改良效果:把隧道周边围岩的强度加以改善,这是注浆法的主要效果。

1. 小导管超前预注浆

小导管超前预注浆是开挖单线区间隧道所常用的方法,在大断面隧道分割成小导洞施工时也常采用。注浆小导管采用$\phi38\sim\phi50$mm的焊接钢管制成,导管沿上半断面周围轮廓线布置,间距0.2~0.3m,仰角控制在$10°\sim15°$。

注浆小导管管头为$25°\sim30°$的锥体,管长3~3.5m,其中端头花管长2.0~2.5m,花管部分钻有$\phi6\sim\phi10$mm孔眼,每排4个孔,交叉排列,间距10~20cm左右。注浆小导管用风钻打入。

注浆材料及配比应根据地质条件和施工要求,通过现场试验确定。工程实践证明,对于无水粗砂及砂砾(卵)石地层应选择单液水泥浆;对无水的中砂及粉细砂地层应选择改性水玻璃浆;在有水的粗砂及砾石地层,应选择水泥~水玻璃双液浆;对于前期及后期强度要求很高的地层,可选择硫铝酸盐水泥类(TGRM,HSC)浆。经过注浆,在浆液扩散范围内,砂石均被胶结。在隧道轮廓线以外,形成一个厚0.6~1.2m的硬壳。提高了施工安全条件,减少了地表沉降,方便了初期支护的锚杆喷射混凝土作业。

控制注浆压力是这项作业的又一个重要技术环节,应根据地质条件、周围建筑物情况及施工要求,通过现场试验确定,一般控制在0.3~0.7MPa之间。

2. 开挖面深孔注浆

对于断面比较大的双线隧道或跨度较大的渡线部分,为维持开挖期间掌子面的稳定,还可采用开挖面深孔注浆。对于70~100m^{2}断面的隧道可布置12~18个注浆孔,其中15m左右的长孔布置6~11个,5m左右的短孔布置6~7个,并采用隔孔注浆的方法。水泥浆的配合比及注浆压力通过现场试验确定。

3. 管棚超前支护

管棚法的基本原理就是在开挖之前将一个伞形的金属保护棚架预先安放在隧道开挖轮廓线的外弧线上,该棚架由一定间距排列的大惯性力矩的钢管构成,起到保护下部地层开挖的作用,一般超前长度在5~30m,有短管棚、长管棚。先用钻机打一定深度的钻孔,然后插入金属钢管,再用注浆机压入水泥砂浆或混合浆液,待其凝固后就可以开挖。在法国马赛地铁2号工程、日本第一福田尾隧道、成渝高速公路中梁山隧道工程、北京第三使馆区的供热管线工程的暗挖隧道等都使用了该工法。

4. 冻结法

冻结法一般适用于地下水比较丰富或地下水压比较大的地层中,它是采用冷冻机和循环泵将氟利昂或低温液化气通过冷冻管注入隧道前方地层中,使地层孔隙水冻结而得到强化，一般按 30m 一段进行施工，但要考虑解冻后的地面下沉（5cm 左右）。在 Frankfurt 的 Main 河底地铁、秘鲁的帕哈隧道、Zurich 的 Milchbuck 公路隧道（均为软弱岩石）和日本神户的布引隧道（风化花岗岩）等都有应用。

5. 预衬砌法

在软岩中，该工法称预筑拱法，即沿开挖面周围用机械（链锯）切割围岩，形成环形沟槽，立即用速凝混凝土填充以在开挖面前方形成一个类似拱壳的锥形衬砌连续体，再开挖中间部分，混凝土拱壳加固前方地层，并用作初期支护来保持地层弹性，防止崩塌和地层沉降；在硬岩中，该工法称预切施工法（Precutting Method），即沿开挖面周围用机械（链锯）切割围岩，再用爆破法开挖内部岩体，可保证不超挖，开挖周边光滑，应力集中小，爆破作业不影响洞外围岩，耗药量低，地面爆震小。在巴黎地铁石灰岩段施工时该工法曾有应用。

第三节 邻近既有建（构）筑物的隧道工程

隧道工程邻近既有建（构）筑物施工，无论是采用明（盖）挖法还是浅埋暗挖法亦或盾构法，开挖产生的土层变形均不可避免地会传递到邻近建（构）筑物上，这种影响轻则导致既有建（构）筑物产生一定的沉降和侧移，影响其正常使用，重则引起既有建（构）筑物开裂，甚至倒塌，严重影响人民的生命和财产安全。

本节所指的既有建（构）筑物内容宽泛，包括：房屋建筑、桥梁、铁路、地铁、地下通道、地下管线等。近邻关系则包括平行关系及交叉穿越关系。

在该类工程中，隧道本身的施工安全是一方面，既有建（构）筑物的安全更是重中之重。由于隧道的施工技术已较为成熟，隧道自身安全易于保证，而在隧道施工过程中如何保证既有建（构）筑物的安全和正常使用往往成为重点和难点。判断一个既有建（构）筑物是否需要保护，一方面要考虑隧道施工对既有建（构）筑物的影响程度，另一方面还取决于建（构）筑物自身，包括其使用功能、破坏后果以及自身结构抵抗变形的能力大小。因此，首先应对既有建（构）筑物进行现状调查，搜集建（构）筑物的原始资料，如产权单位、建设年代、使用状况、结构形式、基础构造、维修保养记录等，对地下管线还需查清准确位置、种类、材质以及接头形式。其次，确定既有建（构）筑物的容许变形量，需从结构和使用功能两方面进行考虑，也就是说应在考虑地基条件、基础形式、上部结构特性、周围环境、使用要求后，在不产生结构性损坏和不影响使用功能的前提下予以确定。对地面建筑而言，一般各地区的地基基础设计规范中对此都有规定；对地下构筑物来说，通常没有明确规定，需要结合其结构特性进行计算分析。然后，估算既有建（构）筑物由于隧道施工可能产生的变形量。变形的大小随地层条件、隧道埋置深度和尺寸、施工方法和水平而异，一般可根据理论分析和工程类比，对处于不同位置的建（构）筑物可能产生的变形量作出预测，并将其与建（构）筑物自身允许变形相比较，若前者小于后者，则无需保护；反之则需要采取保护措施，但最终的决策还得从经济效益和社会效益等方面综合考虑确定。

保护方法可分为既有建（构）筑物基础托换、结构补强等直接法和地层改良、隔断法、冻结法等间接法两大类。直接法通过对既有建（构）筑物的补强加固，旨在增强既有建（构）筑物自身抵抗因地下工程施工引起的变形的能力；间接法则在不改变既有建（构）筑物抗变形能力的条件下，直接减小地下工程施工对既有建（构）筑物的扰动。二者的核心都是"先加固，后施工"。直接法和间接法可以单独采用，也可以联合采用。

（一）基础托换法

当暗挖隧道施工中需要将建筑物的桩基切断或可能使其产生过大的变形时，常采用基础托换予以保护。该法需预先在隧道两侧或单侧影响范围外设置新桩基和承台梁，以代替或承托原基础。托换法按其对建筑物的支承方式又可分为下承式、补梁式、吊梁式等。如图12.6所示。

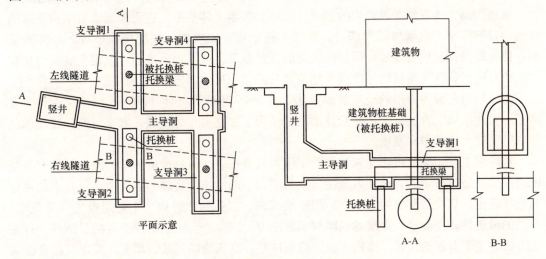

图12.6 桩基托换示意图

广州地铁5号线杨箕站—五羊邨站盾构区间，隧道下穿五羊邨过街楼。受相邻地铁车站站位和车站埋深的制约，区间隧道贯穿过街楼的6根桩需要托换。该楼为四层框架结构，柱网间距为10m×8.5m，基础为直径小于1.2m的人工挖孔桩，单桩最大承载力900t。过街楼横跨市区繁华路段的寺新马路，其地面一层为双向八车道道路，车流量较大。车道由中间绿化带隔开，绿化带下方有一容积约3000m³的地下压力水池，其供水范围覆盖周边众多高层建筑物。道路下还有6根给排水管线和51条电信光缆。由于过街楼的周边环境很复杂，采用常规的地面托换困难和阻力非常大。桩身所处的地层从上至下依次为：杂填土、粉质黏土、可塑及硬塑状残积土、全风化—微风化的泥质粉砂岩，桩底为微风化岩。通过地层分析，认为将暗挖导洞群设在硬塑残积土—强风化层内，采用合理的支护方法和辅助措施，能将地表沉降控制在设计要求范围内，并对施工引起的附加力和桩附加沉降进行了计算分析，可以满足规范要求，最终确定了地下暗挖导洞群托换方案。在道路中间绿化带内设小竖井，布置了1条呈东西方向的主导洞及与其接近垂直的6条支导洞，形成地下托换空间，其中3条支导洞在主导洞的北侧，另3条在南侧，相邻两洞的净距为5m左右。在支导洞采用桩梁托换体系，一举托换6根侵入隧道内的桩。

由于采用了桩基托换技术，最后该工程建筑物被托换桩基础最大沉降8mm，最小沉降 1mm，同时，地表沉降及过街楼、压力水池的沉降和倾斜均在规范规定的范围内。

深圳地铁 1 号线国贸站—大剧院站区间隧道下穿百货广场大楼，大楼为地上 22 层、地下 3 层的框架结构，基础为直径 1.2～2m 的人工挖孔桩，桩基与隧道之间的最小间距为 430mm。该工程采用了桩基托换技术，成功地将大楼的变形控制在 7mm 以内，保证了大楼的安全。

上海延安东路越江隧道工程中，当盾构穿过江西路时，为保证地下管线的安全，曾采取了架设钢梁，悬吊各种地下管线的吊梁保护法。

（二）地基加固法

当暗挖隧道下穿施工可能使重要建（构）筑物产生过大变形时，还可采用地基加固方法，通过提高土体在施工过程中的稳定性，达到控制土体变形、进而控制既有结构变形的目的。目前常用的地基加固方法有：注浆、树根桩、旋喷桩、深层搅拌桩等，经实践证明，都能取得控制地表变形，保护建筑物的良好效果。地基加固范围，应根据隧道与建筑物的相对位置、隧道覆盖层厚度以及建筑物基础结构形式而定。

注浆是目前最为常用的地基加固方法。自 1802 年法国土木工程师 Charles Berign 发明了压力注浆施工方法以来，注浆技术已经经历了二百多年的发展，截至目前注浆技术已经取得了较大的进步和发展。

从注浆工艺角度分析，注浆是借助于压力（液压、气压）或电化学的原理将具有胶凝能力的浆液通过一定的管路注入土层（或岩层）中的空隙、裂隙与空洞中，将其中的水分与空气赶走，将松散破碎的岩（土）层胶结起来，以达到改善岩（土）层性能（降低岩、土层的渗透性；提高岩、土层的强度与承载能力；减少岩、土层的变形）的目的的一种施工方法，主要有渗透注浆、压密注浆、劈裂注浆、高压旋喷注浆、填充注浆以及综合注浆等方法。

渗透注浆是目前国内外使用最广的注浆方法，渗透注浆的机理是浆液在压力作用下，渗入土的空隙和岩石裂隙中，将空隙中的自由水和气体排挤出去，但不改变土体结构的原状和体积。浆液凝固后把土颗粒粘接在一起，使土层的抗压强度和抗渗性能得以提高。相对而言，注浆压力较小。通常只适用于中砂以上的砂性土和有空隙的岩石。

压密注浆是用一定的压力注入黏稠的不易流动的惰性浆液取代并挤压周围土体，凝固形状多为柱体或球体占据一定的空间，同时压密土体。最有代表性的注浆方法为 CCG 注浆法，CCG 注浆是用特制的高压泵将极稠的低流动性的浆液注入到预定土层的注浆方法，注浆过程中浆液不进入土体的孔隙，而形成一个各向同性的整体，能够产生可控制的位移量以置换并挤密周围松散或软弱土层，或有控制地抬起发生沉降的构筑物。

劈裂注浆是在较高压力的作用下，将注浆浆液劈入黏土层（通常土颗粒的粒径小于 0.01mm）。浆液的劈裂路线呈纵横交叉的脉状网络。固结形态多呈扁平或板状固结。劈裂注浆主要用于空隙率较低的黏土等地层中。

高压旋喷是靠高压液流的冲击力破坏土层并与土体混合成新的固体，根据喷射工艺要求，浆液应具备以下特性：注浆液具有良好的可喷性；有足够的稳定性；浆液中气体应少；能调解浆液的胶凝时间；有良好的力学性能；无毒、无臭。高压旋喷可分为水平旋喷和垂直旋喷。

填充注浆是将具有一定黏稠度的注浆材料注入地下暗穴和空洞中,以增加围岩的密实性。

根据北京地区的水文地质条件,在地铁工程中均采用静压注浆法。在暗挖法地铁邻近既有建(构)筑物施工时,根据洞室所处的地层条件及沉降变形控制指标,多采用深孔注浆方式进行全断面或部分断面超前注浆加固。采用的深孔注浆有袖阀管注浆、长短管结合注浆、WSS注浆等工艺,每次打设管长17～20m,有效注浆范围14～17m。注浆浆液种类、注浆压力、注浆量等参数可依据具体地层及需加固的强度具体确定,注浆完成后,通过钻孔取芯以检查其加固效果。

在南水北调中线北京段西四环暗涵下穿地铁五棵松车站工程中,曾成功运用注浆加固技术,有效保证了地铁的安全运营。该工程的特点是地铁车站对沉降变形的要求十分严格,要求暗涵施工完成后地铁车站的沉降量控制在5mm之内。五棵松地铁车站下方为富含漂石的砂卵石地层,这种地层孔隙率大,隧道开挖引起的沉降往往很难控制,要保证地铁五棵松车站的结构安全和运营安全,除对暗涵采取优化的施工措施以减小对周围地层的扰动外,对地铁车站和暗涵之间的土体进行预加固则是更重要、更有效的工程措施,因为该部分土体的变形和稳定性是导致地铁车站发生沉降的直接原因。因此,最直接的方法就是提高该部分土体的c、φ值,目前普遍采用的工程措施就是注浆加固。通过一系列方案比选,该工程最终采用深孔长管注浆技术,即暗涵从南、北两个方向相向施工,在距离车站南、北边缘一定位置处停止,施作注浆室扩大段,并在两个暗涵之间开挖一个横通道,形成注浆工作室。通过南、北两个横通道的侧壁对车站结构底板下的土体进行水平注浆加固。经现场试验,注浆管采用直径较小的$\phi110\times10$mm热轧无缝钢管,注浆浆液则采用普通水泥浆并掺入调节凝结时间的外加剂。

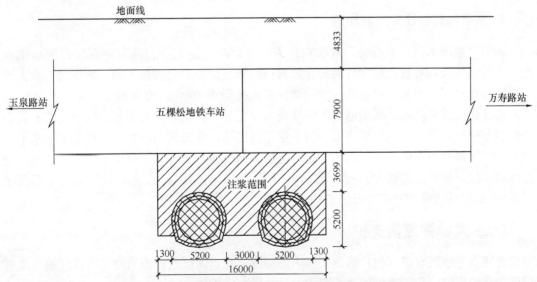

图12.7 南水北调暗涵下穿五棵松地铁车站注浆加固横剖面图

在应用深孔长管注浆技术加固地铁车站和暗涵之间土体的同时,工程为巩固注浆效果,在暗涵开挖过程中还综合应用了小导管注浆技术和径向补偿注浆技术。小导管注浆进一步保证了土体预加固效果;径向补偿注浆属于初期支护背后的回填注浆,可增强初期支护与围岩的密贴程度，提高围岩的承载力和自稳力，有效抑制了地铁结构后期的沉降变形。最终，通过综合运用注浆加固技术，工程取得了理想的成效，地铁车站结构的沉降量控制在 3mm 以内，保证了五棵松地铁车站的安全和正常运营。

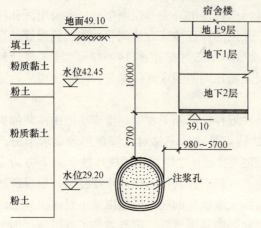

图 12.8　10 号线知—西区间隧道邻近某宿舍楼注浆加固示意图

北京地铁 10 号线知春路站—西土城站区间位于海淀区知春路东段，隧道埋深 16m。区间近距离从建筑物的北侧下方穿过宿舍楼段，垂直净间距约 5.7m，楼房地下室距离区间右线结构南侧外缘水平最小距离约 0.93m，最近点为建筑物东北角（见图 12.8）。

该工程采用暗挖法施工，由于该宿舍楼位于知春路与北土城西路路口交叉附近，地面管线较多，措施不力则容易引起管线破坏及宿舍楼的破坏。在实施该段隧道施工时采用了水平袖阀管注浆，全断面超前加固地层，提高了围岩的自稳能力和承载能力。

1. 超前小导管注浆加固

在隧道开挖掘进过程中，主要采取了全断面"长、短结合注浆"的联合注浆方法，确保建筑物和隧道的稳定。首先进行长管全断面注浆，然后进行短管补充注浆，达到固结围岩的效果，同时起到了超前支护作用。

2. 水平袖阀管注浆超前加固

采用"超细水泥—水玻璃"双液浆作为注浆材料，施工中将具有一定压力的超细水泥—水玻璃浆液，通过土层颗粒间的孔隙强行注入土层中，起到挤密和充填作用，大大提高了被加固地层段的整体稳定性。袖阀管注浆孔孔距 0.8m，行距 0.6m。

通过优化注浆参数、采用适当的注浆设备及工艺，使注浆浆液通过土层中孔隙，起到了劈裂和渗流充填作用，所经之处均与土层牢固胶结，形成坚强持力层，提高了地基承载力，使土体遇水不会再产生不均匀沉陷，保持地基土体长久稳定。保证了暗挖隧道顺利通过该宿舍楼，使楼房整体倾斜度不超过 0.001，施工期间引起的最大不均匀沉降不大于 15mm，地表总沉降控制在 20mm 之内。

（三）大管棚超前支护

在隧道穿越既有建（构）筑物工程中，当隧道穿越地层自稳能力较差，或隧道与既有结构距离较近时，采用大管棚超前支护也是一种有效措施。

所谓管棚，就是把一系列直径为 10～60cm 的钢管，沿隧道外轮廓线或部分外轮廓线，顺隧道轴线方向依次打入开挖面前方的地层内，以支撑来自外侧的围岩压力。管棚的排列的形状，有帽形、方形、一字形及拱形，可依据工程需要及断面形式确定。而管棚设置的范围、间距、管径则应根据工程地质和水文地质条件以及隧道的埋置深度等因素确定

(见图 12-9)。

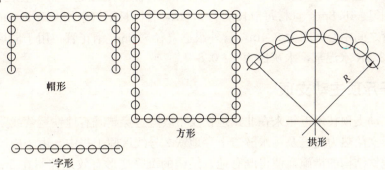

图 12.9 管棚超前支护布管形式示意图

北京地铁 4 号线西单站中部下穿长安街、上跨地铁 1 号线暗挖段长 46.8m，左右线为 2 个马蹄型单洞断面，中间设联络通道，将左、右线相连。单洞开挖轮廓断面尺寸为 9.90m（宽）×9.17m（高），采用暗挖法施工，地面覆土层厚度 4.3m（见图 12.10 和图 12.11）。覆土层主要是人工杂填土，稳定性差，管棚施作范围内有 2 条采用 C20 细石混凝土封堵的管线。由后续开挖掌子面出露可见人工杂填土主要为砖块、夯实的石灰、水泥、砂土等，分布极不均匀。在暗挖段拱顶施作密排管棚作为超前支护措施，为了避免大

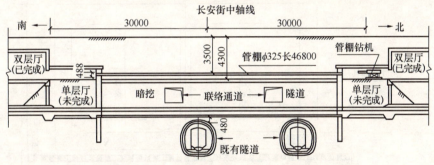

图 12.10 4 号线西单站管棚纵剖面图

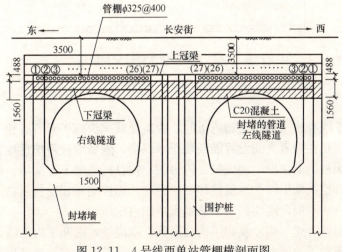

图 12.11 4 号线西单站管棚横剖面图

量穿越混凝土管道施工，设计成"一"字形布置。管棚采用无缝钢管，直径0.325m，壁厚0.012m，长度46.8m。管材每节长度为9.0m，管棚长钢管采用6节9.0m长的钢管焊接形成，钢管之间中心间距为0.4m，管外跟进直径0.06m钢花管，用于回填注浆，注浆材料为PO.32.5R水泥浆，水灰比为1：0.8。

（四）千斤顶主动支顶

千斤顶主动支顶技术近年来在北京地铁及市政隧道穿越既有地铁运营线路工程中得到广泛应用。崇文门热力隧道及污水隧道下穿地铁2号线区间工程中，由于应用了千斤顶紧贴下穿既有地铁结构的措施，使得既有地铁结构的沉降变形有效地控制在3mm以内（见图12.12）。这两个工程均是在传统的浅埋暗挖法施工的基础上，新建隧道顶板紧贴地铁2号线区间隧道底板垫层，除采用超前注浆加固技术外，在新建隧道初衬内布设千斤顶，并及时对千斤顶施加预顶力顶紧地铁隧道底板，从而压实初衬下方土体，减小因土体沉降引起的地铁结构的变形。在施工过程中通过实时监测地铁隧道结构变形情况，实时调整千斤顶顶力。此种方法能有效减小施工过程中因新建隧道下方土体沉降引起的地铁结构的变形，避免了繁杂的加固和保护措施引起的土层扰动，已作为一种行之有效的控制变形的方法大量应用于新建隧道紧贴下穿既有地铁结构工程中。

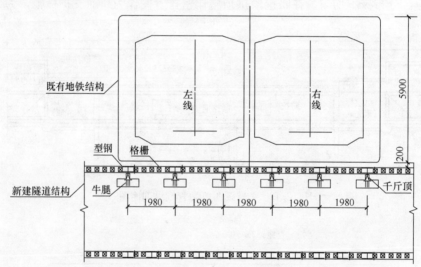

图12.12 崇文门热力隧道下穿地铁2号线区间隧道千斤顶布置图

（五）隔离桩

在隧道平行于既有建（构）筑物施工时，为避免或减少施工对既有建（构）筑物的影响，最有效的方式是在两者之间设置隔断墙予以保护，隔断墙被习惯性地称为"隔离桩"。隔离桩可以是钢板桩、灌注桩、旋喷桩、树根桩、搅拌桩或地下连续墙。隔离桩是通过应力隔离减少洞室开挖扰动引起的地层位移、松弛，从而控制相邻建构筑物的沉降变形及相互影响。视施工方法不同，隔离桩可以从地表或洞内施作。

在施工结构与既有建（构）筑物结构之间施作隔离桩，阻断了由于隧道开挖引起的土层应力传播，即隔断了地层中变形的传递，从而降低开挖对既有结构基础沉降的影响。如果车站采用洞桩法施工,导洞内的钻孔灌注桩围护结构可兼作隔离桩。隔离桩可以把隧道开挖产生的地层位移大部分限制在隔离桩与施工结构之间,而既有结构基础下沉量仅限于由于隔离桩本身产生的变位和挠曲等造成的有限值。隔离桩(墙)本身的施工也是邻近施工,施工时应采取一定的工程措施,不应对原桥桩产生较大扰动。所以,这种方法需要桩基础和隧道之间有一定的施工空间。

通常采用的隔离桩直径一般为800~1200mm,为有效进行地层变形隔离,阻断变形水平方向的传递,桩间净距离以小于等于500mm为宜。

北京地铁10号线海淀黄庄站—知春里站区间隧道采用浅埋暗挖法施工,区间隧道南面的某住宅楼,即知春东里9、10号两座居民楼距区间隧道较近,为5.7~6.3m,均在隧道开挖引起地层变形的有效影响范围以内,且均为20层钢筋混凝土框架结构(见图12.13)。为保证大楼安全,施工中主要采取在地面设置直径600mm间距800mm钻孔灌注桩,桩长18m,以隔离隧道开挖对既有建筑物的扰动。灌注桩施工完成后,在桩顶施作冠梁,以增加其整体抗侧向位移能力。

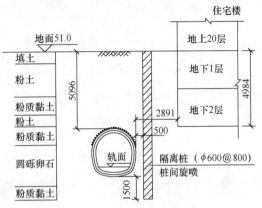

图12.13 10号线海—知区间隧道邻近某住宅楼隔离桩示意图

通过实际施工中加强施工控制和建筑物监测,来验证该防护方案的效果。从该工程的实施效果来看,对隧道邻近的建筑物基础防护采用隔离桩法在技术和理论上是可行的,最终大楼最大累计沉降为10.74mm,最大不均匀沉降值为7.33mm,楼房整体倾斜度不超过0.003,完全满足设计控制标准。

在北京地铁10号线光华路车站西北风道侧下方通过北京某工厂5层建筑物和巴沟站—苏州街站区间暗挖隧道邻近某住宅楼、妇幼保健医院,地铁4号线黄庄车站、4号线与10号线联络线南侧邻近人民大学出版社和宣武门站西北风道邻近70号院古建文物等多项工程中也均采用了隔离桩的形式,都保证了既有结构的安全。

隔离桩法不但可以在地表施作,还可以在施工完成的小导洞内施作,这就形成了导洞—隔离桩的工法。导洞—隔离桩的概念是在北京城铁13号线14标段(地下隧道段)施工中提出的,该工程要从两座高达66m、基础相距仅15.4m的塔楼基础间侧下方穿过(隧道外轮廓线距楼房基础水平距离最小为1.6m)。由于地表不具备排桩施作条件,设计师利用地下小导洞为排桩施工提供空间,并将排桩与导洞连接形成一体,共同承担由于隧道开挖卸载和高楼荷载共同产生的侧向土压力,取得了理想的效果(见图12.14)。

北京地铁4号线宣武门站东南出入口邻近某饭店(高55m,净距7.6m,箱型基础)也采用了导洞—隔离桩的工艺。

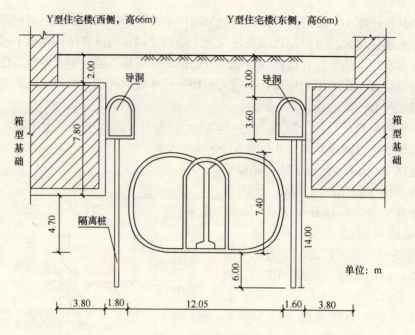

图 12.14 导洞内施作隔离桩

第十三章 监控量测设计

为做好信息化施工，保证施工安全，设计单位应进行监控量测设计。监控量测设计应包括监测项目、监测方法、监测点布置、监测频率、监测控制指标等。

第一节 监控量测设计要求

(一) 明（盖）挖法

1. 监测项目

地铁采用明（盖）挖法施工时，其监控量测项目包括：
(1) 应测项目
1) 基坑及其周围环境观察；2) 地表沉降；3) 周边建（构）筑物变形；4) 地下管线沉降；5) 围护桩（墙）顶水平位移和垂直位移；6) 支承轴力；7) 地下水位；8) 盖挖法顶板内力；9) 盖挖法立柱内力及沉降；10) 竖井井壁净空收敛；11) 围护桩（墙）变形。
(2) 选测项目
1) 围护桩（墙）内力；2) 孔隙水压力；3) 土体分层沉降及水平位移；4) 基坑底部隆起；5) 锚杆（锚索、土钉）受力。

2. 监测要求

(1) **基坑及其周围环境观察**
1) 观察内容
包括：①基坑开挖后地层的工程地质特性、地表及地表裂缝情况；②地下水类型、渗水量大小、位置、水质气味、颜色等；③围护结构（含桩）及支撑结构状况；④盖挖法施工时，桩、柱与盖板的连接及混凝土状况；⑤基坑周边建筑物及其基础状况。
2) 观察频率
基坑开挖后 1 次/1 天；情况异常时，加密观察频率。主体结构完成后结束。
(2) **地表沉降监测**
1) 地表沉降测点的埋设
地表沉降测点的埋设应按有关规定执行。
2) 测点布置
①在基坑四周距坑边 10m 的范围内沿坑边设 2 排沉降测点，排距 3~8m，点距 5~10m。当基坑邻近处有建（构）物或地下管线时，应按有关规定增加沉降测点。
②在工法变化的部位、车站与区间结合部位、车站与风道结合部位以及风道、马头门

处等部位均应增设测点。

3) 监测频率

基坑开挖期间：基坑开挖深度 $H<5m$，1 次/3 天；$5m<H<10m$，1 次/2 天；$10m<H\leqslant15m$，1 次/天；$H>15m$，2 次/天。

基坑开挖完成以后：1~7 天，1 次/天；7~15 天，1 次/2 天；15~30 天，1 次/3 天；30 天以后，1 次/周；经数据分析确认达到基本稳定后，1 次/月。

拆撑时频率适当加密，同时如出现位移值明显增大时，也应加密监测次数。

盖挖法施工时，其监测频率可按盖挖深度比照上述基坑开挖深度执行。

(3) 桩（墙）顶的水平位移和垂直位移监测

1) 测点布置

①沿基坑长边设置 3~4 个主测断面，断面在基坑两侧的围护桩（墙）顶设测点。

②对于水平位移变化剧烈的区域，宜适当加密测点，有水平横支撑时，测点宜布置在两道水平支撑的跨中部位。

③同一测点可以兼作水平位移和垂直沉降观测使用。

2) 监测频率

基坑开挖期间：基坑开挖深度 $H\leqslant5m$，1 次/3 天；$5m<H\leqslant10m$，1 次/2 天；$10m<H\leqslant15m$，1 次/天；$H>15m$，2 次/天。

基坑开挖完成以后：1~7 天，1 次/天；7~15 天，1 次/2 天；15~30 天，1 次/3 天；30 天以后，1 次/周；经数据分析确认达到基本稳定后，1 次/月。

出现情况异常时，增大监测频率。

(4) 支撑轴力监测

1) 测点布置

与 3 桩（墙）顶的水平位移和垂直位移监测中相应位置设 3~4 个主测断面，该断面位置的全部支撑均设测点。受力较大的斜撑和基坑深度变化处宜增设测点。测点一般布置在支撑的端部或中部，当支撑长度较大时也可安设在 1/4 点处。对监测轴力的重要支撑，宜同时监测其两端和中部的沉降和位移。

2) 监测频率

基坑开挖期间：基坑开挖深度 $H\leqslant5m$，1 次/3 天；$5m<H\leqslant10m$，1 次/2 天；$10m<H\leqslant15m$，1 次/天；$H>15m$，2 次/天。

基坑开挖完成以后：1~7 天，1 次/天；7~15 天，1 次/2 天；15~30 天，1 次/3 天；30 天以后，1 次/周；经数据分析确认达到基本稳定后，1 次/月。

出现情况异常时，增大监测频率。

(5) 地下水位监测

1) 测点布置

测点宜布置在基坑的四角点以及基坑的长短边中点；对于长大的基坑，沿长边每 30~40m 布置一个测点，测点距基坑围护结构距离 1.5~2m 左右。可利用部分降水井作监测。

2) 监测频率

基坑开挖期间：基坑开挖深度 $H\leqslant5m$，1 次/3 天；$5m<H\leqslant10m$，1 次/2 天；10m

$<H \leqslant 15m$,1次/天;$H>15m$,2次/天。

基坑开挖完成以后:1~7天,1次/天;7~15天,1次/2天;15~30天,1次/3天;30天以后,1次/周;经数据分析确认达到基本稳定后,1次/月。

出现异常情况时,增大监测频率。

(6) 盖挖法顶板内力监测

1) 测点布置

选择具有代表性的断面进行顶板内力监测。在立柱(或边桩)与顶板的连接部位以及两根立柱(或边桩与立柱)的跨中部位各布置2个测点。

2) 监测频率

在开挖及结构施工期间,1次/2天;结构完成后,1次/周;经数据分析确认达到基本稳定后,1次/月。

出现异常情况时,增大监测频率。

(7) 盖挖法立柱内力及沉降监测

1) 立柱的内力监测

①测点布置

标准段选择4~5根具有代表性的立柱进行内力监测,测点布置在立柱中部。一般可沿立柱外周边均匀布置4个测点。

②监测频率

在开挖及结构施工期间,1次/2天;结构完成后,1次/周;经数据分析确认达到基本稳定后,1次/月。

出现异常情况时,增大监测频率。

2) 立柱的沉降监测

①测点布置

测点一般布置在与立柱刚性连接的顶板表面上,采用铆钉枪打入或钻孔埋设膨胀螺丝。

②监测频率

在开挖及结构 施工期间1次/2天;结构完成后1次/周;经数据分析确认达到基本稳定后,1次/月。

出现异常情况时,增大监测频率。

(8) 竖井井壁净空收敛监测

1) 测点布置

竖井结构的长、短边中点,沿竖向原则上按3~5m布置一个监测断面。每个监测断面最少布置2条测线。

2) 监测频率

在开挖及井壁结构施工期间1次/天;结构完成后1次/2天;经数据分析确认达到基本稳定后1次/月。出现情况异常时,增大监测频率。

(9) 围护桩(墙)变形监测

1) 测点布置

与3桩(墙)顶的水平位移和垂直位移监测中相应位置设3~4个主测断面,该断面在基坑两侧对应的桩（墙）均设测点。沿桩（墙）竖直方向上监测间距为 0.5m 或 1.0m。监测总深度应与围护桩（墙）深度一致。基坑的深度变化处宜增加测点。

2）监测频率

基坑开挖期间：基坑开挖深度 $H \leqslant 5m$，1 次/3 天；$5m < H \leqslant 10m$，1 次/2 天；$10m < H \leqslant 15m$，1 次/天；$H > 15m$，2 次/天。

基坑开挖完成以后：1～7 天，1 次/天；7～15 天，1 次/2 天；15～30 天，1 次/3 天；30 天以后，1 次/周；经数据分析确认达到基本稳定后，1 次/月。

情况异常时，增大监测频率。

(10) 围护桩（墙）内力监测

1）测点布置

与 3 桩（墙）顶的水平位移和垂直位移监测中相应位置设 3～4 个主测断面，该断面在基坑两侧对应的围护桩（墙）均设测点。测点数量和位置按设计要求执行。

2）监测频率

基坑开挖期间：基坑开挖深度 $H \leqslant 5m$，1 次/3 天；$5m < H \leqslant 10m$，1 次/2 天；$10m < H \leqslant 15m$，1 次/天；$H > 15m$，2 次/天。

基坑开挖完成以后：1～7 天，1 次/天；7～15 天，1 次/2 天；15～30 天，1 次/3 天；30 天以后，1 次/周；经数据分析确认达到基本稳定后，1 次/月。

出现情况异常时，增大监测频率。

(11) 孔隙水压力监测

1）测点布置

基坑的四角点以及基坑的长短边中点布置，对于长边较大的基坑，每 30～40m 布置一个测点，测点距基坑围护结构距离 1.5～2m 左右。

2）监测频率

基坑开挖期间：基坑开挖深度 $H \leqslant 5m$，1 次/3 天；$5m < H \leqslant 10m$，1 次/2 天；$10m < H \leqslant 15m$，1 次/天；$H > 15m$，2 次/天。

基坑开挖完成以后：1～7 天，1 次/天；7～15 天，1 次/2 天；15～30 天，1 次/3 天；30 天以后，1 次/周；经数据分析确认达到基本稳定后，1 次/月。

(12) 土体分层沉降及水平位移监测

1）测点布置

在特殊地质地段和周围存在重要建（构）筑物时，应按设计要求进行土体分层沉降和土体水平位移监测。土体分层沉降监测和土体水平位移监测一般需同时布置。

土体分层沉降的监测宜采用钻孔埋设分层沉降标。沉降标的设置间距为 1～2m；测斜时每 0.5m 或 1.0m 读数一次。在竖向位置上主要布置在各土层的分界面，当土层厚度较大时，在地层中部增加测点。埋设沉降标时，钻孔的深度应大于基坑底的标高。沉降标的埋设稳定期不应少于 30 天。

深层土体垂直位移和水平位移的初始值应在分层标和测斜管埋设稳定后进行，一般不少于 7 天。每次监测应重复进行两次，两次误差值不大于 ±1.0mm。

2）监测频率

基坑开挖期间：基坑开挖深度 $H \leqslant 5m$，1 次/3 天；$5m < H \leqslant 10m$，1 次/2 天；$10m$

$<H \leqslant 15m$,1 次/天;$H>15m$,2 次/天。

基坑开挖完成以后:1~7 天,1 次/天;7~15 天,1 次/2 天;15~30 天,1 次/3 天;30 天以后,1 次/周;经数据分析确认达到基本稳定后,1 次/月。

出现情况异常时,增大监测频率。

(13) 基坑底部隆起监测

1) 测点布置

在特殊地质地段和周边存在高大建(构)筑物时,应按设计要求进行基坑底部隆起监测。测点布置可根据基坑长度在其中线处设 2~3 点。监测应视土层和环境的不同情况,在开挖距坑底 5~8m 时开始初读数。

2) 监测频率

1 次/天,直至结构底板铺设时停止监测。

(14) 锚杆(锚索、土钉)受力监测

1) 测点布置

在特殊地质地段、周边存在高大建(构)筑物和基坑深度较大时,应按设计要求进行锚杆(锚索、土钉)受力监测。监测数量为每 100 根锚杆选取 1~3 根,监测锚杆应与监测桩和支撑位于相应的位置。

2) 监测频率

基坑施工全过程,1 次/天。

(二) 暗挖法

1. 监测项目

地铁采用浅埋暗挖法施工时,其监控量测项目为:

(1) 应测项目

包括:①洞内及洞外观察;②地表沉降;③邻近建(构)筑物;④地下管线沉降;⑤初期支护结构拱顶(部)沉降;⑥初期支护结构净空收敛;⑦地下水位。

(2) 选测项目

主要包括:①围岩压力及支护间接触应力;②土体分层沉降及水平位移;③钢筋格栅应力;④初期支护(喷射混凝土)、二次衬砌内应力;⑤钢管柱受力等。

2. 监测要求

(1) 洞内及洞外观察

1) 观察内容

①地层的工程地质特性及其描述,包含开挖面地质描述和掌子面预测探孔的地质描述。

②地下水类型、渗漏水状况、涌水量大小、位置、水质气味和颜色等。

③开挖工作面的稳定状态,有无剥落现象。

④初期支护完成后对喷层表面的观察、裂缝状况及渗漏水状况的描述,同时记录喷射混凝土是否产生剥离。

⑤与施工段相应的地表和建（构）筑物状况。
2）观察频率
对开挖后尚未支护的围岩土层及掌子面探孔应随时进行观察并作记录，对开挖后已支护段的支护状态以及施工段相应地表和建（构）筑物，每施工循环观察和记录1次。

（2）地表沉降监测

1）测点布置

①地表沉降测点沿线路方向的布设，通常应沿左右线区间隧道的中线和沿车站中线各布设一行监测点；对于多导洞施工的车站，应在每一导洞中线和整体结构中线的正上方地表各布设一行监测点。监测点的纵向间距可按地表和地中的实际状况在5～30m之间选择。

②横向监测断面可按照地表和地中的实际状况确定，车站在2～3个断面、区间在3～5个断面之间选择。每个横向监测断面布置7～11个测点，但其最外点应位于结构外沿不小于1倍埋深处；在特殊地质地段和周围存在重要建（构）筑物时，监测断面间距应加密。横断面上各测点应依据近密远疏的原则布设。

③在工法变化的部位、车站与区间结合部位、车站与风道结合部位以及马头门处等部位均应设置沉降测点，测点数按工程结构、地层状况和周边环境确定。

2）监测频率

当开挖面到监测断面前后的距离 $L \leqslant 2B$ 时，1～2次/天；

当开挖面到监测断面前后的距离 $2B < L \leqslant 5B$ 时，1次/2天；

当开挖面到监测断面前后的距离 $L > 5B$ 时，1次/周，基本稳定后1次/月（B为隧道直径或跨度；L为开挖面与监测点的水平距离）。

出现情况异常时，应增大监测频率。

（3）初期支护结构拱顶（部）沉降及净空收敛监测

1）测点（线）布置

①初期支护结构拱顶（部）沉降

每10～30m一个断面，每断面1～3个测点，对于浅埋暗挖车站，每个导洞均应布置断面。对于标准断面的单线区间隧道，每个断面可布置一个拱顶沉降测点，对于浅埋暗挖车站或非标准断面隧道等，则应布置不少于3个拱部沉降测点。拱顶（部）沉降监测的纵向间距，车站为10～20m，区间为15～30m。初期支护结构拱顶（部）沉降测点与地表沉降测点应互相对应，以便进行比对分析。

②初期支护结构净空收敛

每10～30m一个断面，每断面1～3根基线，对于浅埋暗挖车站，每个导洞均应布置断面；对于标准断面的单线区间隧道，可在隧道拱脚处（全断面开挖时）或拱腰处（半断面开挖时）布置水平收敛测线。初期支护结构收敛的监测断面间距，车站为10～20m，区间为15～30m，并与地表和初期支护结构拱顶沉降监测断面互相对应。

监测断面应尽量靠近开挖工作面，测点一般设置在距离开挖面2m的范围内，如遇核心土长度较大时，可在其端部设置，并在开挖后12小时内获取初读数。

2）监测频率

初期支护结构拱顶（部）沉降监测和初期支护结构收敛监测的监测频率主要根据沉降

和收敛速率及离开工作面的距离而定,参见表 13.1。表中的两项选频条件中,应选用其中频率较高者。当拆除临时支撑时以及出现情况异常时,均应增大监测频率。

拱顶(部)沉降和净空收效监测频率　　　　表 13.1

沉降或收敛速率	据开挖面距离	检测频率
>2mm/天	0~1B	1~2 次/天
0.5~2mm/天	1~2B	1 次/天
0.1~0.5mm/天	2~5B	1 次/2 天
<0.1mm/天	5B 以上	1 次/周
基本稳定后		1 次/月

注:B 为隧道直径或跨度(m)。

同一监测断面内,由于测线和测点的不同,沉降和收敛速率也不同,因此应以产生的最大速率来决定监测频率。整个监测断面内的各基线或各测点应采用相同的监测频率。

(4) 地下水位监测

1) 测点布置

取代表性地段设置。每个浅埋暗挖车站布置数量不少于 4 个水位观测孔,可利用降水井作部分观测孔。

2) 监测频率

监测频率一般为 1 次/2 天。出现情况异常时,应增大监测频率。

(5) 围岩压力及支护间接触应力监测

1) 测点布置

围岩压力及支护间接触应力一般采用土压力盒进行监测。应在车站和区间具有代表性的地段选择应力变化大或地质条件较差的部位各布置 1~2 个主测断面,每一断面 5~11 个测点。

2) 监测频率

围岩压力及支护间应力的监测工作,应与拱顶沉降和初期支护结构净空收敛监测工作同步进行。

监测频率为:

当开挖面距监测断面的距离 $L \leqslant 2B$ 时,1 次/天;

当开挖面距监测断面的距离 $2B < L \leqslant 5B$ 时,1 次/2 天;

当开挖面距监测断面的距离 $L > 5B$ 时,1 次/周;

根据数据分析确定压力或应力基本稳定后,1 次/月。

在情况出现异常时,应增大监测频率。

若设计有特殊要求,则应按设计要求进行。

(6) 土体分层沉降及水平位移监测

1) 测点布置

①土体分层沉降监测

土体分层沉降应采用钻孔埋设分层沉降标或杆式多点位移计进行监测。埋设测点时,在隧道两侧的钻孔深度应超过隧道底板 2~3m,而位于隧道顶部的钻孔深度应在隧道拱顶之上 1～2m。测点的埋设稳定期应视不同地层情况在 10～30 天之间。

②土体水平位移监测

土体水平位移应采用钻孔埋设测斜管并配合测斜仪进行监测。测斜管的埋设必须与周围土体紧密相连，埋设稳定期应视不同地层情况在 10～30 天之间。

①②两项应同断面布置，监测断面与 5 围岩压力及支护间接触应力监测所设主测断面相对应。

2）监测频率

监测频率一般为：

当开挖面距监测断面前后距离 $L \leqslant 2B$ 时，1～2 次/天；

当开挖面距监测断面前后距离 $2B < L \leqslant 5B$ 时，1 次/2 天；

当开挖面距监测断面前后距离 $L > 5B$ 时，1 次/周；

根据数据分析确定沉降或位移基本稳定后，1 次/月。

在情况出现异常时，应增大监测频率。

(7) 钢筋格栅应力监测

1）测点布置

监测断面应与 5 围岩压力及支护间接触应力监测所设主测断面相对应。测点数量由设计根据工程具体情况确定。

2）监测频率

钢筋格栅受力的监测工作，应与初期支护结构净空收敛监测工作同步进行。

监测频率为：

当开挖面距监测断面距离 $L \leqslant 2B$ 时，1 次/天；

当开挖面距监测断面距离 $2B < L \leqslant 5B$ 时，1 次/2 天；

当开挖面距监测断面距离 $L > 5B$ 时，1 次/周；

根据数据分析确定内力或外力基本稳定后，1 次/月。

在情况出现异常时，应增大监测频率。

(8) 初期支护、二次衬砌内应力监测

1）测点布置

监测断面与（5）围岩压力及支护间接触应力监测所设主测断面相对应。每个断面 5～11 个测点。用混凝土应变计进行监测。

2）监测频率

监测频率为：

当开挖面距监测断面距离 $L \leqslant 2B$ 时，1 次/天；

当开挖面距监测断面距离 $2B < L \leqslant 5B$ 时，1 次/2 天；

当开挖面距监测断面距离 $L > 5B$ 时，1 次/周；

根据数据分析确定内应力或表面应力基本稳定后，1 次/月。

在出现情况异常时，应增大监测频率。

(9) 钢管柱受力监测

1）测点布置

对于浅埋暗挖车站，可对部分钢管柱进行受力监测。每个车站受测钢管柱数量不得少于 4 根，每柱 4 个测点，在同一水平断面内，按间隔 90°布置。

2) 监测频率

按设计要求进行监测。出现情况异常时，应增大监测频率。

(三) 盾构法

1. 监测项目

地铁采用盾构法施工时，应对土体介质、隧道结构（主要为管片衬砌）和周边环境进行监控量测，其具体监控量测项目为：

(1) 应测项目

1) 洞内及洞外观察；2) 地表沉降（或隆起）；3) 邻近建（构）筑物；4) 地下管线沉降；5) 管片衬砌变形。

(2) 选测项目

1) 土体分层沉降及水平位移；2) 管片衬砌和地层间接触应力；3) 管片内力。

监控量测应在盾构掘进前测得初始读数。在对土体、隧道结构和周围环境进行监测的同时，应对盾构开挖面土压力、推力、推进速度、盾构姿态、注浆量、注浆压力、出土量等施工参数同步采集，及时进行监测数据的分析和反馈。

2. 监测要求

(1) 洞内及洞外观察

隧道施工过程中应进行洞内和洞外的观察。洞内观察主要是对已安装的管片衬砌的工作状态（包括：管片变形、开裂、错台、拼装缝、掉块以及漏水状况等）、盾构机和出土情况进行观察和记录；洞外观察主要是地表开裂、地表隆沉、建（构）筑物开裂、倾斜、隆沉等状况的观察和记录。

洞内观察和洞外观察应根据隧道内和周边建（构）筑物环境情况确定其观测频率，但每天观测应不少于一次。

(2) 地表沉降（或隆起）监测

1) 测点的布置

①纵向地表测点沿盾构推进轴线设置，测点间距为 10～30m。在地层或周边环境较复杂地段布置横向监测断面。横向地表测点的布置范围应根据预测的沉降槽确定，一般可在地铁结构外沿两侧各 30m 范围内布设。一排横向地表测点不宜少于 7 个，且应依据近密远疏的原则布置。

②在盾构始发的 100m 初始掘进段内，监测布点宜适当加密，并宜布置一定数量的横向监测断面。

③在工法和结构断面变化的部位如车站与区间结合部位、车站与风道结合部位等应设置监测点。

2) 监测频率

监测频率应根据盾构施工情况、监测断面距开挖面的距离和沉降速率来确定。出现异常情况时，应增大监测频率。

一般情况下可选用如下监测频率：

掘进面距监测断面前后距离 $L \leqslant 20m$ 时 1～2 次/天；

掘进面距监测断面前后距离 $20m < L \leqslant 50m$ 时 1 次/2 天；

掘进面距监测断面前后距离 $L > 50m$ 时 1 次/周；

根据数据分析确定沉降基本稳定后，1 次/月。

(3) 管片衬砌变形监测

管片衬砌变形监测主要包括隆沉、水平位移监测及断面收敛变形监测。

1) 测点布置

盾构施工的每一区间隧道设 1～2 个主测断面。

如采用收敛仪进行管片衬砌收敛监测，主测断面的拱顶（0°）、拱底（180°）、拱腰（90°和 270°）处共埋设 4 个测点，量测横径和竖径的变化，并以椭圆度表示管片圆环的变形，实测椭圆度为横径与竖径之差。

2) 监测频率

分别在衬砌拼装成环尚未脱出盾尾即无外荷载作用时和衬砌环脱出盾尾承受外荷作用且能通视时两个阶段进行监测。衬砌环脱出盾尾后 1 次/天，距盾尾 50m 后 1 次/2 天，100m 后 1 次/周，基本稳定后 1 次/月。

(4) 土体分层沉降及水平位移监测

监测断面应与 3 管片衬砌变形监测所设主测断面相对应，以监测盾构施工对地层的影响。

土体分层沉降应采用钻孔埋设分层沉降标，用分层沉降仪进行监测；也可采用多点位移计等进行监测。土体水平位移应采用钻孔埋设测斜管，用测斜仪进行监测。

1) 测点布置

对于土体分层沉降，磁性沉降标的设置间距 1～2m。埋设沉降标测点时，在隧道两侧的钻孔深度应超过隧道底板 2～3m，而位于隧道顶部的钻孔深度应在隧道拱顶之上 1～2m。测点的埋设稳定期应视不同地层情况在 10～30 天之间。

测斜时，每 0.5m 或 1.0m 读数一次。测斜管的埋设必须与周围土体紧密相连，埋设稳定期应视不同地层情况在 10～30 天之间。

2) 监测频率

监测频率应根据盾构施工情况、监测断面距开挖面的距离和沉降速率来确定。出现异常情况时，应增大监测频率。

一般情况下可选用如下监测频率：

掘进面距监测断面前后距离 $L \leqslant 20m$ 时 1～2 次/天；

掘进面距监测断面前后距离 $20m < L \leqslant 50m$ 时 1 次/2 天；

掘进面距监测断面前后距离 $L > 50m$ 时 1 次/周；

根据数据分析确定沉降基本稳定后，1 次/月。

(5) 管片衬砌和地层的接触应力监测

1) 监测元件及其安设

管片衬砌和地层间的接触应力采用压力盒进行监测。压力盒应在管片预制时安设在管片背面，压力盒外膜应与管片背面在一个平面上。

2) 测点布置

监测断面应与 3 管片衬砌变形监测所设主测断面相对应,每一断面不少于 5 个测点。

3) 监测频率

监测频率应根据盾构施工情况、监测断面距开挖面的距离和沉降速率来确定。出现异常情况时,应增大监测频率。

一般情况下可选用如下监测频率:

掘进面距监测断面前后距离 $L \leqslant 20m$ 时 1～2 次/天;

掘进面距监测断面前后距离 $20m < L \leqslant 50m$ 时 1 次/2 天;

掘进面距监测断面前后距离 $L > 50m$ 时 1 次/周;

根据数据分析确定沉降基本稳定后,1 次/月。

(6) 管片内力监测

1) 测点布置

监测断面应与 3 管片衬砌变形监测所设主测断面相对应,每一断面不少于 5 个测点。钢筋应力计和混凝土应变计应在管片预制时安装。

2) 监测频率

监测频率应根据盾构施工情况、监测断面距开挖面的距离和沉降速率来确定。出现异常情况时,应增大监测频率。

一般情况下可选用如下监测频率:

掘进面距监测断面前后距离 $L \leqslant 20m$ 时 1～2 次/天;

掘进面距监测断面前后距离 $20m < L \leqslant 50m$ 时 1 次/2 天;

掘进面距监测断面前后距离 $L > 50m$ 时 1 次/周;

根据数据分析确定沉降基本稳定后,1 次/月。

(四) 监测控制指标

1. 地铁明(盖)挖法施工监控量测值控制指标

明(盖)挖法施工监控量测值控制指标参见表 13.2,其中,基坑安全等级(一级、二级及三级)的划分见相关标准。

地铁明(盖)挖法施工监控量测值控制指标　　　表 13.2

序号	监测项目及范围	允许位移控制值 U_0 (mm)			位移平均速率控制值(mm/d)	位移最大速率控制值(mm/d)
		一级基坑	二级基坑	三级基坑		
1	围护桩(墙)顶部沉降	$\leqslant 10$			1	1
2	地表沉降	$\leqslant 0.15\% H$ 或 $\leqslant 30$,两者取小值	$\leqslant 0.2\% H$ 或 $\leqslant 40$,两者取小值	$\leqslant 0.3\% H$ 或 $\leqslant 50$,两者取小值	2	2
3	围护桩(墙)水平位移	$\leqslant 0.15\% H$ 或 $\leqslant 30$,两者取小值	$\leqslant 0.2\% H$ 或 $\leqslant 40$,两者取小值	$\leqslant 0.3\% H$ 或 $\leqslant 50$,两者取小值	2	3

续表

序号	监测项目及范围	允许位移控制值 U_0(mm)			位移平均速率控制值(mm/d)	位移最大速率控制值(mm/d)
		一级基坑	二级基坑	三级基坑		
4	竖井水平收敛	50			2	5
5	基坑底部土体隆起	20	25	30	2	3

注：H 为基坑开挖深度。

2. 暗挖法施工监控量测值控制指标

暗挖法施工监控量测值控制指标参见表 13.3。

地铁暗挖法施工监控量测值控制指标　　表 13.3

序号	监测项目及范围		允许位移控制值 U_0 (mm)	位移平均速率控制值 (mm/d)	位移最大速率控制值 (mm/d)
1	地表沉降	区间	30	2	5
		车站	60		
2	拱顶沉降	区间	30	2	5
		车站	40		
3	水平收敛		20	1	3

注：1　位移平均速率为任意7天的位移平均值；位移最大速率为任意1天的最大位移值（下同）；
　　2　本表中区间隧道跨度小于8m；车站跨度大于16m小于或等于25m；
　　3　本表中拱顶沉降系指拱部开挖以后设置在拱顶的沉降测点所测值（下同）。

3. 盾构法施工监控量测值控制指标

盾构法施工监控量测值控制指标参见表 13.4。

地铁盾构法施工监控量测值控制指标　　表 13.4

序号	监测项目及范围	允许位移控制值 U_0 (mm)	位移平均速率控制值 (mm/d)	位移最大速率控制值 (mm/d)
1	地表沉降	30	1	3
2	拱顶沉降	20	1	3
3	地表隆起	10	1	3

第二节　周边环境监控量测设计要求

(一) 监测项目

主要包括：①建（构）筑物沉降；②建（构）筑物倾斜；③桥梁墩柱（台）沉降及差异沉降；④地下管线沉降及差异沉降；⑤道路及地表沉降；⑥既有地铁、铁路的结构沉降、道床（路基）沉降、轨道几何形位。

(二) 监测范围

(1) 建（构）筑物沉降、倾斜，桥梁墩柱（台）沉降及差异沉降监测项目监测范围取基坑或隧道结构边缘两侧各 $1.5H\sim2.0H$（H 为基坑或隧道开挖深度）范围。

(2) 地下管线仅对污水、雨水、上水、燃气等管线进行沉降及差异沉降监测，监测范围取基坑或隧道结构边缘两侧各 $1.0H$ 范围。

(3) 道路及地表沉降监测范围取基坑或隧道结构边缘两侧各 $1.0H$ 范围。

(4) 地铁既有线、铁路变形监测范围根据评估影响及轨道防护范围确定。

(三) 监测布点原则

1. 明（盖）挖法、暗挖法车站

明（盖）挖法、暗挖法车站监测布点原则参见表 13.5 所示。

明（盖）挖法、暗挖法车站监测布点原则　　　　表 13.5

监测项目	工法	明（盖）挖法	暗挖法
建（构）筑物沉降	布点部位	建筑物的四角、拐角处及沿外墙；高低悬殊或新旧建（构）筑物连接处、伸缩缝、沉降缝和不同埋深基础的两侧；框架（排架）结构的主要柱基或纵横轴线上；受堆载和震动显著的部位，基础下有暗沟、防空洞处	
	布点间距	建筑物四角，沿外墙每 10~20m 处或每隔 2~3 根柱基上	
建（构）筑物倾斜	布点部位	在重要的高层、高耸建（构）筑物上垂直于基坑或隧道方向的结构顶部及底部	
	布点间距	同一断面顶部及底部各设置 1 个测点	
桥梁墩柱沉降及差异沉降	布点部位	桥梁墩柱上	
	布点间距	影响范围内每个墩柱上设 1 点	
地下管线沉降及差异沉降	布点部位	测点宜布置在管线的接头处，或者对位移变化敏感的部位，隧道下穿范围内布置在管线管顶，其他情况布置在管线对应地表	
	布点间距	1 倍开挖深度范围内测点间距 5~20m，1~2 倍开挖深度范围内测点间距 20~30m	
道路及地表沉降	布点部位	明挖基坑四周	导洞上方、拐角处
	布点间距	沿基坑边设 2 排沉降测点，排距 3m，点距 20m，明（盖）挖车站设置 2 个横断面，每侧横断面上 3~5 个点	沿导洞开挖方向，每个导洞上方每 30~50m 设 1 点，暗挖车站设置 2 个横断面，横断面点间距 5~10m

注：既有地铁按评估及轨道防护设计要求布置监测点。

2. 明（盖）挖法、暗挖法、盾构法区间

明（盖）挖法、暗挖法、盾构法区间监测布点原则参见表 13.6。

明（盖）挖法、暗挖法、盾构法区间监测布点原则　　　　表 13.6

监测项目	工法	明（盖）挖法	暗挖法	盾构法
建（构）筑物沉降	布点部位	建筑物的四角、拐角处及沿外墙；高低悬殊或新旧建（构）筑物连接处、伸缩缝、沉降缝和不同埋深基础的两侧；框架（排架）结构的主要柱基或纵横轴线上；受堆荷和震动显著的部位，基础下有暗沟、防空洞处		
	布点间距	建筑物四角，沿外墙每 10～20m 处或每隔 2～3 根柱基上		
建（构）筑物倾斜	布点部位	在重要的高层、高耸建（构）筑物上垂直于基坑或隧道方向的结构顶部及底部		
	布点间距	同一断面顶部及底部各设置 1 个测点		
桥梁墩柱沉降及差异沉降	布点部位	桥梁墩柱上		
	布点间距	影响范围内每个墩柱上设 1 点		
地下管线沉降及差异沉降	布点部位	测点宜布置在管线的接头处，或者对位移变化敏感的部位，区间下穿范围内布置在管线管顶，其他范围布置在地表		
	布点间距	1 倍开挖深度范围内测点间距 5～20m，1～2 倍开挖深度范围内测点间距 20～30m		
道路及地表沉降	布点部位	明挖基坑两侧	暗挖法隧洞上方	盾构隧道上方
	布点间距	沿坑边设 2 排沉降测点，排距 3m，点距 20m，每个区间设置 2～6 个横断面，每个横断面 3～5 个点	沿隧洞开挖方向每 30～50 米设 1 点，区间设置 1～2 个横断面，横断面点间距 5～10 米，点数 3～7 个由密到疏布设	盾构始发端、到达端 100m 范围内沿开挖方向每 10～30m 设 1 点，其他位置每 30～50m 设 1 点，区间设置 1～2 个横断面，横断面点间距 5～10m，点数 3～7 个由密到疏布设

注：既有地铁按评估及轨道防护设计要求布置监测点。

3. 明（盖）挖法施工围护结构体系

明（盖）挖法施工围护结构体系监测布点原则参见表 13.7。

明（盖）挖法施工围护结构体系监测布点原则　　　　表 13.7

监测项目	工法	明（盖）挖法
围护结构桩（墙）顶水平位移	布点部位	基坑四周围护桩（墙）顶
	布点间距	沿基坑四周围护结构顶每 20m 布置 1 点
围护结构桩（墙）体变形	布点部位	基坑四周围护桩（墙）体内
	布点间距	沿基坑长边围护结构桩（墙）每 40m 布置 1 个监测孔，在基坑短边中点各布 1 个监测孔

续表

监测项目	工法	明（盖）挖法
支撑轴力	布点部位	基坑内钢支撑端部，混凝土支撑中部
支撑轴力	布点间距	沿主体基坑长边支撑体系每40m布置1点，在同一竖直面内每道支撑均应布设测点
锚杆拉力	布点部位	锚杆端部
锚杆拉力	布点间距	沿主体基坑长边支撑体系每40m布置1点，在同一竖直面内每支锚杆（土钉）均应布设测点

（四）监测频率

1. 明（盖）挖法基坑周围环境

明（盖）挖法基坑周边环境监测频率参见表13.8。

明（盖）挖法基坑周边环境监测频率　　　　表13.8

施　工　状　况		监测频率
基坑开挖期间	$H \leqslant 5m$	1次/3天
基坑开挖期间	$5m < H \leqslant 10m$	1次/2天
基坑开挖期间	$H > 10m$	1次/天
基坑开挖完成以后	1～7天	1次/天
基坑开挖完成以后	7～15天	1次/2天
基坑开挖完成以后	15～30天	1次/3天
基坑开挖完成以后	30天以后	1次/周
基坑开挖完成以后	经数据分析确认达到基本稳定后	1次/月

注：H为基坑开挖深度。

2. 暗挖法施工隧道周围环境

暗挖法施工隧道周围环境监测频率参见表13.9。

暗挖法施工隧道周围环境监测频率　　　　表13.9

施　工　状　况	监测频率
当开挖面到监测断面前后的距离 $L \leqslant 2B$ 时	1次/天
当开挖面到监测断面前后的距离 $2B < L \leqslant 5B$ 时	1次/2天
当开挖面到监测断面前后的距离 $L > 5B$ 时	1次/周
基本稳定后	1次/1月

注：B—隧道直径或跨度；L—开挖面与监测点的水平距离。

3. 盾构法施工隧道周围环境

盾构法施工隧道周边环境监测频率参见表 13.10 所示。

盾构法施工隧道周边环境监测频率　　　　　　　　表 13.10

施 工 状 况	监测频率
掘进面距监测断面前后距离 $L \leqslant 20m$ 时	1次/天
掘进面距监测断面前后距离 $20m < L \leqslant 50m$ 时	1次/2天
掘进面距监测断面前后距离 $L > 50m$ 时	1次/周
根据数据分析确定沉降基本稳定后	1次/月

4. 其他情况

地铁既有线、铁路变形监测根据评估影响及轨道防护提出的要求频率进行监测。

(五) 监测控制指标

1. 建(构)筑物

建(构)筑物监控量测控制指标主要包括允许沉降控制值、差异沉降控制值和位移最大速率控制值,对高耸建(构)筑物还应包括倾斜控制值。

应根据建(构)筑物的影响因素(功能、规模、修建年代、结构形式、基础类型、地质条件等)调查分析、结构材料性能检测和计算分析,对其基础现状承载力和结构安全性进行评价,综合确定建(构)筑物的安全性,并结合其与地铁工程的空间位置关系,确定其控制指标。

2. 地下管线

地下管线控制指标一般包括管线允许位移控制值和倾斜率控制值,也可对管线曲率、弯矩、最外层纤维的挠应变、接头转角、管线变形与地层变形之差、管线轴向应变等设置控制指标。

应根据地下管线的影响因素(工作压力情况、功能、材质、铺设方法、埋置深度、土层压力、管径、接口形式、铺设年代等)调查分析,采用经验法、理论方法、工程类比法或数值模拟法等方法,结合地下管线与地铁工程的空间位置关系,确定其控制指标。

3. 城市道路和地表

城市道路和地表沉降(隆起)控制指标一般包括允许位移控制值、位移平均速率控制值、位移最大速率控制值、U形槽变形控制值和路堤、路堑倾斜控制值,也可对道路或地表纵横向曲率变化进行控制。

应根据城市道路和和地表的影响因素(施工工法、地层性质、基坑深度、隧道覆土厚度、地下水位变化、基坑周围荷载、隧道上部荷载、隧道结构断面形式与大小、围护或支护结构形式、地层损失、施工管理、道路等级、路基路面材料和养护周期等)调查分析,结合工程施工方法，采用经验法或数值模拟法等方法，确定城市道路和地表变形的控制指标。

4. 城市桥梁

城市桥梁控制指标应一般括桥梁墩台允许沉降控制值、纵横向相邻桥梁墩台间差异沉降控制值、承台水平位移控制值和挡墙沉降、倾斜度控制值。

应根据城市桥梁的影响因素（规模、结构形式、基础类型、建筑材料、养护情况等）调查分析和结构检测，采用大型原位试验、经验公式法、解析经验公式法或数值模拟法等方法，对城市桥梁的结构现状、承载能力及抗变形能力进行评估，结合城市桥梁与地铁工程的空间位置关系，确定其控制指标。

5. 地铁既有线

地铁既有线控制指标一般包括隧道结构允许沉降控制值、隧道结构允许上浮控制值、隧道结构允许水平位移控制值、平均速率控制值、最大速率控制值、差异沉降控制值、轨道几何尺寸容许偏差控制值、轨道坡度允许控制值、道床剥离量允许控制值、结构变形缝开合度和轨道结构允许垂直位移控制值。

应根据地铁既有线的影响因素（地层情况、隧道结构、轨道结构、线路部位、修建年限等）调查分析和结构检测，采用经验公式法、解析经验公式法或数值模拟法等方法，对结构承载能力和轨道安全性等进行评估，结合工程穿越方式（上穿、下穿和侧穿），确定相应的控制指标。

6. 既有铁路

既有铁路控制指标一般包括路基沉降控制值、位移平均速率控制值、最大速率控制值、轨道几何尺寸容许偏差控制值和轨道坡度允许控制值。

既有铁路控制指标主要受路基、线路、轨道和保养情况等因素的影响，应根据工程下穿地段的特点，进行结构检测（铁路桥梁、箱涵等），采用经验公式法或数值模拟法等方法，结合铁路部门的要求，确定其控制指标。

第十四章 设 计 服 务

地铁工程设计服务是保证地铁工程质量安全的重要措施,包括设计交底指导安全施工、施工配合确保安全控制、应急抢险完善安全措施等方面内容。

第一节 设 计 交 底

设计交底是设计对施工安全指导的一个重要阶段,也是保证工程顺利施工的主要步骤,有效的设计交底对施工和监理单位正确贯彻设计意图、了解工程难点、开展施工组织设计等有着重要的指导作用。

地铁工程开始施工前,建设单位应组织设计单位向施工单位(包括土建施工单位与设备施工单位)进行设计交底,对设计图纸的主要内容、重点关注的风险点等进行说明,使施工单位更加明确设计的意图和要求。图纸会审是设计交底的一项重要内容,是在建设单位组织下,施工单位对设计图纸进行阅读并提出问题,由设计单位负责回复的过程。通过图纸会审,使施工单位在施工过程中更能正确贯彻设计意图、图纸要求、技术性能及施工注意事项,加深对设计文件特点、难点、疑点的理解,掌握关键工程部位的质量要求,确保工程质量。

(一)设计交底要求

地铁工程项目复杂,涉及的专业多、接口多,施工单位应该对工程的总体情况以及分项工程的情况有全面的了解,对项目各分项工程进行全面分析,进行完整的施工组织设计。

设计单位应提交完整的施工图纸,各专业相互关联的图纸必须提供齐全、完整。对施工单位急需的重要分部分项专业图纸也可提前交底与会审,但在所有成套图纸到齐后需再统一交底与会审。各相关部门及单位审查分批图纸前后交接部位,发现矛盾及时与设计单位联系协调处理。

设计交底中,设计负责人要介绍工程设计意图和工程概况、主要技术指标等,主要内容有:

(1)项目规模、所处位置;
(2)设计依据的主管部门审批文件,审批文件的主要内容;
(3)设计依据的国家规范和行业标准、地方标准等;
(4)项目所处位置的地层情况、水文地质情况、周边环境情况等;
(5)设计所采用的技术标准;
(6)工程采用的主要材料技术指标;
(7)设备说明书主要内容;
(8)对基础施工、地基处理、基坑围护、降水、对周围建(构)筑物及管线等的保护以及施工安全等的要求。桩基础的试桩要求，地基处理的承载力试验要求等；

（9）对主体结构特殊部位的要求；

（10）各专业之间、平立剖面之间的关系；建筑图、结构图、设备图的平面尺寸、标高及表示方法；预埋件、预留孔洞等设置情况；钢筋明细表及钢筋的构造图等；节点图、大样图；各类管沟、支吊架、综合管线图等概况；

（11）施工中应特别注意的事项等；

（12）设计是否满足生产要求和检修需要，施工安全、环境卫生有无保证。

（二）各专业设计交底要点

设计交底时，各专业设计人员需要介绍设计思路、设计原则、工程概况；明确施工注意的要点、难点及控制点；施工中应遵守的施工规范及验收规范；对施工单位和建设单位提出的问题进行解答，对设计中的问题进行修正，必要时填写《工程洽商记录单》；图纸变更说明；填写《施工交底记录表》并由项目负责人负责归档；明确由于施工条件的限制及建筑材料原因或施工单位有合理化建议，需修改原设计时，要经原设计单位同意后并备案方可施工。

地铁各主要专业的设计交底要点：

1. 建筑

（1）设计概况

1) 设计文件组成内容；

2) 车站设计规模；

3) 工程概况。

（2）施工要求及注意问题

1) 车站中心位置控制里程、总图尺寸；

2) 车站出入口、车站风亭位置控制坐标点、标高；

3) 车站内功能分区及相互间关系；

4) 车站装修风险要求；

5) 技术用房特殊用途施工要点；

6) 施工中技术难点及注意事项。

2. 结构

（1）设计概况

1) 设计文件组成内容；

2) 工程概况：包括场地周围的工程地质、水文地质情况，地形地貌及地物的分布情况等；

3) 采用的施工方法及相应的结构形式；

4) 结构与线路里程，线路中线，轨面标高的关系；

5) 建筑材料的性能质量要求（混凝土、钢材、预应力筋、钢筋要求，防水注意事项）；

6) 特殊要求预留孔洞及预埋件；

7）结构与建筑、设备各专业设计图之间的关系。

(2) 施工要求及注意问题

1）施工技术要求；

2）施工难点、风险点及应特别注意的问题；

3）特殊地段的施工方法及应注意的问题以及专项风险应对措施；

4）施工单位不得擅自修改或变更施工图，如有合理化建议或因施工条件、材料代用等需要变更设计时，须经设计单位同意并报建设单位审批后，由设计作出变更通知。

3. 给水排水

(1) 设计概况

1）设计文件组成内容；

2）工程概况：概述给水供水方式，系统分区；消防系统所包含的方式，如消火栓系统、喷淋系统等；排水、雨水排放方式；

3）系统；

4）管线接口要求。

(2) 施工要求及注意问题

1）施工技术要求；

2）设备安装及施工中应注意的问题、风险点，设备安装应与土建施工协调的有关要求；

3）预埋管件及预留孔洞与土建专业配合问题和施工要求；

4）设备调试、运行及控制方式应注意的问题；

5）如遇管道复杂工程，强调管道层内应注意的管道安装位置；

6）对非常规施工做法和非标产品作重点说明；

7）发现设计图纸与其他专业有矛盾时，要及时与设计协调，通知所有专业进行相应调整。

4. 通风、空调与采暖

(1) 设计概况

1）设计文件组成内容；

2）工程概况；

3）系统介绍，系统编号、图例说明；

4）设计所考虑的设备运输通道和必须遵循的设备安装顺序。

(2) 施工要求及注意问题

1）施工技术要求；

2）设备安装及施工中应注意的问题、风险点，设备安装应与土建施工协调的有关要求；

3）预埋管件及预留孔洞与土建专业配合问题和施工要求；

4）设备调试、运行及控制方式应注意的问题；

5）如遇管道复杂工程，强调管道层内应注意的管道安装位置；

6）对非常规施工做法和非标产品作重点说明；

7）发现设计图纸与其他专业有矛盾时，要及时与设计协调，通知所有专业进行相应调整。

5. 电气

(1) 设计概况

1）设计文件组成内容；

2）工程概况：系统构成、计量方式、设备选型原则等；

3）系统介绍，系统编号、图例说明；

4）设计所考虑的设备运输通道和必须遵循的设备安装顺序。

(2) 施工要求及注意问题

1）施工技术要求；

2）设备安装及施工中应注意的问题、风险点，设备安装应与土建施工协调的有关要求；

3）预埋管件及预留孔洞与土建专业配合问题和施工要求：包括：变电所部分、电气竖井内、进户管、人防管、暗装配电箱、利用结构柱子做防雷引下线的位置等，防止漏、错现象发生；

4）设备调试、运行及控制方式应注意的问题；

5）如遇管道复杂工程，强调管道层内应注意的管道安装位置；

6）对非常规施工做法和非标产品作重点说明；

7）发现设计图纸与其他专业有矛盾时，要及时与设计协调，通知所有专业进行相应调整。

8）设备的安装方式：配电柜（箱）、灯具等；

9）电缆、导线的敷设方式：明敷、暗敷、吊顶内、垫层内要明确；

10）要求施工单位动力设备的安装要与设备专业密切配合，注意：电压等级、设备容量、安装位置，防止漏、错现象发生；

11）防雷接地及等电位连接的要求。

6. 站场

(1) 站场平、纵、横断面

1）工程概况；

2）采用的坐标系；

3）路基面的处理；

4）填料的选择；

5）填筑的方法；

6）压实度；

7）做好临时排水设施。

(2) 雨水排水

1）概况；

2) 采用的坐标系;

3) 采用的排水设施;

4) 保证排水坡度,避免反坡;

5) 道路上的井盖要与道路齐平;

6) 线路间的排水设施要放线准确,以免影响轨道的铺设。

(3) 道路

1) 道路子系统概况(道路走向、转弯半径、工程量);

2) 道路种类所用的材料(路面材料、基层材料、路基压实度);

3) 路面结构缝的设置(传力杆、拉杆的设置,分块原则分块注意事项);

4) 道路边坡的做法(从道牙外几米开始放坡,保证边坡稳定等)。

7. 轨道

(1) 设计概况

1) 设计文件组成内容;

2) 工程概况。

(2) 施工要求及注意问题

1) 线路位置及坐标;

2) 道床结构的主要尺寸、材料及施工方案意见;

3) 扣件组装要求及高低、水平调整量,各种零部件的材料要求;

4) 加工订货时,生产厂家应采用的生产技术标准;

5) 施工中应遵守的验收规范;

6) 对道岔和小曲线地段,施工难点提出注意事项及要求;

7) 无缝线路的铺设要求。

(三) 重点关注的风险点

地铁工程大多数都属于地下工程,地质条件比较复杂。在设计中,应该以完整的工程勘察结果作为设计依据,对不良地层进行事先加固或处理,或者通过线路调整等措施,避开不良地层,以保证施工安全、节省工程投资。在设计交底时,应对这些情况作出说明,为施工单位编制施工组织设计提供依据。地铁工程常见地质风险及处理措施参见表14.1。

地铁工程常见地质风险及处理措施　　　　表 14.1

序号	类别	地质风险	处理措施
1	人工填土	填土由于其松散性和不均匀性,往往给地基、基坑边坡和围岩的稳定性带来风险	加固或换填
2	人工空洞	城市地区浅表层受人类工程活动影响,易形成人工空洞。人工空洞对地下工程的施工带来潜在风险。容易形成空洞的地段一般包括:雨污水管线周边、深基坑工程附近、地下水位动态变化较大地段、原有空洞部位(菜窖、墓穴、鼠洞等)、管线渗漏地段、砂土复合地层结构地段等	做好超前地质预报,砂浆充填空洞

续表

序号	类别	地质风险	处理措施
3	卵石、漂石地层	卵石、漂石地层中的漂石会给围护桩施工、管棚和小导管施作以及盾构施工带来困难和风险;卵石、漂石地层的高渗透性也会给工程降水和注浆带来困难	施工中高度关注,注意避让
4	饱水砂层透镜体	饱水沙层透镜体由于其分布的随机性,详细勘察阶段不容易被发现;施工时,隧道开挖范围遇到它会造成隧道涌水和流砂	隧道开挖注意短进尺、超前加固,做好应急预案
5	上层滞水	上层滞水由于其分布的随机性和不稳定性,又因详细勘察距离施工的时间较长,造成其不容易被查清,给施工带来一定风险	认真做好水压力监测,排水措施到位
6	岩溶和溶洞	在溶岩地区岩溶和溶洞的分布无规律,且不易勘察,易给后期施工带来难以预见的风险。饱水的大型溶洞还易造成施工中的地下水突涌	做好超前地质预报,砂浆充填空洞
7	断层破碎带	在各断裂的断层破碎带之中,隧道在破碎地层中增加塌方风险,基坑开挖施工容易受到地质断裂带中沿岩石裂隙面滑动的滑动力不利影响,这种滑动也会带来很大的风险	做好超前地质预报,隧道开挖注意短进尺、超前加固,做好应急预案
8	高承压水、高压裂隙水	软土地层的高承压水易导致地下工程涌水和失稳等风险,岩石地层的高压裂隙水以造成地下工程的突水风险	认真做好水压力监测,研究水压力的分布规律,并根据现场情况有针对性的采用注浆堵水
9	有害气体	赋存于地层中的可燃或有毒气体易造成隧道施工中的爆燃或施工人员的中毒等风险	加强对有害气体的日常监测,防护措施到位,做好应急预案
10	湿陷性地层	湿陷性地层在不同含水量时的承载能力和变形特性差异较大	做好施工监测,采取注浆加固等措施
11	高灵敏度淤泥质地层	此类地层对工程活动的扰动敏感,稳定性差,易出现基坑等工程的失稳等风险	做好施工监测,采取注浆加固或换填等措施
12	液化地层	液化地层中的地铁结构易在地震和列车运行振动作用下出现基底变形下沉风险	做好施工监测,采取换填等措施
13	高地压地层	高地压地层(岩层)条件下易出现岩爆等风险	做好超前地质预报,隧道开挖注意短进尺,释放地层压力
14	高硬度岩层	高硬度岩层在采用掘进机类设备施工时有设备适用风险	做好超前地质预报,隧道开挖注意短进尺,尽量避让,备用设备充足
15	粉细砂地层	含水的粉细砂地层易产生流砂等风险	做好超前地质预报,隧道开挖注意短进尺

第二节 施 工 配 合

地铁工程施工中对原状土层、岩层的扰动可能对周边建（构）筑物和地铁工程本身造成很大影响，为保证安全施工，设计单位应做好施工配合工作，及时了解施工中影响施工安全和质量的施工难点和问题，调整、完善设计方案，必要时作出设计变更，确保工程质量和安全生产。

地铁项目属于大型新建项目，以地下工程居多，工程施工难度大；施工场地多数位于城市建成区，受周边环境影响大，对施工条件限制较多。受到目前国内城市基础设施建设步伐加快的影响，地铁建设周期一般相对较短，工程施工过程中可能会遇到与原设计不相符的工程地质条件，这就需要设计单位及时跟踪施工进度，针对施工过程中遇到的难点和问题调整设计方案，指导施工。

现场配合是地铁建设过程中设计对施工进行指导的重要内容，设计单位应设有专人在项目所在地进行现场配合，与建设、监理、施工单位进行密切配合。施工配合主要需做好以下几方面工作：

（一）土建施工配合注意事项

(1) 配合地质专业对结构安全基础承载力进行校验；

(2) 参加结构施工关键工序的检查及质量控制，及时发现与设计有关的风险点，并指出应对措施，如开挖深度验收、隐蔽工程验收、防水施工验收、主体结构验收等；

(3) 基底处理措施应在施工阶段加强配合，根据开挖后基底土质、地下水位等情况与有关各方协商适当调整处理措施；

(4) 围护结构施工过程中，及时发现风险点和次生灾害，协助施工单位提出临时设施设计方案和应对措施；

(5) 施工过程中，如发现与勘测资料不符的影响施工的边界条件（如水文地质情况、地下构建筑物情况等）以及施工导改情况，需要对设计方案进行校核，必要时提出设计变更方案，报建设单位审批；

(6) 填写施工配合日志，记录施工过程中的配合情况，作为变更设计的依据；

(7) 如有实际情况确需进行适当调整的情况，应根据建设单位的有关规定处理；

(8) 施工单位提出问题后，应先仔细核对有关勘测、设计资料，分析原因，再作出准确判断及处理措施；

(9) 重大变更必须由建设、设计、施工及监理单位共同商讨决策。

（二）设备施工配合注意事项

(1) 配合施工单位对设备承载结构施工过程的监控；

(2) 配合施工单位对设备运输和安装通道施工过程的监控；

(3) 配合施工单位及设备生产厂家对设备安装调试过程的监控；

(4) 参加设备安装、调试、试车等关键工序的检查及质量控制；

(5) 如有实际情况确需进行适当调整的情况，应根据建设单位的有关规定处理；

(6) 施工单位提出问题后，应先仔细核对有关勘测、设计资料，分析原因，再作出准确判断及处理措施；

(7) 重大变更必须由建设、设计、施工及监理单位共同商讨决策。

第三节 应急抢险

地铁工程施工中可能出现基坑坍塌、周边邻近建（构）筑物结构开裂、基坑周边地面塌陷、基坑内涌水、涌砂；洞内坍塌、透水、流砂，管线断裂，地面沉降、塌陷等紧急情况。当发生上述情况时，设计单位应配合相关单位，制定应急抢险技术方案。常见应急抢险措施参见表14.2。同时，设计单位还应在建设单位的组织下，对设计文件进行核查。

常见应急抢险措施　　　　　　　　　　　表 14.2

序号	险情	应急抢险措施
1	管涌	砂石或沙袋封堵
2	坍塌或冒顶	超前加固、封堵坍塌部位
3	周边建（构）筑物开裂	加固，减少周边建（构）筑物的不均匀沉降
4	不均匀沉降	加固地基，纠偏
5	滑移	减少坑边堆载、加固滑移体
6	岩爆	应力解除、注水软化和使用锚栓—钢丝网—混凝土防爆支护等
7	暴雨	保证排水设施通畅，重要部门有避雨设备

参 考 文 献

[1] GB 50157—2003 地铁设计规范[S]. 北京：中国计划出版社，2003.
[2] 施仲衡. 地下铁道设计与施工[M]. 西安：陕西科学技术出版社，1997.
[3] 北京城建集团城建勘测院，城市轨道交通岩土工程勘察规范（征求意见稿）[S]，2010.
[4] GB 50021—2001 岩土工程勘察规范（2009 年版）[S]. 北京：中国建筑工业出版社，2009.
[5] 建筑抗震设计规范 GB 50011—2010[S]. 北京：中国建筑工业出版社，2010.
[6] 岩土工程勘察安全规范 GB 50585—2010[S]. 北京：中国计划出版社，2010.
[7] GB 50308—2008 城市轨道交通工程测量规范[S]. 北京：中国建筑工业出版社，2008.
[8] GB 50490—2009 城市轨道交通技术规范[S]. 北京：中国建筑工业出版社，2009.
[9] 梁青槐，施仲衡. 城市轨道交通建设安全管理制度与战略研究. 住房和城乡建设部专题项目研究报告，2009.
[10] 梁青槐. 城市轨道交通安全管理制度体系及信息系统研究. 住房和城乡建设部专题项目研究报告，2010.